LOS PORQUÉS DE LA NAVIDAD

LOS PORQUÉS DE LA NAVIDAD

CORPORATIVO READER´S DIGEST MÉXICO, S. DE R.L. DE C.V.
DEPARTAMENTO EDITORIAL LIBROS

Editor: Arturo Ramos Pluma

Asistente editorial: Susana Ayala

Edición propiedad de Reader's Digest México, S.A. de C.V. preparada con la colaboración de las siguientes personas:

Coordinación general: Federico Guzmán y Patricia Elizabeth Wocker Madrigal

Investigación y redacción:
Harim Gutiérrez (Capítulo 1),
Federico Guzmán (Capítulo 4),
Jesús Gómez (Capítulos 3 y 5),
Diana Sheinbaum (Capítulo 6),
Leonora Veliz (Capítulos 2 y 3)
Carlos Carranco (Capítulo 7)

Lectura, corrección y supervisión de textos:
Laura E. Manríquez M.

Lectura de pruebas: Carlos Roberto Ramírez,
Alma A. Velázquez López-Tello

Diseño: Ana Luisa Santaella Muñoz

Ilustraciones: Lilia Barajas Martínez,
Alejandro Magallanes

Los créditos de las páginas 4 y 288 forman parte de esta página.
La mención de las marcas que se hacen en esta obra es estrictamente con fines informativos.

Esta primera edición se terminó de imprimir el 27 de septiembre del 2005 en los talleres de Gráficas Monte Albán, S.A. de C.V., Fraccionamiento Agroindustrial La Cruz, Municipio del Márques, Querétaro, México.

La figura del pegaso, las palabras Selecciones, Selecciones del Reader's Digest y Reader's Digest son marcas registradas.

ISBN 968-28-0395-0

Editado en México por Reader´s Digest México,
S.A. de C.V.

Impreso en México
Printed in Mexico

Visite nuestra página en internet:
http://www.selecciones.com

Envíenos sus dudas y comentarios a:
editorial_libros@readersdigest.com

READER'S DIGEST

LOS PORQUÉS DE LA
NAVIDAD

Reader's
Digest

Buenos Aires • Madrid • México • Nueva York

Agradecimientos

Reader´s Digest agradece su colaboración especial
en esta obra a las siguientes personas:

Emilio Carballido, ensayista, guionista y dramaturgo, publicó su primera novela en 1956, *La vela oxidada;* posteriormente *El norte* y *Las visitaciones del diablo.* Su presentación como dramaturgo fue en 1948 con *La triple porfía,* en el Palacio de Bellas Artes de la Ciudad de México; dos años más tarde, en ese mismo recinto y bajo la dirección de Salvador Novo, estrenó *Rosa de dos aromas.* Como guionista, ha intervenido en más de cincuenta películas, entre las que destaca *Macario.* Dentro de la literatura infantil se cuentan sus libros *La historia de Sputnik y David* y *El pizarrón encantado.* Forma parte de la Academia Mexicana de la Lengua desde el año de 1976. En esta obra participó con *Los tres centavos,* para el capítulo de "Simbología".

Anamari Gomís es narradora y ensayista. Se licenció en Letras Hispánicas en la UNAM y obtuvo la maestría en Literatura Comparada en la Universidad de Nueva York, donde hizo los estudios de doctorado. Es profesora de tiempo completo de la Facultad de Filosofía y Letras de la UNAM. Pertenece al Sistema de Creadores. Entre otros libros, ha publicado *Cómo acercarse a la literatura* (ensayo), *La portada del sargento Pimienta* (cuentos), *Ya sabes mi paradero* (novela) y está por salir *Sellado con un beso* (novela). En esta obra participó con *Rumbo al Año Nuevo,* para el capítulo de "Año Nuevo".

Mónica Lavín es autora de seis libros de cuentos, entre ellos *Nicolasa y los encajes, La isla blanca, Ruby Tuesday no ha muerto,* Premio Nacional de Literatura Gilberto Owen en 1996, y *Uno no sabe* (2003), finalista del premio Antonin Artaud; además ha escrito seis novelas, entre las que se cuentan *La más faulera, Tonada de un viejo amor, Café cortado,* que en el año 2001 recibió el Premio Narrativa de Colima para obra publicada, y *Despertar los apetitos.* Sus cuentos aparecen en antologías nacionales e internacionales y han sido selecciona-dos en *Los mejores cuentos mexicanos del 2001, 2002 y 2003,* publicados por editorial Planeta. Es guionista, conductora de radio, editora y maestra. Actualmente es profesora de la Escuela de Escritores de la SOGEM y de la Universidad Autónoma de la Ciudad de México. Pertenece al Sistema Nacional de Creadores. En esta obra participó con *Cartas a Santa Claus,* para el capítulo de "Navidad en el mundo".

Óscar Martínez Vélez ha publicado cuentos y novelas, entre otros, *Hilario y la cucaracha maravillosa, Los inventos de Gelasio* y *¡Guácala!* Actualmente colabora con la Universidad de la Ciudad de México como coordinador de la carrera de Creación Literaria. Su narrativa ha incursionado en el mundo de la radio y de la televisión y en juegos de Internet. En esta obra participó con *El último regalo,* para el capítulo de "Personajes".

Norma Muñoz Ledo escribe para niños y jóvenes, principalmente cuento y novela, aunque también ha incursionado en la televisión, sitio donde ha colaborado como guionista de las primeras temporadas del programa *Bizbirije* y de la serie *Camino a casa.* Entre los libros que ha publicado, se encuentran *El gran mago Sirasfi, Mamá Tlacuache, Cuentos para tlacuaches, Los cuentos de la casa del árbol, Moldavita, Matemágicas* y *El nuevo restaurante de Pierre Quintonil,* que Canal 11 adaptó como programa especial de Navidad. En esta obra participó con *¡Colación grande, colación chica!,* para el capítulo de "Acontecimientos".

Cristina Pacheco es periodista y escritora. Desde 1978 conduce por Canal 11 la serie *Aquí nos tocó vivir* y, desde 1998, *Conversando.* Colabora semanalmente en el diario *La Jornada* con *Mar de Historias.* Entre sus libros de cuentos están *El oro del desierto, Sopita de fideo, La última noche del tigre, El corazón de la noche* y *Los trabajos perdidos;* entre sus antologías y entrevistas se encuentran *Los dueños de la noche, Al pie de la letra* y *La Luz de México,* en donde entrevista a escritores, pintores, fotógrafos y grandes figuras del mundo del deporte y del espectáculo. Ingresó a la radio en 1991. Ha colaborado en varias estaciones como la XEW, Radio Fórmula y Radio Capital donde, actualmente, conduce el programa matutino *Desde la Capital.* En esta obra participó con *Magias de Navidad,* para el capítulo de "Nuestras tradiciones".

Acerca de este libro

Más allá de las luces y los colores, del ponche y la sidra, del arbolito y el nacimiento, de los abrazos y los regalos existe una historia. El propósito de este libro es contar esa historia que ha conmovido durante siglos a los hombres de diversas partes del mundo, dar a conocer el origen de la Navidad, el significado de sus símbolos y las diferentes maneras de celebrarla. De esta manera, el lector tendrá nuevos elementos para revalorar el mensaje auténtico que se renueva año tras año y disfrutar más a fondo la que, hoy por hoy, sigue siendo la fiesta religiosa más importante que se festeja en Occidente.

Para empezar, hemos considerado imprescindible conocer a fondo los hechos que dieron origen a la celebración y la forma en que surgió la costumbre de conmemorar cada año el nacimiento de Jesús. La Navidad tiene una larga historia que, al conocerla, resulta tan deslumbrante como las luces de Bengala que alegran las noches decembrinas.

Al adentrarnos en el tema surgieron los personajes. Naturalmente, el protagonista indiscutible es el Niño Dios, alrededor de quien giran las otras figuras centrales: María y José, el arcángel Gabriel, Herodes. Y por supuesto, en este desfile de personajes místicos y míticos no podían faltar quienes, como los Reyes Magos o Santa Claus, se ocupan de traer algo de felicidad a los niños del mundo en la forma de un regalo.

A veces olvidamos la importancia de los símbolos y nos concretamos a colgar una corona en la puerta o a colocar una estrella dorada en la punta del árbol. Sin embargo, todos los adornos navideños tienen una razón de ser y, en cuanto la conocemos, dejan de servir como meros elementos decorativos y llenan, con su significado original, el hogar donde estén dispuestos. Es por ello que el libro incluye un capítulo especial dedicado a toda la simbología navideña.

Resultan de especial interés los varios estilos de festejar la Navidad que existen en el mundo e incluso en las diferentes regiones de México. Por este motivo, el libro emprende un pequeño viaje en el que se conocerán las distintas modalidades y expresiones populares con que se recuerda la llegada del hijo de Dios al mundo.

Aunque tenga un sentido independiente al de la Navidad, es imposible no asociar ésta con el Año Nuevo. Ambas celebraciones van de la mano, por lo que la obra dedica un espacio a la última, y la primera, fiesta que se lleva a cabo en el año.

Todo el libro se encuentra enriquecido con villancicos, poemas, recetas culinarias, cuentos, citas, testimonios y un rico material documental y literario que harán de su lectura una actividad aún más enriquecedora y entretenida. Mención aparte merecen los cuentos navideños escritos, de manera especial para esta obra, por seis destacados escritores.

Para finalizar, sólo queda una pregunta que responder: ¿por qué se eligió presentar la información en un formato de preguntas y respuestas? Porque estamos convencidos de que, ante todo, la Navidad es una gran respuesta a las preguntas trascendentales de la humanidad.

LOS EDITORES

Contenido

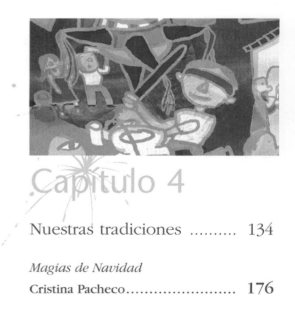

7

Capítulo 5

Capítulo 6

Capítulo 7

Fin

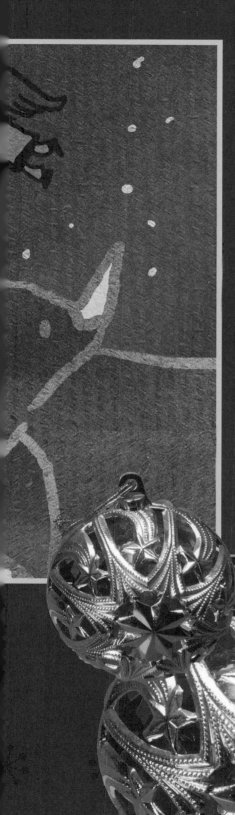

Acontecimientos

La Navidad es una fiesta de carácter religioso, sin embargo tiene raíces históricas. Tanto el nacimiento de Jesús como la forma en que los cristianos empezaron a festejar este acontecimiento son hechos que varios eruditos –desde teólogos hasta historiadores– han investigado e interpretado. Gracias a ello ahora no sólo festejamos la Navidad, sino que conocemos sus orígenes y evolución a través del tiempo. Para dar una idea de la importancia histórica de esta celebración, basta recordar que el nacimiento de Jesús es lo que divide la historia en sus dos etapas principales: antes y después de Cristo.

★ **¿Cuándo nació Jesús?**

Se ignora la fecha exacta del nacimiento de Jesús. La Biblia hace referencia a ello en los Evangelios de San Mateo y San Lucas.

★ **¿Qué dice San Mateo acerca de la fecha de nacimiento de Jesús?**

En el capítulo 2, versículo 1, Mateo refiere que Jesús "nació en Belén de Judea en los días del rey Herodes". En la antigüedad, los escritores solían fechar los acontecimientos tomando como referencia los años de reinado de algún monarca importante, y esto fue lo que hizo Mateo en su Evangelio. Así pues, el rey mencionado por Mateo, Herodes el Grande, gobernó en Judea entre los años 37 y 4 a.C., por lo que se puede afirmar que

Jesús nació entre estas fechas. Con todo, se conjetura que su nacimiento debió de haber ocurrido cerca del final del reinado de Herodes. Más adelante, Mateo menciona que Herodes ordenó asesinar a todos los niños menores de dos años de edad y que Jesús se salvó gracias a que un ángel le advirtió a José de que huyera a Egipto con María y el niño. Después, cuando muere Herodes, el ángel avisa a José que puede regresar con su familia a Israel porque el peligro ya había pasado *(ver págs. 60 y 61).*

★ **¿Cuándo nació Jesús, según San Lucas?**

San Lucas, en el capítulo 2, versículos del 1 al 5 de su Evangelio, narra cómo en los días del reinado de César Augusto se emitió un edicto que ordenaba a todos los ciudadanos que se empadronaran en su lugar de origen. Este censo, que se efectuó cuando Quirino era emperador de Siria, fue lo que motivó el viaje de José y María a Belén, de donde era originario José. Así fue como Jesús nació en Belén en la época del censo.

★ **¿Cómo puede calcularse la fecha del nacimiento de Jesús?**

En primer lugar, hay que recordar que la edad que marcó Herodes para la matanza de los Santos Inocentes fue de dos años, lo cual indica que debió de haber tenido alguna razón para creer que el infante que buscaba tenía hasta dos años de edad. En segundo lugar, hay evidencia histórica independiente de la Biblia que muestra que se realizó un censo, como el que menciona San Lucas, alrededor del año 8 a.C. Así, aceptando la posibilidad de que Jesús haya tenido por lo menos dos años de edad al momento de morir Herodes, su nacimiento podría ubicarse unos ocho y seis años antes.

★ **¿Qué dice la Biblia acerca de San José?**

Según el Nuevo Testamento, el esposo de la Virgen María es San José. Todo lo que se sabe de él procede de los dos primeros capítulos de los libros de Mateo y Lucas. En algunos pasajes se refieren a él como "el padre de Jesús", y en otros como carpintero o artesano. De acuerdo con su genealogía, se dice que pertenecía a la estirpe de David y su familia procedía de Belén. La Biblia dice que José, María y Jesús se instalaron en Nazaret tras la huida a Egipto. Jesús vivió allí durante los 12 primeros años de su vida. La última aparición de José en los Evangelios ocurre cuando él y María encuentran a Jesús en el templo, precisamente a los 12 años de edad. Se cree que José ya había muerto cuando se produjo la pasión de Cristo, y el Vaticano lo considera el patrón de la Iglesia universal. Su fiesta se celebra el 19 de marzo *(ver pág. 59).*

★ **¿Quién fue la Virgen María?**
Fue la madre de Jesucristo y se venera en el cristianismo desde los tiempos de los primeros apóstoles. El islam también la venera como la virgen sin pecado Marian. Los Evangelios sólo proporcionan un relato fragmentado de su existencia, mencionándola en relación con los comienzos y el final de la vida de Jesús. Mateo habla de ella como esposa de José, la cual "concibió por obra del Espíritu Santo" antes de que "conviviesen" como marido y mujer.

Después de nacer Jesús, María está presente en la visita de los Reyes Magos, en la huida a Egipto y en el regreso a Nazaret.

El Evangelio de Marcos sólo habla de ella como LA madre de Jesús, y, en el Evangelio de Lucas, el relato de la Natividad incluye la Anunciación del arcángel Gabriel a María acerca de la llegada de Jesús y la visita a Isabel, madre de Juan el Bautista y pariente de María. Este pasaje ha servido de inspiración para las más bellas canciones, oraciones y representaciones artísticas sobre la Anunciación y el *Magníficat,* así como para el *Himno de María* y la visita de los pastores al portal de Belén. Lucas también se refiere a la perplejidad de María cuando encontró a Jesús en el templo discutiendo con los doctores a los 12 años. El Evangelio de Juan no habla de la infancia de Jesús ni menciona el nombre de

¿QUIÉN HA ENTRADO en el portal de Belén?

¿Quién ha entrado en el portal,
en el portal de Belén?
¿Quién ha entrado por la puerta?
¿Quién ha entrado, quién?

La noche, el frío, la escarcha
y la espada de una estrella.
Un varón —vara florida—
y una doncella.

¿Quién ha entrado en el portal
por el techo abierto y roto?
¿Quién ha entrado que así suena
celeste alboroto?
Una escala de oro y música,
sostenidos y bemoles
y ángeles con panderetas
dorremifasoles.

¿Quién ha entrado en el portal,
en el portal de Belén,
no por la puerta y el techo
ni el aire del aire, quién?

Flor sobre impacto capullo,
rocío sobre la flor.
Nadie sabe cómo vino
mi Niño, mi amor.

Gerardo Diego (1896–1987),
poeta español

Citas y refranes

Estar en paz consigo mismo es el medio más seguro de comenzar a estarlo con los demás.

Fray Luis de León (1527–1591), poeta místico español

María, aunque sí está presente en el primer milagro de Jesús en las bodas de Caná y en su muerte. También se menciona a María en el monte de los Olivos con los apóstoles y los hermanos de Jesús antes de Pentecostés. A partir del siglo II se le empezó a llamar "Madre de Dios" *(ver pág. 58).*

★ ¿Dónde se encuentran Belén, Jerusalén y Nazaret?

Algunos cantos populares de las posadas o las pastorelas suelen nombrar indistintamente estas tres ciudades como si se tratara del mismo lugar, pero su ubicación tanto geográfica como histórica es muy diferente.

Belén significa en hebreo y arameo "casa del pan". Era una pequeña ciudad ubicada a ocho kilómetros del sur de la ciudad de Jerusalén. En 1934, el señor William Harvey inició una serie de excavaciones en la iglesia de la Natividad, construida por Constantino, y debajo del área del coro descubrió la entrada a una gruta en la que se veía una pequeña cripta incrustada con una estrella bermellón de plata y con una inscripción que dice*: Hic de Virgine Maria Jesus Christus natus est* y que se traduce como "Aquí nació Jesucristo, de la Virgen María".

Jerusalén es la ciudad más grande del actual Estado de Israel y de Palestina; se encuentra situada entre el Mar Muerto y el Mediterráneo, a unos 93 kilómetros al este de Tel Aviv-Yafo. Jerusalén es considerada ciudad santa para las tres principales religiones del mundo: el judaísmo, el cristianismo y el islam.

Nazaret es una población ubicada en el noroeste de Israel, cerca del mar de Galilea, a casi 20 kilómetros al norte de la ciudad de Jerusalén.

★ ¿Cómo se medía el tiempo antes de usar el calendario cristiano?

En la época posterior a la caída del Imperio Romano de Occidente, cuando se reformó el calendario, no se usaba —como hoy en día— un calendario que divide el tiempo en un antes y un después de Jesús. Gran parte de la gente que habitaba en los antiguos dominios romanos seguía contando el tiempo a partir del año de la fundación de Roma. En la actualidad se dice, por ejemplo, que un acontecimiento ocurrió en el año 500 después de Cristo y esa fecha se escribe de manera abreviada como "500 d.C."; los romanos, por su parte, cuando escribían una fecha, añadían al número las iniciales A.U.C., siglas de la frase latina *ab urbe condita,* que quiere decir "desde la fundación de la ciudad", en otras palabras, desde la fundación de Roma.

★ **¿Cómo se reformó el calendario romano para ser reemplazado por el calendario cristiano?**

En el siglo VI d.C., el papa Juan I ordenó al monje Dionysius Exiguus —Dionisio el Exiguo, llamado así por su baja estatura— que preparara una cronología de los acontecimientos notables ocurridos en años anteriores *(ver pág. 231).*

Dionisio, un sabio cristiano formado en la tradición cultural romana, comenzó su cronología en el año de la fundación de Roma; cuando tuvo que asignar una fecha al nacimiento de Jesús, determinó que ese acontecimiento había ocurrido el 25 de diciembre del año 753 A.U.C. Posteriormente fijó como comienzo de una nueva era el día 1 de enero del año 754 A.U.C.; a ese año lo llamó "año 1 A.D.". Las letras AD son las iniciales de *Anno Domini,* que en latín significa "Año del Señor", es decir, "año 1 del señor Jesucristo" (de *Anno Domini* se derivaron también las denominaciones "antes de Cristo" y "después de Cristo"). Lo malo fue que Dionisio se equivocó en sus cálculos.

★ **¿Por qué está equivocado el cálculo de Dionisio el Exiguo?**

Este error se hace evidente porque la Biblia dice que Jesús nació en los días del rey Herodes el Grande, y este monarca murió en el año 750 A.U.C., que en el calendario actual equivale al año 4 a.C. Dionisio el Exiguo se equivocó por varios años en su cálculo de la fecha de nacimiento del Salvador. Así pues, el calendario en uso lleva varios años de retraso, pero innumerables razones de orden práctico (habría que corregir las fechas de *todos* los libros de historia, por ejemplo) desaconsejan cualquier intento por corregirlo *(ver pág. 232).*

★ **¿Es cierto que la Iglesia se basó en la fiesta pagana de las Saturnales para fijar la fecha de la Navidad?**

No. Según algunos teólogos, no fue así, debido a que las Saturnales tenían lugar entre el 17 y el 23 de diciembre. Las Saturnales no deben confundirse con las fiestas del solsticio de invierno, que ocurrían durante la noche del 24 al 25 del mismo mes. Son dos festividades independientes una de la otra.

★ **¿En qué se apoyó la Iglesia para establecer el 25 de diciembre como fecha de la Navidad?**

Se basó en la fiesta del solsticio de invierno que se celebraba ese día. Ésta era la celebración por excelencia del Sol, conocida como el *Natalis Invicti,* la cual festejaba el momento del año en que el astro rey alcanza, en el hemisferio norte, su posición más baja en el firmamento al mediodía y tiene lugar la noche más larga del año. A partir de ese punto, el día comienza a alargarse y la noche se acorta; el proceso se invierte a partir del solsticio de verano, cuando el día empieza a hacerse más corto y la noche más prolongada *(ver págs. 136 y 137).*

★ **¿Por qué lo que hacían los pastores que adoraron al Niño Jesús no coincide con el dato de que nació el 25 de diciembre?**

El Evangelio de Lucas, capítulo 2, versículo 8, dice: "Había en la región unos pastores que pernoctaban al raso y de noche se turnaban velando sobre su rebaño"; a éstos se

Los pastores

El Evangelio según San Lucas describe el anuncio que los ángeles dieron a los pastores con el fin de que acudieran a adorar al Niño Jesús y la posterior marcha que éstos emprendieron hacia Belén. Más de mil años después, este episodio sería rememorado por los nacimientos que se montan en los hogares del mundo.

En aquella misma comarca estaban unos pastores que pasaban la noche en el campo, velando por turno y guardando sus rebaños durante las horas de la noche. A esos pastores se les apareció un ángel del Señor, envolviéndolos con su luz la gloria del Señor, quedando sobrecogidos de un temor muy grande. Pero les dijo el ángel: "No tengáis miedo, porque os doy la buena nueva de un acontecimiento que causará gran alegría a todo el pueblo, a saber: que hoy os ha nacido en la ciudad de David un Salvador, el cual es el Cristo Señor. Os doy estas señas: hallaréis un niño envuelto en pañales y recostado en un pesebre." De repente se juntó con aquel ángel una muchedumbre de ángeles del ejército de los cielos, los cuales alababan a Dios diciendo: "Gloria a Dios en los altísimos cielos; paz en la tierra a los hombres de buena voluntad." Cuando los ángeles se retiraron hacia el cielo, comenzaron los pastores a decirse los unos a los otros: "atravesemos hasta Belén, a ver eso que el Señor nos ha anunciado." A toda prisa fueron, y encontraron a María y a José con el niño recostado en el pesebre. Después que lo vieron, contaron la revelación que se les había hecho acerca de aquel niño; y todos los que oían la relación de los pastores, se admiraban. María guardaba en el corazón todas aquellas cosas, considerándolas. Los pastores se volvieron a sus campos, glorificando a Dios y alabándolo por todo lo que habían oído y visto, así como se les había revelado.

les apareció un ángel que les avisó del nacimiento del Mesías. El problema es que, en los tiempos de Jesús, los pastores no acostumbraban sacar de noche a sus rebaños en invierno, para protegerlos del frío; además, el Talmud, libro que contiene el cuerpo de leyes civiles y religiosas de los judíos, ordenaba que las ovejas permaneciesen encerradas en sus corrales durante esa estación, pues era el periodo en que parían las borregas. Si el dato de que los pastores estaban velando a sus ovejas en el campo es verdadero, eso significa que Jesús nació en la primavera o el verano, no en el invierno.

★ ¿Cómo era el culto al Sol en el Imperio Romano?
El culto al Sol tuvo un gran auge durante el siglo III. Sus fieles adoraban al astro rey, al que se llamaba *deus invictus,* "dios invicto". Esto propició una suerte de renacimiento de la religión pagana amparada en ese culto. Por su parte, los cristianos no se habían desprendido aún de todas sus creencias anteriores; muchas

de ellas se habían mezclado con las de la fe en Cristo. Todavía en el siglo V, una parte de los fieles que asistían a la basílica de San Pedro rendían homenaje al Sol.

★ **¿Por qué se decidió cristianizar el día del Sol Invicto?**

Era necesario que la Iglesia reaccionase a medida que se extendía la adoración al Sol Invicto y buscara la manera de detenerla. La solución que halló fue contraponer al culto solar la figura de Jesús, a quien se comenzó a llamar por el título de *Sol justitiae,* "Sol de Justicia". Así pues, el Sol, que era objeto de culto pagano, se fue convirtiendo para los cristianos en "la imagen de Cristo". A fin de justificar esta práctica se recurrió, entre otras cosas, a textos bíblicos como el de Malaquías capítulo 4, versículo 2, que dice: "Mas para vosotros, los que teméis mi nombre, / se alzará un sol de justicia / que traerá en sus alas la salud, / y saldréis y brincaréis como terneros (que salen) del establo." Una vez que los cristianos identificaron al Sol como un símbolo de Jesús, la luz verdadera, el siguiente paso lógico era reemplazar la celebración del nacimiento del Sol Invicto, el 25 de diciembre, con la celebración del nacimiento de Cristo.

★ **¿Cuándo se empezó a celebrar el nacimiento de Jesús el 25 de diciembre?**

Una especie de almanaque conocido como el *Cronógrafo,* del año 354, es uno de los documentos más antiguos conocidos donde consta que la fiesta de Navidad se celebraba el 25 de diciembre; el *Cronógrafo* señala también que, en el calendario civil, el mismo día tenía lugar una celebración llamada *Natalis Invicti.* Otros autores sostienen que el 25 de diciembre ya era festejado antes del año 336 y unos más ubican el comienzo de esta costumbre hacia el año 325. Cabe señalar, por último, que las iglesias ortodoxas orientales —como la griega y la rusa— celebran la Navidad el 6 de enero, y la Iglesia de Armenia lo hace el 19 de enero.

★ **¿Hubo alguna otra religión además del culto al Sol que influyera en la adopción del 25 de diciembre como día de la celebración del nacimiento de Jesús?**

Sí, el mitraísmo también incidió en la fecha de celebración de la Navidad. Era una fe centrada en la adoración de Mitra, dios de la luz y del sol. Mitra era una deidad adorada en la antigüedad en Persia y la India. Su culto fue introducido en Roma por los soldados romanos que combatieron en Asia Menor y Mesopotamia desde el siglo I a.C. Llegó a ser tan popular que se convirtió en el principal competidor del cristianismo durante los siglos II y III de nuestra era; incluso algunos emperadores, como es el caso de Cómodo y Diocleciano, adoraron a Mitra. Esta deidad fue identificada también con el dios solar griego, Helios, y con el Sol Invicto de los romanos.

★ **¿Había similitudes entre Mitra y Jesús?**

Sí. Las leyendas que se contaban sobre Mitra decían que había nacido de una madre virgen el día 25 de diciembre en una cueva adonde fueron a adorarlo unos pastores y unos magos; que de adulto

16

hizo milagros, fue perseguido, ejecutado y que resucitó al tercer día. Además, una parte central de los rituales del culto de Mitra consistía en una eucaristía muy parecida a la empleada por la Iglesia católica. Todo lo anterior constituyó un fuerte motivo para que la Iglesia adoptara el 25 de diciembre como día del cumpleaños de Jesús. Una vez que el emperador Constantino adoptó el cristianismo como religión oficial del Imperio, el mitraísmo empezó a decaer y con el tiempo desapareció.

★ **¿Qué aportaciones hizo Constantino a favor del cristianismo?**

Además de aceptar el cristianismo como la religión oficial del Imperio, Constantino I entregó grandes propiedades y obsequios a la Iglesia cristiana primitiva y fundó Constantinopla —la actual ciudad turca de Estambul—, donde se estableció la capital de las provincias orientales y que al poco tiempo se convirtió en capital del Imperio Bizantino. Constantino I también ordenó la edificación y construcción de sitios dedicados al cristianismo, en especial en Tierra Santa; entre ellos se encuentra una iglesia construida en el lugar exacto donde supuestamente Elena, su madre, encontró la Vera Cruz en la que se crucificó a Jesús. Asimismo, intervino en los asuntos eclesiásticos y procuró establecer la unidad de la Iglesia, que se encontraba amenazada por el arrianismo; con este fin presidió el primer Concilio Ecuménico de la Iglesia en Nicea, en el año 325 después de Cristo.

★ **¿Por qué la Iglesia católica decidió aprovechar las fiestas paganas para convertirlas en celebraciones cristianas?**

Según algunos eclesiásticos, las influencias paganas en la religión católica no son sinónimo de asimilación; de hecho, algunas asimilaciones son adaptaciones legítimas y hasta necesarias.

En los siglos III y IV, la Iglesia se encontraba en franca competencia con el paganismo. No sólo se intentaba predicar la nueva doctrina; el objetivo era que penetrara en la vida y tomara el lugar del paganismo, que estaba profundamente arraigado en las costumbres y en la vida familiar y social. Para ello no bastaba que los predicadores vociferaran y fustigaran el medio en el que vivían; hacía falta algo más que palabras: una organización poderosa que se enfrentara al paganismo.

El desarrollo del culto a principios del siglo IV tuvo que responder a necesidades nuevas y la Iglesia tuvo que asimilar algunos detalles del paganismo. Utilizar el arte pagano en provecho propio fue una estrategia para sobrevivir y consolidarse como Iglesia universal. El que haya asimilado algunas prácticas paganas y tolerado otras como un mal menor es un hecho innegable. En el caso de la Navidad, la Iglesia quiso oponer una fiesta cristiana a una fiesta pagana.

¿Cómo vivían los cristianos la Navidad en los días del Imperio Romano?

Cuando la monja peregrina española Egeria hizo su célebre viaje a Jerusalén a fines del siglo III, constató que la Navidad se guardaba, como parte de la Epifanía, el 6 de enero. El obispo, el clero secular, los monjes y el pueblo de Jerusalén hacían una visita solemne a la cueva de la Natividad en Belén. A medianoche formaban una procesión que salía de Belén con rumbo a Jerusalén y al llegar celebraban un oficio justo antes del amanecer. En la mañana se reunían de nuevo para celebrar la Eucaristía, que comenzaba en la basílica de Constantino y culminaba en la capilla de la Resurrección.

★ ¿Cuándo llegó a América el festejo de la Navidad?

La primera Navidad se festejó en el siglo XVI, en el Fuerte de Navidad; Cristóbal Colón ordenó que este fuerte se construyera con la madera de la carabela *Santa María;* además, por inaugurarse un 25 de diciembre no sólo lo llamó "fuerte de Navidad", sino que celebró en él la primera Navidad cristiana en el Nuevo Mundo, acto con el que simbolizó la llegada del cristianismo a las tierras recién descubiertas.

★ ¿Alguna vez se ha prohibido la Navidad en Estados Unidos?

Sí. Los primeros colonos puritanos que llegaron de Europa a Massachusetts regían su vida de acuerdo con un sistema de valores muy rígido y austero, que los hacía rechazar las fiestas y la ostentación. Por tal motivo proscribieron la celebración de la Navidad; la ley se mantuvo vigente hasta 1861. Incluso para entonces, gran parte de los estadounidenses no la festejaban de modo especial. Fue la influencia de los inmigrantes católicos, anglicanos y de otras religiones protestantes —quienes llevaron sus tradiciones más festivas y alegres— lo que convirtió la Navidad en una fiesta verdaderamente nacional en Estados Unidos.

★ ¿Cuándo se celebró la primera Navidad en México?

Una de las referencias más antiguas sobre la primera celebración de la Navidad en México dice que en 1528 el franciscano fray Pedro de Gante reunió a una multitud de indígenas; los hizo venir de 20 leguas a la redonda para que acudieran a la fiesta de la Natividad de Cristo. Vinieron tantos que no cupieron en el patio de la capilla donde los había convocado el franciscano, incluso hubo algunos devotos enfermos que se hicieron transportar en hamacas. En la noche de Navidad de 1528, los indígenas presentes entonaron el himno *Ha nacido el redentor del mundo.* Cabe añadir que, como parte de su trabajo evangelizador, fray Pedro compuso cánticos que relataban, en sus propias palabras: "cómo Dios se hizo hombre para librar al linaje humano, y cómo nació de la Virgen María, quedando pura y sin mácula" *(ver pág. 136).*

★ **¿Cómo influyó la novela de Charles Dickens *Cuento de Navidad* en la celebración de esta fiesta?**

El diametral cambio de valores que la Navidad produce en el avaro Ebenezer Scrooge (ver pág. 102), que se convierte en un ser generoso y altruista, ha conmovido a millones de personas que han leído la obra y al público que han seguido sus más de 350 adaptaciones a la radio, el cine, la televisión y el teatro, y la han convertido en la historia navideña no religiosa más difundida en América y Europa.

Algunos autores sostienen que la transformación de Scrooge, de un ser ahorrativo y práctico a un derrochador hedonista que goza de la Navidad, fue una influencia fundamental para que la gente se sintiera obligada a dar regalos y pasarla bien en esas fechas sin preocuparse por el mañana. Es decir, fue un acicate para el materialismo y el consumismo. Junto con la propagación de la figura de Santa Claus durante el siglo XIX, los valores promovidos por la novela ayudaron a fortalecer la tradición navideña en Estados Unidos y Europa Occidental.

ROMANCE DEL nacimiento

*Ya que era llegado el tiempo
en que de nacer había,
así como desposado
de su tálamo salía,*

*abrazado con su esposa,
que en sus brazos la traía,
al cual la graciosa Madre
en su pesebre ponía,*

*entre unos animales
que a la sazón allí había,
los hombres decían cantares,
los ángeles melodía,*

*festejando el desposorio
que entre tales dos había,
pero Dios en el pesebre
allí lloraba y gemía,*

*que eran joyas que la esposa
al desposorio traía,
y la madre estaba en pasmo
de que tal trueque veía:*

*el llanto del hombre en Dios,
y en el hombre la alegría,
lo cual del uno y del otro
tan ajeno ser solía.*

San Juan de la Cruz (1542–1591),
poeta místico español

★ **¿Quién fue en realidad Santa Claus?**

Este personaje moderno fue inspirado por una figura real de la historia: San Nicolás de Bari, obispo de la ciudad de Mira, situada en la antigua provincia de Licia, en Asia Menor, en la actual Turquía. Vivió en los siglos IV y V de nuestra era, aunque se ignoran las fechas precisas de su nacimiento y muerte. El nombre "Santa Claus" es una contracción del nombre latino del santo: *Sanctus Nicolaus* (ver pág. 71).

★ **¿Cómo fue la vida de San Nicolás?**

Si bien parece indudable que efectivamente ocupó el obispado de Mira, los datos ciertos sobre su vida son muy escasos. Al parecer nació en el puerto de Patara, en la misma provincia de Licia. Fue encarcelado durante la persecución contra los cristianos que desató en el año 303 el emperador romano Diocleciano, pero recuperó la libertad luego de que un nuevo emperador, Constantino, proclamó la tolerancia religiosa mediante el Edicto de Milán en el año 313. Se sabe que asistió al primer Concilio Ecuménico de la Iglesia, que tuvo lugar en Nicea, en Asia Menor, en 325. Falleció en Mira y fue sepultado en su catedral. Años después, el emperador bizantino Justiniano le construyó una basílica en Constantinopla.

★ ¿Qué detalles añadió la leyenda a la vida de San Nicolás?

Se dice que San Nicolás quedó huérfano muy joven, pero heredó una considerable fortuna de sus padres, la cual decidió emplear para obras de caridad. Se le presentó una oportunidad cuando se enteró de que un ciudadano de su natal Patara había perdido todo su patrimonio; el hombre, además, tenía tres hijas que mantener, las cuales no podían casarse, pues su pobreza les impedía reunir el dinero suficiente para la dote. Enterado Nicolás, salió al amparo de la noche con una bolsa de monedas de oro y la arrojó por la ventana de la casa del progenitor necesitado, quien pudo reunir así la dote para una de sus hijas; el santo hizo lo mismo en otras dos ocasiones y, gracias a su generosidad, todas las chicas pudieron casarse. Se le atribuyeron además muchas obras pías y milagros, como la resurrección de tres niños que habían sido asesinados (*ver pág. 72*).

★ ¿Cómo se desarrolló el culto a San Nicolás?

San Nicolás llegó a ser un santo muy popular, con muchos templos dedicados en su honor y ríos de peregrinos que acudían a su tumba. Se le reconoció como santo patrono de Rusia y Grecia, de la ciudad de Moscú y de los niños, los marineros, las chicas solteras, los comerciantes, los usureros, los ladrones arrepentidos y los presos. En 1087 unos marineros italianos robaron sus restos y los llevaron a la ciudad de Bari, donde hasta hoy reposan en una basílica.

★ ¿Cómo empezó San Nicolás a dejar regalos a los niños en la víspera de Navidad?

La leyenda de San Nicolás lo presenta como un benefactor anónimo, que aprovechaba la oscuridad de la noche para arrojar regalos dentro de las casas de la gente que los merecía. Asimismo, el cuento de la resurrección de los infantes asesinados le valió ser reconocido como protector de la niñez. En vista de esos antecedentes, la gente de algunos países le atribuyó la entrega de los regalos que reciben los niños en Navidad.

★ ¿Cómo fue que San Nicolás se convirtió en Santa Claus?

Aunque la devoción a San Nicolás prácticamente desapareció en la mayoría de los países del norte de Europa luego del triunfo de la Reforma protestante en el siglo XVI, su culto permaneció en los Países Bajos, pero con grandes cambios; el santo católico acabó amalgamándose con la figura legendaria de un mago nórdico que castigaba a los niños malos y premiaba a los buenos, y surgió un personaje llamado *Sint Klaes* o *Sinterklaas (ver pág. 72)* que llevaba regalos a los niños durante la Nochebuena. La costumbre se propagó a Inglaterra, y los inmigrantes holandeses la llevaron a Estados Unidos; se extendió hasta México durante el siglo XIX.

★ **Si San Nicolás era un obispo cristiano, ¿por qué Santa Claus se viste como un gnomo de traje rojo?**
Según la historiadora Teresa Escobar Rohde (1933–1992), la incorporación de ese color a la vestimenta de Santa Claus se debe a la influencia de la mitología nórdica. Los antiguos dioses telúricos eran asociados con el color escarlata, que simboliza el poder fecundador del Sol sobre la tierra. El rojo, de modo particular, relaciona a Santa Claus con la fiesta del solsticio de invierno.

★ **¿Hay otra explicación para asociar el color rojo con Santa Claus?**
Una tradición nórdica habla de un gigante rojo vinculado a la potencia regeneradora de las aguas; éste era un ser demoniaco al que se apodaba *Nick,* diminutivo de Nicolás. Cuando los pueblos nórdicos se volvieron cristianos, apodaron al diablo "el viejo Nick" por su color. Así, la figura demoniaca de un viejo corpulento, vestido de rojo, que se llamaba Nicolás y se relacionaba con las aguas y la prosperidad, fue amalgamada con la de San Nicolás de Bari, quien empleaba su gran fortuna para socorrer a los necesitados y, como santo patrono de los marineros, protegía a éstos de la furia de las aguas.

★ **¿De dónde surgió la imagen de Santa Claus tal como ahora la conocemos?**
Si bien este personaje es de origen europeo, la imagen con que se le asocia hoy en día sí es de origen estadounidense. En 1822, un caballero de nombre Clement Moore, profesor del Seminario Episcopal de Nueva York, escribió un poema para sus hijos titulado *A Visit from St. Nicholas,* que presentaba a Santa Claus como un duende obeso y alegre que volaba en un trineo jalado por renos y entraba a las casas por la chimenea para dejar los regalos.

El poema de Moore se hizo muy popular e inspiró a Thomas Nast, uno de los mejores caricaturistas de la historia de Estados Unidos, quien a partir de 1863 lo dibujó en la revista *Harper's Weekly* como un anciano alegre, rollizo y bonachón, fumador de pipa, con barbas y cabellos totalmente blancos, que llena las medias de los niños con regalos y fabrica juguetes en su propio taller. Se puede afirmar que Moore y Nast son prácticamente los padres de Santa Claus tal como hoy se conoce; no obstante, es preciso señalar que hasta la primeras décadas del siglo XX, Santa Claus era representado indistintamente vestido de azul, rojo, amarillo o verde *(ver pág 75)*.

★ **¿Llegaba siempre Santa Claus en la víspera de Navidad?**
No. En varios países de Europa, los niños recibían o reciben sus regalos el 6 de diciembre, que es el día de la fiesta de San Nicolás.

★ **¿Por qué el Santa Claus actual se viste de rojo, blanco y negro?**

El "toque final" a la iconografía actual de este personaje quedó a cargo del pintor Haddon Sunblom, quien en la década de 1930 se encargaba de dibujar los anuncios navideños de Coca-Cola. Sunblom usó como modelo a un vendedor jubilado de la empresa y, al fallecer éste, se empleó a sí mismo. Sus anuncios presentaban a Santa Claus escapando de situaciones extravagantes y recibiendo siempre como premio una botella de la gaseosa. Tuvieron tanto éxito e influyeron a tal grado en la cultura popular que, desde entonces, Santa Claus aparece como un robusto anciano, siempre alegre y jovial, ataviado con ancho cinturón y botas negras, y con un traje rojo y blanco. Quizá no sea casual que esos tres colores sean los mismos del logotipo de Coca-Cola (ver pág. 77).

★ **¿Es cierto que alguna vez Santa Claus fue condenado a la horca y la hoguera?**

Sí. El domingo 23 de diciembre de 1951, a las tres de la tarde, una efigie de *Père Noël* —nombre francés de Santa Claus— fue colgada de las rejas de la catedral de Dijon, en Francia. A continuación se prendió fuego a las barbas del monigote y éste se hizo humo ante la presencia de cientos de niños que eran alumnos de la escuela dominical. Esa medida fue tomada con la aprobación del clero de la diócesis, que había condenado a *Père Noël*, acusándolo de ser un usurpador y hereje que paganizaba e invadía la fiesta de la Navidad. Un comunicado de la diócesis afirmó que la quema del muñeco fue un acto simbólico contra las mentiras que *Père Noël* representaba; concluyó: "Para los cristianos, la Navidad debe consistir en la celebración anual del nacimiento del Salvador."

★ **¿Alguna vez la Navidad fue prohibida en Inglaterra?**

Sí. En 1647, el parlamento británico abolió la celebración de las fiestas de Navidad, y la prohibición se mantuvo durante el resto del gobierno que encabezaba el protestante puritano inglés Oliver Cromwell (1599–1658).

LA HUIDA a Egipto

¿Dónde vais, Zagala,
Sola en el monte?
Mas quien lleva el sol
No teme la noche.

¿Dónde vais, María,
Divina esposa,
Madre gloriosa
De quien os cría?
¿Qué haréis si el día
Se va al ocaso,
Y en el monte acaso
La noche os coge?
Mas quien lleva el sol
No teme la noche.

El ver las estrellas
Me cause enojos,
Pero vuestros ojos
Más lucen que ellas.
Ya sale con ellas
La noche oscura;
A vuestra hermosura
La luz se esconde.
Mas quien lleva el sol
No teme la noche.

Lope de Vega (1562–1635),
escritor español

★ **¿A qué se debe que, a lo largo de la historia, un buen número de iglesias cristianas hayan rechazado la celebración de la Navidad?**

A varias razones; una de ellas es el rechazo a incorporar prácticas de origen pagano al culto cristiano, y la Navidad está llena de ellas; otro argumento es que la Biblia no menciona ninguna celebración del nacimiento de Cristo, así como tampoco ordena festejarlo. Entre las religiones que han sostenido esta postura destaca la Iglesia presbiteriana de Escocia, que se opuso a conmemorar la Navidad desde el año de 1583 y hasta el de 1958. Los Testigos de Jehová la celebraban al principio de su historia, pero la prohibieron a sus seguidores en la década de 1920.

★ **¿Qué opinaba Martín Lutero sobre la costumbre de dar regalos a los niños en nombre de San Nicolás?**

El iniciador de la Reforma protestante desaprobaba esa práctica, pero no por el hecho de que se entregara un obsequio a los niños, sino porque implicaba rendir culto a un santo católico. Como alternativa promovió a otro personaje llamado *Christkind,* "el mensajero de Cristo", como el nuevo encargado de llevar regalos a los niños en Navidad. Con el tiempo, en algunos lugares la mala pronunciación de su nombre convirtió a *Christkind* en *Kris Kringle* (ver pág. 64).

★ **¿Cuál es el origen del nacimiento?**

Desde los primeros tiempos del cristianismo se comenzó a representar la escena del nacimiento del Salvador; se encuentran ejemplos de esto en las catacumbas y las iglesias. Dada la escasez de detalles que sobre este acontecimiento brindan las Santas Escrituras, los artistas buscaron inspiración en los evangelios apócrifos, así como en las visiones y revelaciones que, a lo largo de la historia, tuvieron diversos santos y santas. A mediados del siglo VII ya existía en Santa María la Mayor, en Roma, un pequeño oratorio con la estructura de la Santa Cueva de Belén. El nacimiento también fue escenificado durante la Edad Media en las piezas teatrales litúrgicas que se montaban en las iglesias durante las festividades navideñas.

★ **¿Cómo empezó a popularizarse la práctica de poner nacimientos?**

Quien dio un impulso decisivo a esta costumbre fue San Francisco de Asís, y hay quienes lo consideran el creador de la misma. Para celebrar la misa de medianoche del 25 de diciembre de 1223, San Francisco dispuso en el bosque de Greccio, en la región de Toscana, un altar donde había un pesebre con heno, un buey y una mula, y allí celebró la misa, enfrente de una cueva.

Los lugareños acudieron con antorchas encendidas y quedaron muy impresionados, pues juraron que vieron a un bebé que sonreía en los brazos del santo. Si bien aquí están presentes varios elementos de lo que suele llamarse el nacimiento "clásico", lo que hizo San Francisco tenía

EL CUARTO
Rey Mago

Según el magnífico cuento del escritor y narrador mexicano Felipe Garrido, existe un cuarto Rey Mago, que es el encargado de llevar regalos durante cualquier mes del año. El problema es que este Rey Mago es muy distraído y suele equivocarse y confundir los regalos que le pidieron los niños. El cuarto Rey Mago no era un astrólogo muy competente, por lo que estuvo errando por el mundo durante años y años, hasta que dio con Jesús, justo en el momento en que agonizaba en la cruz. El siguiente fragmento cuenta cómo fue el encuentro:

Y el cuarto Rey Mago tuvo miedo de haber llegado definitivamente tarde. Pero Jesús todavía estaba vivo, así que el astrólogo, con el corazón desbocado, comenzó a buscar entre su ropa el regalo que había cargado toda la vida para el Niño divino y, con horror, descubrió que no lo llevaba. Tal vez nunca lo tuvo encima; tal vez lo olvidó desde que comenzó su aventura, tanto tiempo atrás. Ya les dije que era distraído...

Y, entonces sí, el cuarto Rey Mago sintió que lo había echado todo a perder. Sintió un dolor tan intenso que de los ojos envejecidos dejó caer tres lágrimas. Y Jesús, conmovido por la constancia de aquel hombre, hizo aún un milagro y le convirtió las lágrimas en perlas, para que el astrólogo, a pesar de su impericia, tuviera qué regalarle.

mucho más que ver con una representación teatral que con un nacimiento tal como se conoce hoy en día *(ver págs. 66 y 126)*.

★ **¿Para qué le servía a San Francisco la escenificación del nacimiento de Jesús?**
Dice el historiador y pesebrista catalán José M. Garrut que el propósito del santo era "hacer más real el sacrificio de la misa, mediante unos elementos en los cuales no intervenía ningún ser humano y haciendo servir el escenario de los bosques de Greccio". De hecho, unos 16 años antes, el papa Inocencio III había prohibido las representaciones teatrales en la Iglesia, debido al abuso de los fieles que las había hecho degenerar en farsas profanas; por eso mismo, San Francisco tuvo que obtener el permiso especial del papa Honorio III (?–1227).

★ **¿Cómo se difundió por el resto del mundo la costumbre de poner el nacimiento?**
La orden franciscana la propagó por el mundo. Las representaciones teatrales del nacimiento se introdujeron en España a principios del siglo XIV. Sin embargo, como no siempre se tenían los recursos, el espacio o la gente necesaria para montar un nacimiento con personas y

animales vivientes, pronto surgió la práctica de hacer representaciones plásticas, es decir, con pinturas o con figurillas esculpidas que bien podían ser de barro o valiosas piezas de orfebrería y esmalte. Para el siglo XVI ya existen referencias de nacimientos de este tipo instalados en la península ibérica.

No fue sino hasta el siglo XVIII cuando el nacimiento adquirió por fin su forma característica. Al principio se colocaba solamente en las iglesias, luego pasó a las cortes de los reyes y las casas nobles y señoriales, y después se popularizó y extendió entre todas las clases sociales *(ver pág. 54).*

★ **¿Cómo se originó la tradición de poner en el pesebre a un asno y un buey adorando al Niño Jesús?**

Este episodio no lo menciona la Biblia, sino el evangelio apócrifo denominado Pseudo Mateo, que relata que tres días después de haber dado a luz, María salió de la gruta donde había tenido al niño, y que entonces lo llevó al pesebre, donde un asno y un buey lo adoraron. Ahora bien, las culturas anteriores al cristianismo abundan en leyendas sobre animales que rindieron homenaje o alimentaron a héroes, dioses o personajes distinguidos cuando estaban recién nacidos; Rómulo y Remo, los fundadores legendarios de Roma, fueron amamantados por una loba, mientras que la cabra Amaltea hizo lo mismo con el dios griego Zeus.

★ **¿Cómo justifican los cristianos el uso del asno y el buey?**
Los cristianos justifican la tradición del asno y el buey citando al profeta Isaías, capítulo 1, versículo 3: "Conoce el buey a su dueño, / y el asno el pesebre de su amo, / pero Israel no entiende, / mi pueblo no tiene conocimiento." El papa Benedicto XVI, cuando era el cardenal Joseph Ratzinger, escribió: "Los Padres de la Iglesia vieron en esta palabra una profecía referida al Nuevo Pueblo de Dios, la Iglesia constituida a partir de los judíos y gentiles. Ante Dios, todos los hombres, judíos y gentiles, eran como bueyes y asnos, sin razón ni entendimiento. Pero el Niño del pesebre les ha abierto los ojos, para que ahora reconozcan la voz de su Dueño, la voz de su Amo [...] Ante el Eterno, somos bueyes y asnos, bueyes y asnos a los que en la Nochebuena se les abren los ojos, para que en el pesebre reconozcan a su Señor" *(ver pág. 126).*

ORACIÓN DE Navidad

Oh Dios, amado Padre nuestro, ayúdanos a recordar el Nacimiento de Jesús y permítenos compartir la canción de los Ángeles, la alegría de los pastores y la Adoración de los Reyes.

Que la mañana de Navidad nos haga sentir la felicidad de ser niños de nuevo. Que seamos capaces de ser agradecidos por todo lo que tenemos y saber pedir perdón y perdonar en nombre de Jesús. Amén

Robert Louis Stevenson (1850–1894), escritor escocés

★ ¿De dónde es originario el árbol de Navidad?

El árbol de Navidad es una costumbre de origen germánico. En el norte de Europa, desde mucho tiempo antes de Cristo, se usaban ramas verdes de árboles de hoja perenne en los ritos mágicos celebrados con motivo del solsticio de invierno, con el objeto de propiciar el retoño de las plantas y la victoria de la luz sobre las tinieblas. También se adornaba un pino u otro árbol de hojas perennes con objetos brillantes y velas encendidas; luego la gente bailaba y cantaba alrededor.

★ ¿Cómo adoptaron los cristianos la costumbre del árbol de Navidad?

Se cuenta que el obispo y mártir San Bonifacio (680–754 d.C.) llegó a la actual Alemania procedente de Inglaterra con la misión de evangelizar a los pueblos germánicos. Cuando llegó a la ciudad de Geismar predicó la nueva doctrina y, para demostrar la superioridad de su fe, cortó de raíz un encino sagrado donde los habitantes iban a depositar sus ofrendas y cada año sacrificaban a un niño en honor del dios Odín. Los nativos, indignados, querían lincharlo, pero Bonifacio hizo uso de su elocuencia diciéndoles que el hijo de Dios había venido al mundo para salvar a los fieles, y que era necesario desterrar a todos los que se hacían pasar por dioses para adorarlo sólo a Él. La turba no sólo se calmó, sino que quedó convencida y ayudó a Bonifacio a plantar un pino en el lugar donde había estado el encino sagrado; el santo adornó con luces y espejos el arbolito y lo señaló como símbolo del nacimiento del Mesías *(ver pág. 68)*.

★ ¿Qué significado cristiano se le dio al árbol navideño?

Los Padres de la Iglesia, por lo general personas formadas en una cultura no cristiana, comprendieron que era imposible arrancar de raíz las antiguas tradiciones y decidieron actuar con prudencia, por lo que adaptaron prácticas precristianas dándoles un nuevo sentido. Así ocurrió con el árbol de Navidad, al que se dio un significado cristiano apoyándose en un texto bíblico del profeta Isaías que habla sobre el reinado del Mesías: "Y brotará un retoño del tronco de Jesé / y retoñará de sus raíces un vástago, / sobre el que reposará el espíritu de Yavé, / espíritu de sabiduría y de inteligencia, / espíritu de consejo y de fortaleza, / espíritu de entendimiento y de temor de Yavé [...] En aquel día, el renuevo de la raíz de Jesé / se alzará como estandarte para los pueblos, / y le buscarán las gentes, / y será gloriosa su morada" *(ver pág. 123)*.

★ ¿Es cierto que Martín Lutero promovió el árbol de Navidad?

Un interesante relato cuenta que Lutero (1483–1546), teólogo e iniciador de la Reforma protestante, paseaba de noche por el bosque poco antes de la Navidad cuando vio cómo la luz de la luna se reflejaba sobre los árboles nevados. Como le gustó mucho esa escena, cortó después un pino pequeño y lo llevó a su casa para ponerle velas y emular así el efecto de la luna. Algunos expertos dudan de la autenticidad de esta historia.

★ ¿Cómo se difundió por el mundo el árbol de Navidad?

El árbol de Navidad comenzó a propagarse desde su natal Alemania al resto del mundo durante el siglo XVIII, cuando se extendió por el centro de Europa y Estados Unidos, adonde lo llevaron los inmigrantes alemanes. Curiosamente, fue introducido en América del Norte antes que en Escandinavia o Francia. En el siglo XIX llegó a Inglaterra, donde se popularizó a pesar de los comentarios desdeñosos de gente como el escritor Charles Dickens; para eso fue determinante la intervención del príncipe Alberto, consorte de la reina Victoria. Alberto, alemán de origen, quiso tener tanto un recuerdo de su tierra, como una sorpresa para su hijo, por lo que ordenó instalar un gran árbol de Navidad en el castillo de Windsor en 1840. El ejemplo fue seguido por el pueblo británico y se difundió por todo el Imperio. A mediados del siglo XIX, la costumbre se consolidó en Estados Unidos, cuando se empezaron a instalar árboles en la vía pública.

★ ¿Cómo llegó el árbol de Navidad a México?

Cuando México y Prusia establecieron relaciones oficiales a mediados del siglo XIX, los diplomáticos prusianos trajeron consigo la costumbre del árbol de Navidad. Éste tuvo su auge, por primera vez, durante el breve reinado del emperador Maximiliano de Habsburgo (1864–1867), quien era austriaco. La derrota del Imperio a manos de los republicanos encabezados por Benito Juárez en 1867 tuvo, entre otras consecuencias, el desprestigio de algunos de los usos y costumbres fomentados por el emperador y su corte, por lo que el árbol quedó relegado algunos años, hasta que la tradición empezó a propagarse de nuevo en épocas posteriores (ver pág. 157).

★ ¿Los mexicanos se opusieron alguna vez al árbol de Navidad o a Santa Claus?

Además de la baja popularidad del árbol de Navidad después de la muerte de Maximiliano, estas tradiciones suscitaron muchos recelos y hasta el abierto rechazo de los católicos más tradicionalistas. Un ejemplo de esto es la introducción del libro *Nacimiento de Cristo,* escrito por Ismael Diego Pérez Izquierdo y publicado en México en 1955. Esa obra, cuya lectura recomendaba "con todo gusto" el entonces arzobispo de México, don Luis María Martínez, dice lo siguiente en su introducción:

"En estos tiempos en que la falsedad del árbol de 'Noël', o el 'Santa Claus', se extiende sobre los países católicos de América, deformando la poesía auténtica del cristianismo, que se halla en los belenes o nacimientos, consideramos necesario insistir en la verdad católica, tomada en las fuentes fidedignas de las Sagradas Escrituras.

"Nuestra publicación no tiene más objetivo que recordar a las gentes la vuelta a los nacimientos, que nos vienen de Roma y España, y que desechen las modas de origen germánico, como una deformación pagana de nuestras viejas costumbres."

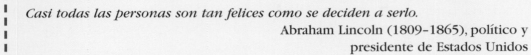

CITAS Y
refranes

Casi todas las personas son tan felices como se deciden a serlo.
Abraham Lincoln (1809–1865), político y
presidente de Estados Unidos

★ **¿Cuándo empezó la costumbre de adornar el árbol de Navidad con figuras de vidrio?**
Fue hacia 1860 en Alemania. Las figuras de cristal evolucionaron en muchas formas distintas, incluyendo las populares esferas.

★ **¿Quiénes inventaron las esferas de vidrio?**
Se considera que las primeras esferas fueron creadas en el siglo XVIII por los sopladores de vidrio de Bohemia.

★ **¿Cuál es el origen de las coronas de Navidad?**
Algunos autores lo sitúan en las coronas de laurel que daban los antiguos griegos a los deportistas victoriosos. Los cristianos adoptaron como imagen la victoria de Jesús sobre la muerte. Mucho antes de Cristo, los nórdicos solían hacer coronas con plantas de hojas perennes, pues su continuo verdor era un símbolo de vida indestructible en medio del duro invierno del norte de Europa. Su forma redonda representa el ciclo de la vida y anuncia que la primavera volverá al terminar el invierno. Con la llegada del cristianismo, las coronas se convirtieron en símbolos del Salvador *(ver pág. 113);* las frutas rojas que las adornan se interpretaron como la sangre derramada por Cristo.

★ **¿Cuál es el origen de la piñata?**
Algunos afirman que surgió en China, de donde habría sido llevada a Italia por Marco Polo en el siglo XIII; los españoles la conocieron en Italia y la trajeron a México. De hecho, su nombre actual proviene del italiano *pignatta*, que significa "apiñar", "juntar" o "atar". Los chinos confeccionaron figuras de vacas, bueyes y búfalos, que cubrían con papeles de colores y usaban en ceremonias para festejar el inicio de la primavera. Estaban rellenas con cinco clases de semillas que se derramaban cuando eran golpeadas con varas por algunos dignatarios.

En Europa se adoptó para las festividades de Cuaresma, y al primer domingo de ésta se le llamaba "de piñata". Para ese entonces ya había evolucionado

NACE DIOS de María

Nacer el sol de una estrella
sólo se vio en este día,
que nace Dios de María,
quedando madre y doncella.

En la Virgen con tal arte
usó Dios de su primor,
que lo más en lo menor,
y el todo encerró en la parte;
y grandeza como aquella
hoy muestra lo que encubría,
y nace Dios de María,
quedando madre y doncella.

Que el Sol de justicia salga
donde le podamos ver,
y que sola una mujer
a tan gran efecto valga;
extrañeza como ella
hoy sólo ver se podía,
que nace Dios de María,
quedando madre y doncella.

Sólo desta Virgen pura
esto se puede esperar,
que por humilde alcanzar
mereció tan gran ventura.
Llegad con su Hijo a vedla,
y allí veréis, alma mía,
que nace Dios de María,
quedando madre y doncella,

Fray Pedro de Pradilla
(siglo XVI),
poeta español

a una olla de barro cubierta de papeles de colores y llena de dulces. Los asistentes la golpeaban con los ojos vendados mientras estaba colgada del techo. Para principios del siglo XVI, época de la conquista española de América, los bailes de piñata eran muy populares en la península ibérica.

★ **¿Por qué se intercambian regalos en Navidad?**

Uno de los orígenes de esta práctica son las Saturnales. Durante la celebración de estas fiestas, que se llevaba a cabo en Roma unos días antes del solsticio de invierno, la gente descansaba de sus labores habituales e intercambia-ba, como regalos, velas de cera y muñecas de barro; estas últimas se obsequiaban sobre todo a los niños. Los romanos también celebraban el Año Nuevo con un intercambio de obsequios.

Muy de acuerdo con la práctica de adaptar festividades paganas para fines cristianos, se incorporó la entrega de regalos a las celebraciones de Navidad; en un principio se argüía que era el mismo Niño Jesús quien entregaba los presentes y luego se dijo que Él mismo los llevaba a los niños: esta práctica hasta la fecha sigue vigente. Años más tarde, se atribuyó esta acción a los Reyes Magos, Santa Claus y otros personajes. También se ha argu-mentado que el regalar juguetes y otras cosas a los niños es una manera de conmemorar la entrega de los presentes de los magos al Niño Jesús.

★ **¿Siempre se ha acostumbrado dar regalos a todos en la Navidad?**
No. De hecho, hace tiempo se consideraba que en Navidad sólo se debían dar regalos
a los sirvientes —de aquí proviene la costumbre del aguinaldo— y a los pobres.

★ **¿Cuál es el origen del villancico *Noche de paz*?**
Stille Nacht, su nombre original, fue escrita por el párroco Joseph Mohr (o Mor) de la
iglesia de San Nicolás, en Oberndorf, Austria. Poco antes de la Navidad de 1818, Mohr
visitó a su amigo el compositor aficionado Franz Xaver Gruber, a fin de regalarle un
poema que acababa de escribir. Le contó, además, que el órgano de su iglesia estaba
descompuesto. Gruber quería ayudar al párroco y le propuso ponerle música al poema.
Durante la celebración de la Nochebuena, los dos amigos cantaron la pieza acompañados
por la guitarra de Mohr; así fue el estreno mundial de *Noche de paz (ver págs. 68 y 282)*.

★ **¿Cómo surgió la tradición de las tarjetas de navidad?**
En 1843, el londinense Henry Cole, distinguido humanista y empresario, sacó a la luz la primera tarjeta de Navidad impresa con ilustraciones relativas a importantes obras de caridad vinculadas a esas
fechas, como alimentar al hambriento. También mostraba a un
grupo de personas mayores que brindaban con sendas copas
de vino para desearse feliz Navidad y próspero Año Nuevo. Si
bien las tarjetas de Cole fueron impugnadas por un grupo de
activistas antialcohólicos, que objetaron el hecho de representar
a unas personas bebiendo en un día santo, pronto la costumbre
se hizo tan popular que la misma reina Victoria mandó hacer sus
propias tarjetas.

Cole había propuesto que en las escuelas inglesas se pidiera a
los niños que antes de las vacaciones de Navidad escribiesen
textos alusivos a la celebración que sirvieran para felicitar
a sus padres y mostrar sus progresos en la caligrafía. Las felicitaciones se escribían en hojas de papel grueso donde se pegaban
letras metálicas que decían *Merry Christmas.* Cole tuvo entonces la
idea de añadir a las felicitaciones un dibujo
hecho por el pintor Callcott Horsley, que
mandó imprimir en las primeras tarjetas, las
cuales tenían forma de tríptico *(ver págs.
103 y 126)*.

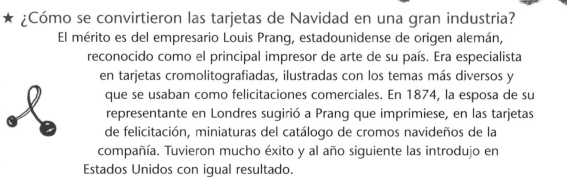

★ **¿Cómo se convirtieron las tarjetas de Navidad en una gran industria?**
El mérito es del empresario Louis Prang, estadounidense de origen alemán,
reconocido como el principal impresor de arte de su país. Era especialista
en tarjetas cromolitografiadas, ilustradas con los temas más diversos y
que se usaban como felicitaciones comerciales. En 1874, la esposa de su
representante en Londres sugirió a Prang que imprimiese, en las tarjetas
de felicitación, miniaturas del catálogo de cromos navideños de la
compañía. Tuvieron mucho éxito y al año siguiente las introdujo en
Estados Unidos con igual resultado.

Las tarjetas de Navidad, que medían 9 × 5 centímetros, se convirtieron en el producto más solicitado de la empresa. Para 1881 habían aumentado su tamaño a 17 × 23 centímetros y se vendía la asombrosa cantidad —para ese entonces— de cinco millones de piezas al año. Casi todas costaban un dólar por tarjeta, precio elevado en esa época, pero ese detalle no hizo bajar la demanda. Con el tiempo, Prang empezó a hacer no sólo de tarjetas de Navidad sino de Pascua y San Valentín. El lema de su empresa era: "Se llega a la inmensa mayoría de la población a través del corazón."

★ **¿Qué significa la frase inglesa *Merry Christmas?***

Proviene de la frase *Cristes mæsse,* que en inglés antiguo significa "misa de Cristo", junto con *merry,* que quiere decir "feliz".

★ **¿Cuál es el origen del aguinaldo?**

"Aguinaldo" proviene del celta *eguinand,* "regalo de año nuevo". Sin embargo, hay quienes sostienen que se deriva de una frase en francés antiguo: *A qui l'an neuf.* Los romanos ya daban aguinaldo, y le llamaban *strenna;* el origen de esta práctica se remontaba a los tiempos del legendario fundador de Roma, Rómulo, en el siglo VIII a.C. Se solía obsequiar a los amigos con dátiles y miel para desearles un Año Nuevo próspero y agradable. Cuando Roma se hizo más rica y poderosa, los más pudientes sustituyeron los dátiles y la miel por monedas de oro y plata. Por muchos años se acostumbró que el emperador recibiera un aguinaldo de sus súbditos *(ver pág. 122).*

★ **¿Cómo veían al aguinaldo los cristianos primitivos?**

Personajes muy destacados de la Iglesia católica, como San Agustín y San Juan Crisóstomo, lo desaprobaban, por su origen pagano y porque la entrega del aguinaldo solía estar acompañada por fiestas al parecer bastante desordenadas, donde los hombres se vestían de mujeres y viceversa. Para San Agustín, sólo los paganos daban aguinaldo, pues los cristianos debían dar limosna. Sin embargo, la costumbre se generalizó en la Europa Occidental cristiana como una fase más del intercambio de regalos navideños. Con el tiempo, la práctica evolucionó hasta convertirse en una donación de dinero en efectivo de los superiores a los subordinados.

★ **¿Tiene la frase "la cuesta de enero" algo que ver con la costumbre de entregar aguinaldos?**

En España, a fines del siglo XIX, la Casa Real era famosa por la generosidad que mostraba a fin de año con el personal a su servicio; la esplendidez se manifestaba mediante una copiosa distribución de aguinaldos; al respecto, la *Enciclopedia Universal* de Espasa-Calpe mencionaba en su edición de 1908:

"Todas las ordenaciones de pagos de los ministerios de España suelen abonar a las clases activas que perciben haberes de los mismos sus sueldos que deberían percibir terminado diciembre antes de empezar las Navidades, por vía de consideración a los que no tienen otro modo de subsistencia que aquellos haberes para celebrar las Pascuas sin las angustias de la escasez; pero tal tradicional anticipo sirve sólo para hacer más difícil el tránsito desde el 20 de diciembre al 1 de febrero, periodo de tiempo denominado por dichos empleados 'la cuesta de enero'."

★ ¿Cuál es el origen de los villancicos?

"Villancico" es el nombre de la variante española de los cánticos navideños, que también se conocen como "villancejos" o "villancetes". Su nombre se deriva de la palabra "villano", que designa a los habitantes de las villas o pueblos, lo que denota su origen popular y campirano. En otra partes de Europa se les llamó *noëlles* o *Christmas carols*. Al principio, sus temas no eran religiosos ni navideños *(ver pág. 149)*.

★ ¿Cuál es el villancico más antiguo?

El villancico que se considera el más antiguo es el *Adeste Fideles,* que significa en latín "Venid fieles". Este canto se logró rescatar gracias a que formaba parte del catálogo de cantos gregorianos medievales, bautizados así por el papa Gregorio Magno, quien dio la orden de que todos los conventos aportaran las partituras con las cuales acompañaban sus ceremonias litúrgicas. Fue el convento de San Buenaventura el que envió este canto entre su repertorio.

Sin embargo, no fue sino hasta el siglo XVIII cuando el compositor John Reading le dio a la partitura de este villancico la versión que se conoce en la actualidad. Todos estos cantos litúrgicos, que ahora suelen interpretarse durante las ceremonias religiosas, representaron en un principio una forma de oración y comunicación divina, ya que la creencia era que, al ser etéreos, tenían la capacidad de subir hasta el cielo y llegar a Dios, quien se alegraba al escucharlos. Por esa razón eran ejecutados en horas específicas que se consideraban particularmente propicias para ser oídos por Dios.

★ ¿Alguna vez se han usado villancicos como armas de guerra?

La Guerra de Corea fue un conflicto en que una fuerza de las Naciones Unidas, encabezada por Estados Unidos, luchó contra los ejércitos de Corea del Norte y la República Popular China por el control de la península coreana entre 1950 y 1953. Durante los crudos inviernos de la región, las fuerzas comunistas intentaron aprovechar el fuerte impacto emocional de los villancicos, y en los días previos al 25 de diciembre transmitían piezas musicales de este género a los soldados estadounidenses, con la esperanza de que, al oírlas, los invadiera la nostalgia y estuvieran menos inclinados a combatir.

★ ¿En qué consistió la "tregua de Navidad"?

En la víspera de la Navidad de 1914, durante la Primera Guerra Mundial, en un sector del frente occidental al sur de Ypres, Bélgica, cesó el fuego de fusiles y cañones. Los soldados alemanes salieron de sus trincheras

32

LA MATANZA
de los niños

La historia de los Santos Inocentes ha llegado hasta nuestros días gracias al relato que ofrece de ellos San Mateo, quien dice:

Cuando Herodes vio que los magos lo habían engañado se enfureció muchísimo y mandó matar a todos los niños varones de dos años para abajo que se hallaran en Belén y en sus alrededores de acuerdo con el tiempo que había averiguado por medio de los magos. Entonces se cumplió lo que dijo el profeta Jeremías: "En Ramá se escuchó un clamor; grandes lloros y lamentos: era Raquel que lloraba a sus hijos sin admitir consuelo alguno, porque ya no existen."

Cuando Herodes murió, un ángel del Señor se le apareció en sueños a José allá en Egipto y le dijo: "Levántate, toma al niño y a su madre, y vuelve a tierra de Israel: porque ya murieron los que querían quitarle la vida al niño." Se levantó pues José, tomó al niño y a su madre y llegó a tierra de Israel. Pero oyendo decir que, en lugar de Herodes, reinaba en Judea su hijo Arquelao, le dio miedo de ir allá. Advertido en sueños por un oráculo, se retiró a tierra de Galilea, yéndose a vivir a una ciudad llamada Nazaret, para que se cumpliese lo que habían dicho los profetas: "Se le llamará Nazareno."

y avanzaron por la tierra de nadie para confraternizar con sus enemigos franceses y británicos. Hicieron un intercambio de obsequios con cigarrillos, medallas y las golosinas que les habían enviado para la ocasión desde sus lugares de origen, cantaron villancicos e incluso organizaron partidos de futbol.

En algunos sectores del frente oriental también se observó la tregua, y los soldados alemanes y rusos convivieron amistosamente algunas horas. Esta tregua no fue organizada; se trató de un acto espontáneo de los combatientes hastiados de la destrucción y la muerte que veían a su alrededor todos los días.

Si bien un buen número de jefes y oficiales de ambos bandos se alarmaron de que sus hombres hicieran amistad con el enemigo, así fuera brevemente, y tomaron medidas para impedirlo en cuanto se enteraron, otros en cambio se mostraron muy indulgentes, y fueron pocos los soldados que padecieron castigos a raíz de la tregua. La tregua se prolongó a lo largo del día 25 de diciembre. Al caer la noche, los soldados regresaron a sus puestos de combate y la guerra comenzó de nuevo.

★ **¿En que consistió la matanza de los Inocentes?**
Según el relato del capítulo 2 del Evangelio de Mateo, el rey Herodes el Grande (73–4 a.C.) había pedido a los magos venidos de Oriente que le avisaran tan pronto

CITAS Y
refranes

Por tanto el Señor mismo os dará una señal: / mirad que la virgen concebirá en su seno, / dará a luz un hijo / y le pondrá por nombre Emmanuel. / Ese comerá cuajada de leche y miel, / hasta que aprenda a rechazar el mal / y a escoger el bien.

Profecía dictada por el profeta Isaías

como hubiesen hallado al niño de quien se decía que iba a ser el rey de los judíos, con el objeto de ir a adorarlo también. Sin embargo, los magos fueron advertidos mediante un sueño de no volver con Herodes; éste, furioso, ordenó que fueran masacrados todos los niños menores de dos años que vivieran en Belén y sus alrededores. Dice el evangelista que este crimen fue el cumplimiento de la profecía contenida en el libro de Jeremías, capítulo 31, versículo 15: "Así dice Yavé: / Una voz se oye en Ramá, un lamento, amargo llanto. / Es Raquel que llora a sus hijos / y rehúsa consolarse por sus hijos, / pues ya no existen" *(ver pág. 64).*

★ **¿Por qué se dice que Herodes era rey de Judea si ésta formaba parte del Imperio Romano?**

Roma solía conceder cierto grado de autonomía a algunos de sus dominios. Herodes fue nombrado rey de Judea por el senado romano y se le reconocía el rango de "monarca aliado", que dependía directamente del César; estaba obligado a defender las fronteras del Imperio contra las incursiones de los árabes y pagar tributos, pero gozaba de autonomía para manejar los asuntos internos de Judea.

★ **¿Cómo era en verdad el rey Herodes?**

Los historiadores dan cuenta de que este hombre fue un personaje notorio por su crueldad, responsable de un buen número de crímenes políticos y que, en los últimos años de su vida, cuando presuntamente ordenó la matanza de los Inocentes, fue víctima de severos desórdenes físicos y mentales e incluso intentó suicidarse; para colmo, desheredó e hizo matar a su primogénito Antípatro.

No obstante, también fue un político astuto y un capaz hombre de Estado que presidió una época de gran prosperidad, paz y poder para Judea. Fundó ciudades y ordenó la realización de numerosas obras públicas y monumentales, que culminaron con la edificación de un nuevo templo de Jerusalén, cuya magnificencia superó a la del legendario templo de Salomón. También fue un destacado protector de las artes y las ciencias e incluso llegó a ser el equivalente a un "patrocinador oficial" de los Juegos Olímpicos. Precisamente por eso, la posteridad lo conoce como "el Grande".

★ **¿Herodes fue responsable de la matanza de los Inocentes?**

En su *Guía de la Biblia,* el escritor Isaac Asimov dice que probablemente el relato de la matanza de los Inocentes es apócrifo, pues este episodio no se vuelve a mencionar en el Nuevo Testamento; tampoco lo menciona ninguno de los autores seculares conocidos de ese tiempo. Es decir, no hay más fuentes para la historia de la matanza de los Inocentes que el mismo Evangelio de Mateo. Si bien otros autores no niegan que Herodes haya podido haber ordenado la ejecución de un acto de este género, creen que el relato bíblico es exagerado.

★ ¿Qué razones políticas pudo haber tenido Herodes para tratar de matar al Niño Jesús?

Herodes, si bien practicaba la religión judaica, no era propiamente un judío; provenía de una familia de edomitas (se llama así a los naturales de Edom, un antiguo país situado en lo que hoy son los límites entre el Estado de Israel y Jordania) que se habían convertido al judaísmo. Si aparecía algún líder judío que se dijera descendiente del rey David y afirmaba, además, ser el Mesías, muchos judíos podían apoyarlo y rebelarse en contra de Herodes, pues considerarían que este último era un rey ilegítimo.

Por eso resulta comprensible que Herodes tratase de eliminar de inmediato a un niño de quien se dijese que era el Mesías. Además, bien podía alegar que lo hacía para evitarle a su pueblo —y evitarse a sí mismo— un mal mayor; esto se debía a que en varias ocasiones, durante los siglos anteriores, los judíos se habían visto involucrados en guerras desastrosas por seguir a individuos que se habían ostentado, falsamente, como el Mesías.

★ ¿Cuál es el origen de la fiesta de los Santos Inocentes?

En Roma celebraban el 28 de diciembre una fiesta en honor de los espíritus chocarreros, los cuales, se decía, pululaban por doquier durante esa fecha y jugaba bromas de mal gusto a los habitantes de la ciudad. Así como ahora se cree que el martes 13 es de mala suerte, los romanos creían que el 28 de diciembre era un día aciago. Esa idea perduró durante la Edad Media, y la gente evitaba casarse, estrenar algo o iniciar o cerrar algún negocio ese día.

★ ¿Desde cuándo el día de los Santos Inocentes es una celebración cristiana?

La Iglesia católica guarda la fiesta de los Santos Inocentes desde el siglo V y los venera como mártires que murieron no sólo por Cristo, sino en vez de él.

★ ¿Cómo se originó la costumbre de gastar bromas pesadas el 28 de diciembre?

Esta costumbre se originó por la influencia de los míticos espíritus chocarreros que cometían desmanes durante este día. Es posible que esto se derive también de otra fiesta que se celebraba durante la Edad Media, la "misa del burro", cuando se llevaba un asno a la iglesia con toda parsimonia y muestras

LA Anunciación

San Lucas narra el episodio conocido como la Anunciación, en que el arcángel Gabriel le anuncia a María que será la madre del hijo de Dios en la Tierra. Este acontecimiento se plasma en varias manifestaciones artísticas y populares, incluyendo los nacimientos mexicanos, en los que se acostumbra colocar una figura del ángel.

Durante el sexto mes mandó Dios al arcángel Gabriel a una ciudad de Galilea llamada Nazaret a ver a una virgen llamada María, la cual estaba desposada con un hombre de la casa de David, el cual se llamaba José. Entrando en su casa le dijo:"Yo te saludo, llena de gracia; el Señor está contigo; (bendita eres entre las mujeres)." Ella se turbó toda por aquellas palabras, poniéndose a pensar qué saludo sería aquél. Pero luego le dijo el ángel:"no tengas miedo, María; porque has encontrado gracia ante Dios. Sabe que vas a concebir en tu vientre y tendrás un hijo a quien pondrás el nombre de Jesús. Ese hijo será grande, se le llamará Hijo del Altísimo, y el señor Dios le dará el trono de su padre David, reinando para siempre sobre la casa de Jacob, y ese reinado suyo no tendrá fin jamás." Entonces le preguntó María al arcángel:"¿Cómo puede ser eso ya que no conozco varón?" Él le contestó:"El Espíritu Santo descenderá sobre ti y el poder del Altísimo te cubrirá con su sombra; por lo cual al niño santo que vas a tener, se le llamará hijo de Dios. Mira que tu pariente Isabel ha concebido también un hijo varón en su vejez: con éste lleva ya seis meses esa que llaman la estéril; porque no hay cosa ninguna imposible para Dios." Entonces le dijo María:"Aquí está la esclava del señor, que se haga en mí conforme a tu palabra." En seguida se retiró el arcángel de ella.

de respeto, en reconocimiento a que una de estas bestias había cargado al Salvador. Se practicaba una alegre ceremonia dentro de los templos, tal vez con demasiado júbilo, pues se desataba tal desenfreno popular al final del día 28 que el Concilio de Cognac, celebrado en 1260, prohibió que se introdujera al pollino en la iglesia y que los fieles bailasen dentro del templo. Parece probable que el pueblo, en vista de que se le prohibía desahogar sus ansias dentro de la iglesia, haya decidido simplemente llevarse la fiesta fuera del templo y gastar bromas pesadas indiscriminadamente durante el 28 de diciembre. Es decir, la sociedad se daba licencia a sí misma para comportarse de manera distinta de como lo hacía el resto del año.

★ **¿De qué manera comenzó la celebración de los Santos Inocentes en México?**

Se introdujo durante la Colonia, pero se ignora la fecha exacta en que comenzó. Una de las primeras celebraciones de que se tiene noticia tuvo lugar el 28 de diciembre de 1703, cuando la orden de los betlemitas la conmemoró en su iglesia.

EL NACIMIENTO DE
Jesús

San Mateo narra en su Evangelio la forma en que nació Jesús y cómo José supo y aceptó que María no lo había traicionado, a pesar de estar embarazada y todavía no vivir con él.

El nacimiento de Jesucristo fue así: estando desposada María, su madre, con José, se halló, antes de que vivieran juntos, que estaba encinta por obra del Espíritu Santo. José, el esposo de María, quien era un hombre justo, no queriendo difamarla pensaba repudiarla secretamente. Cuando esto pensaba, se le apareció en sueños un ángel del Señor y le dijo: "José, hijo de David, no temas recibir a María tu esposa: porque el ser que ha sido engendrado en ella es por obra del Espíritu Santo. Dará a luz un hijo, a quien pondrás el nombre de Jesús, porque Él librará de sus pecados a su pueblo." Todo esto sucedió para que se cumpliera lo que el Señor había dicho por boca de aquel profeta: "He aquí que la Virgen concebirá y dará a luz un hijo a quien pondrá el nombre de Emmanuel, que quiere decir: "Dios con nosotros." Luego que José despertó de aquel sueño, hizo conforme al mandato del ángel del Señor, recibió a su esposa. Y sin que la conociera, dio a luz a su hijo (primogénito) a quien puso el nombre de Jesús.

★ ¿Qué rito cristiano se celebra el 1 de enero?

El 1 de enero se celebra la circuncisión de Jesús. Según el Evangelio de Lucas, al octavo día se llevó al Niño Jesús a que fuera circuncidado, como correspondía a la tradición hebrea para todo varón judío. El rito de la circuncisión se estableció como parte de la alianza que el Dios del Antiguo Testamento había acordado con Moisés y con su pueblo, y consistía en que cada varón debía estar circuncidado en señal de pureza y para ser merecedor de los favores divinos.

★ ¿Qué es la Epifanía?

La palabra "Epifanía" proviene del griego *epipháneia,* que significa "aparición" o "manifestación". Para la Iglesia occidental, esa fiesta conmemora la revelación de sí mismo que hizo Jesús a los gentiles, es decir, a la gente no judía, representada en ese momento por los magos de Oriente, los cuales, por una particular inspiración divina, habían acudido ante él para adorarlo y ofrecerle regalos.

★ ¿La Epifanía conmemora algo más que la revelación de Jesús a los magos de Oriente?

Según las Iglesias orientales, la Epifanía conmemora otras dos manifestaciones de Jesucristo. La primera es la que ocurrió durante su bautismo, cuando el Espíritu Santo descendió sobre Él en forma de paloma mientras una voz desde el cielo decía: "Éste es mi hijo amado, en quien tengo mis complacencias." La segunda es la manifestación de su poder divino con motivo de su primer milagro: la transformación del agua en vino durante la boda celebrada en Caná de Galilea.

★ ¿Cuál fue el origen precristiano de la celebración de la Epifanía del 6 de enero?

En el Mediterráneo oriental, en las zonas de Alejandría y Siria, existía una fiesta pagana relacionada con el solsticio de invierno que se efectuaba el 6 de enero y se llamaba "Epifanía", la cual llegó a ser muy popular; festejaba el nacimiento del Sol, al que se representaba como un niñito luminoso que nacía de la Madre Tierra, a la que se consideraba virgen. Se le denominó Epifanía, pues conmemoraba el día en que el astro se presentaba de nuevo en toda su plenitud, lo cual era, para el mundo precristiano, la mayor manifestación de lo divino. Era un festejo análogo al del *Natalis Invicti,* el cumpleaños del Sol que se celebraba en Roma el 25 de diciembre. La naturaleza exacta de la primitiva fiesta oriental del 6 de enero es incierta. No se sabe exactamente cuál de los dioses conocidos era el festejado. Según algunos clérigos, probablemente se efectuaba en honor de Dionisos-Osiris, una deidad identificada con el Sol. Otros dicen que el festejado era el niño dios Aión, nacido de su madre virgen Koré.

★ ¿Qué celebraba la Epifanía pagana además del nuevo nacimiento del Sol?

La fiesta pagana del 6 de enero era también la fiesta del agua. Las fiestas solares de los solsticios y los equinoccios estuvieron siempre relacionadas con el mito del océano primitivo de donde surgió todo, y al cual todo debe retornar periódicamente para renovarse. Por esa misma razón, desde tiempos inmemoriales, la gente solía celebrar el Año Nuevo bañándose o bautizándose. Existían también tradiciones relativas a fuentes o ríos y a la costumbre de recoger en ellos agua a la que se atribuían propiedades maravillosas.

★ ¿Cómo influyó en el cristianismo este culto al agua?

Esta costumbre sobrevivió después de la cristianización del pueblo, pero con una nueva interpretación: unos atribuían los poderes milagrosos de las aguas al onomástico del milagro de las bodas de Caná, y otros, al aniversario del bautismo del Salvador, que fue considerado el principio de su manifestación al mundo a través del testimonio de su padre. Más tarde, la santificación de las aguas adquirió una mayor importancia. Cuando se aceptó la fiesta de Navidad, la Epifanía se convirtió exclusivamente en la fiesta del bautismo, y la tradición popular —adaptada a las necesidades de la Iglesia cristiana primitiva— recibió su consagración solemne y definitiva.

★ ¿Cómo se convirtió la Epifanía en una fiesta cristiana?

Bernard Botte, especialista en liturgia católica (siglo IX), formuló la hipótesis de que los cristianos orientales, es decir, los de Alejandría, Siria y Palestina, sustituyeron la Epifanía pagana con un festejo de la natividad del Salvador. La nueva fiesta se extendió por todo el Oriente y penetró en el Mediterráneo occidental. Es verosímil que la Iglesia de Roma se inspirara en ella para crear su propia fiesta de Navidad.

★ ¿Desde cuándo celebran los cristianos la Epifanía?

Una de las primeras menciones que se conocen sobre la celebración de la Epifanía el 6 de enero se encuentra en la *Stromata* de Clemente de Alejandría, quien murió hacia el año 216. Ahí se afirma que la secta gnóstica de los basilidianos conmemoraba con gran solemnidad la fiesta del bautismo del Salvador los días 6 y 10 de enero. Hay referencias de que, durante los siglos III y IV, los cristianos que vivían en los países situados en la parte oriental de la cuenca del Mediterráneo (Grecia, Chipre, Egipto, Palestina, Siria, etc.) celebraban un festival de gran importancia el 6 de enero; fuentes de la época indican que las principales festividades de los cristianos orientales eran la Epifanía, la Pascua y el Pentecostés.

★ ¿Cuál era el propósito de los cristianos primitivos al celebrar la Epifanía?

Los primeros cristianos conmemoraban varias cosas. San Juan Crisóstomo (*c.* 349–407), por ejemplo, sostenía que se daba el nombre de Epifanía al día en que Jesús había sido bautizado, pues así se manifestó a toda la gente, lo cual no ocurrió el día de su nacimiento. San Jerónimo (345–419), quien vivió cerca de Jerusalén, explicó que el 6 de enero se dedicaba en esos tiempos a celebrar el nacimiento y el bautismo del Salvador. No fue sino en el siglo IV cuando se extendió la costumbre occidental de celebrar el nacimiento de Jesús el 25 de diciembre.

★ ¿Cómo era la celebración de la Epifanía en los primeros siglos de la era cristiana?

Entre los ritos que se practicaban durante la Epifanía puede citarse la bendición de las aguas que llevaban los fieles y que éstos conservarían a lo largo del año, creyendo que permanecerían puras y dulces durante todo ese lapso. Sin embargo, en tiempos de San Juan Crisóstomo no existía aún una bendición especial de las aguas y la costumbre de ir a sacar agua del río era todavía de carácter privado. Más tarde comenzaron a bendecir solemnemente los ríos, lo mismo en Egipto que en Rusia, práctica que ha subsistido hasta nuestros días. En cuanto a la tradición que asociaba el recuerdo del nacimiento del Salvador con el de su primer milagro, suplantada en Oriente por la del bautismo, desapareció o no sobrevivió más que como un vestigio.

★ ¿Qué dice la Biblia sobre los Reyes Magos?

El Evangelio de Mateo, en su capítulo 2, versículos 1 al 12, dice simplemente que durante los días del rey Herodes, cuando Jesús ya había nacido, "llegaron del Oriente a Jerusalén unos magos". Estos personajes preguntaron al rey de Judea, Herodes el Grande: "¿Dónde está el rey de los judíos que acaba de nacer? Porque hemos visto su estrella en el Oriente y hemos venido a adorarlo." Visiblemente perturbado, Herodes convocó a un grupo de sacerdotes y escribas expertos en los libros sagrados, quienes le citaron el del profeta Miqueas, que en su capítulo 5, versículo 2, dice: "Pero tú, Belén de Efratá, / pequeña entre los clanes de Judá, / de ti me saldrá quien señoreará en Israel."

Temeroso de perder su trono, Herodes pidió a los magos que cuando averiguaran el paradero del niño que estaba destinado a convertirse en rey de los judíos, se lo comunicasen sin tardanza, para ir también a adorarlo. A continuación, los magos abandonaron el palacio real y fueron conducidos por la estrella que los guiaba hasta el mismo lugar donde se hallaba el Niño Jesús con su madre. Se postraron ante él y le ofrendaron oro, incienso y mirra. Un sueño les advirtió que no comunicasen su hallazgo a Herodes, por lo que regresaron a su tierra por otro camino (ver pág. 61).

★ **¿La Biblia dice cuántos eran los Reyes Magos?**
En las Sagradas Escrituras sólo se dice que eran magos venidos del Oriente y que ofrendaron tres regalos a Jesús. El evangelista Mateo nunca dijo cuántos magos eran

Los Reyes Magos

Al Evangelio según San Mateo se le debe una de las historias más entrañables de la Navidad: la de los tres Reyes Magos. A continuación se ofrece el pasaje en que San Lucas cuenta la historia que se rememora cada 6 de enero.

Cuando hubo nacido Jesús, en Belén de Judea, en tiempo del rey Herodes, llegaron del Oriente a Jerusalén unos magos preguntando:"¿Dónde está el rey de los judíos que ha nacido? Porque hemos visto su estrella en el Oriente y hemos venido a adorarlo." Cuando esta noticia llegó a oídos de Herodes se inquietó, y toda la ciudad de Jerusalén con él. Convocando luego a todos los príncipes de los sacerdotes y a los escribas del pueblo, les preguntó dónde había de nacer el Cristo.

Ellos le respondieron:"En Belén de Judea. Porque así lo escribió aquel profeta: Y tú, Belén, tierra de Judá, de ningún modo eres la menos insigne en cuanto a capitanes de Judá; porque de ti saldrá el Capitán que gobernará a Israel, mi pueblo." Enseguida Herodes llamó secretamente a los magos y se informó con ellos del tiempo exacto de la aparición de la estrella. Los despachó luego a Belén, diciéndoles:"Id y haced una investigación exacta acerca de este niño; y avisadme luego que lo encontréis, para ir yo también a adorarlo." Oída la recomendación del rey, partieron; y he aquí que la estrella que habían visto en el Oriente iba delante de ellos hasta que llegó y se paró arriba de donde estaba el niño. Al ver los magos la estrella sintieron grandísima alegría, y entrando en la casa, vieron allí al niño con María, su madre, y postrándose lo adoraron. Luego abrieron sus tesoros y le ofrecieron regalos de oro, incienso y mirra. Y advertidos en sueños por un oráculo que no volviesen a ver a Herodes, se volvieron a su tierra por otro camino.

ni cómo se llamaban y jamás afirmó que hubieran sido reyes. Cabe mencionar que en las versiones en inglés de la Biblia los llaman *wise men*, "hombres sabios".

★ **¿Quiénes eran en realidad los magos venidos de Oriente?**
El Evangelio de Mateo afirma que procedían de alguno de los países situados al este de Palestina. En este caso es probable que fuesen originarios de la antigua Persia (el actual Irán). Allí vivió entre los años 628 y 551 a.C. el profeta Zoroastro, también conocido como Zaratustra, quien predicó un culto centrado en el dios Ahura Mazda, que con el tiempo se convirtió en la religión nacional del Imperio Persa.

Los sacerdotes de esta fe, que recibió el nombre de zoroastrismo en memoria de su fundador, eran denominados por los antiguos griegos con la palabra *magoi*, de la que derivó el término latino *magia*, que posteriormente se introdujo en la lengua española.

Los *magoi* persas tenían la reputación de ser personas muy conocedoras del arte de manipular fuerzas sobrenaturales; por lo tanto, ese conjunto de habilidades llegó a ser conocido como "magia" y quien lo ponía en práctica fue llamado "mago".

Así pues, es lógico suponer que si San Mateo dice que los distinguidos personajes extranjeros que rindieron homenaje al Niño Jesús y le llevaron regalos eran magos, quiere decir que eran sacerdotes zoroastristas *(ver pág. 61)*.

★ **¿Qué suceso hace pensar en un posible origen persa de los Reyes Magos?**
En el año 614, Palestina fue invadida por el ejército de Cosroes II, rey de Persia. Sus soldados destruyeron todos los santuarios cristianos, con excepción de la basílica de la

EL NACIMIENTO DE Jesús

El nacimiento de Jesús es referido por dos de los cuatro evangelistas. Ésta es la versión que del episodio ofrece San Lucas.

Por aquellos días se publicó un edicto de César Augusto ordenando que se hiciera un censo de todo el Imperio. Este primer censo se hizo siendo Quirino gobernador de Siria. En consecuencia todos iban a empadronarse, cada uno en su propia ciudad. Así que también José subió de Galilea, de la ciudad de Nazaret, a Judea, a la ciudad de David, llamada Belén, porque él era de la casa y de la raza de David, para registrarse allí juntamente con su esposa María que estaba embarazada. Mientras estaban allí le llegó a María el tiempo de dar a luz, y tuvo a su hijo primogénito, al cual envolvió en pañales, y lo recostó en un pesebre, porque no alcanzaron lugar en la hospedería.

Natividad de Belén, pues al ver el mosaico del frontispicio que representaba la adoración de los magos, creyeron que éstos, por su indumentaria, eran compatriotas suyos.

★ ¿Es posible que los Reyes Magos no vinieran de Persia?

Hay que señalar que algunos autores creen que los magos provenían del sur de la península arábiga, de Babilonia, la India o Escitia.

★ ¿Es cierto que los magos eran astrólogos y que gracias a eso pudieron encontrar a Jesús?

Estos dignatarios fueron muy reconocidos por su sabiduría (en otras lenguas se les identificaba como sabios) y, entre otras cosas, eran hábiles astrólogos. Los magos que menciona la Biblia probablemente fueron estudiosos de los astros que, al darse cuenta de que había aparecido una nueva estrella que se movía hacia el occidente, bien pudieron haber interpretado este fenómeno como señal de un hecho muy importante, por ejemplo, el nacimiento de un rey, y consideraron que era su deber seguirla para dejar constancia del prodigio.

★ ¿Desde cuándo se representa a uno de los Reyes Magos como una persona de raza negra?

Desde el siglo XII empieza a aparecer en la iconografía de estos personajes un rey moro, que tenía la piel más oscura que los demás. Para el siglo XV, como lo muestra la tabla *La adoración de los Reyes Magos,* pintada por el italiano Andrea Mantegna —se encuentra en la Galería de los Oficios en Florencia—, se observa a un rey con características somáticas africanas y unos rasgos que parecen hacerlo natural de Nubia, Eritrea o Etiopía. Este cambio en la apariencia de uno de los Reyes Magos obedeció a la idea medieval de que los seres humanos descienden de los tres hijos de Noé: Sem, Cam y Jafet; dado lo anterior, los tres reyes representan justamente a las tres razas principales en que, se creía, estaba dividida la humanidad. Entonces se suponía que los africanos descendían de Cam, por lo que parecía lógico que uno de los Reyes Magos fuera negro.

★ ¿Es cierto que el viajero veneciano Marco Polo halló las tumbas de los Reyes Magos?

En el libro de sus viajes, *El millón,* Marco Polo relata puntualmente: "En Persia hay una ciudad que se llama Sabba, de la cual dicen que partieron los tres magos cuando fueron a adorar a nuestro Redentor recién nacido en Belén. En esta ciudad hay tres sepulturas muy magníficas y hermosas, y yo, Marco Polo, estuve ahí y pregunté a la gente de aquella tierra qué es lo que sabían de los tres magos, de los cuales no me supieron decir otra cosa salvo que estaban enterrados en aquellas tres sepulturas." Marco Polo continuó su viaje y en la ciudad de Calassataperiscon le contaron que "cuando los tres reyes partieron de esa provincia para ir a tierra de los judíos a adorar al gran Profeta allí recién nacido, llevaron consigo oro, incienso y mirra, y como llegaron a Judea, hallaron a un niño de pocos días de nacido y adoráronlo por Dios y presentáronle aquellas tres cosas". No hay manera de asegurar que todo lo que cuenta Marco Polo al respecto sea cierto, aunque este relato puede apoyar la hipótesis de que los Reyes Magos provenían de Persia.

★ ¿En Alemania se conservan los restos de los magos de Oriente?

En 1164, el ejército del emperador Federico I Barbarroja, monarca del Sacro Imperio Romano Germánico, había invadido Italia; en ese año saqueó la ciudad de Milán y sustrajo de la basílica de San Eustorgio las supuestas reliquias de los Reyes Magos. Supuestamente Federico las obsequió al arzobispo de Colonia, quien las depositó en su ciudad, donde reposan hasta ahora. Si bien es muy probable que esas reliquias sean las mismas que fueron robadas de Milán, lo que seguramente es falso es que sean los restos de los magos de Oriente que fueron a adorar al Niño Jesús. Hasta antes del siglo IX, nadie había dicho que fueran reliquias de los magos, y jamás se explicó de una manera satisfactoria cómo fueron identificadas.

★ ¿Cuándo se inició la tradición de que los Reyes Magos llevaran regalos a los niños?

Esta tradición es muy reciente, pues se inició en el siglo XIX y sobre todo ha sido adoptada en países de ascendencia latina. Anteriormente cada rey, según su condición, repartía regalos cotidianos; es decir, Gaspar era el encargado de repartir golosinas, miel y frutos frescos; Melchor tendía más a lo práctico y solía dejar ropa o zapatos; a Baltasar le tocaba la peor parte, ya que era el que se encargaba de castigar a los niños traviesos dejándoles carbón o leña. Asimismo, se acostumbraba contar a los niños que los Reyes Magos, para poder realizar su labor, disponían de la ayuda de unos duendes que los espiaban para luego regresar y contarle a los Reyes hasta los más mínimos detalles de su comportamiento. Además era importantísimo para que los Reyes dejaran sus obsequios que los niños tuvieran sus zapatos perfectamente limpios y junto a ellos colocaran agua y alimento para los animales de los Reyes Magos; hierba y paja fresca para el caballo y el camello, y cacahuates para el elefante (ver pág. 62).

★ ¿Quién fue uno de los primeros teólogos que estableció el aspecto actual de los Reyes Magos?

El eminente teólogo Beda el Venerable (675–735) escribió un documento en el que afirma que "el primero de los magos fue Melchor, un anciano de larga cabellera blanca y luenga barba quien ofreció el oro, símbolo de la realeza divina. El segundo, llamado Gaspar, joven, imberbe, de tez blanca y rosada, honró a Jesús ofreciéndole el incienso, símbolo de la divinidad. El tercero, llamado Baltasar, de tez morena, ofreció mirra, que significaba que el Hijo del hombre debía morir". No fue sino hasta el siglo XIV cuando Petrus de Natalibus estableció que Melchor tenía 60 años, Gaspar 40 años y Baltasar 20 años.

★ ¿Con qué otros nombres se conoce a los Reyes Magos?

Los tres nombres que se les asignó son tan arbitrarios y ficticios como los que se les dio en otra parte del orbe cristiano: Apellicon, Amerim y Serakin entre los griegos; Ator, Sater y Paratoras en Etiopía; Kagpha, Badalilma y Badadakharida para los armenios, y en Siria se les llama Larvandad, Hormisdas y Gushnasaph (ver pág. 61).

PRESENTACIÓN DE
Jesús en el templo

La fiesta de la Candelaria conmemora la presentación de Jesús en el templo, suceso contado por el evangelista Lucas. Se trata de un pasaje bíblico que dio pie a una de las tradiciones más arraigadas en el pueblo de México.

Cuando se cumplieron los ocho días para circuncidar al niño, le pusieron el nombre de Jesús, aquel que había dicho el ángel antes que fuera concebido en el seno materno. Y al cumplirse los días de la purificación de ellos, conforme a la ley de Moisés, llevaron al niño a Jerusalén para presentarlo al Señor, según lo escrito en la ley del Señor: "Todo varón primogénito será consagrado al Señor"; y para ofrecer el sacrificio, un par de tórtolas, o dos pichones, según lo prescribe la ley del Señor.

Había por aquel entonces en Jerusalén un hombre llamado Simeón, hombre justo y temeroso de Dios, que esperaba el consuelo de Israel, y en él estaba el Espíritu Santo. El Espíritu Santo le había revelado que no vería la muerte sin mirar antes al Ungido del Señor. Movido por el Espíritu vino al templo, y cuando sus padres introducían allí al Niño Jesús, para hacer con Él conforme al rito legal, aquel hombre lo tomó en sus brazos y empezó a bendecir al Señor diciendo: "Señor, ya puedes despachar en paz a tu siervo según lo que me habías prometido, pues mis ojos han contemplado a tu Salvador; a este Salvador que has puesto ante los ojos de todos los pueblos; a esta luz para iluminación de los gentiles y gloria de tu pueblo, de Israel." El padre y la madre del niño se admiraban de lo que de Él decían. Simeón los bendijo, y dijo a María, la madre del niños: "Este niño está destinado para ruina y resurgimiento de muchos en Israel, y para ser una señal a la cual se hará oposición; tu misma alma será traspasada de una espada, para que se descubran los pensamientos secretos de muchos corazones."

★ **¿Qué era la estrella de Belén?**
Para muchas personas, la estrella de Belén es simplemente un astro milagroso que apareció con el solo fin de guiar a los magos de Oriente a su encuentro con el Salvador y anunciar al mundo que había llegado el Mesías.

★ **¿Pudo haber sido una nova la estrella de Belén?**
Desde un punto de vista más científico, se han dado muchas explicaciones sobre su naturaleza, pero ninguna es concluyente. Se dice que pudo haber sido una estrella nova, es decir, una estrella que explota e incrementa miles y hasta millones de veces su luminosidad, se mantiene en ese estado por semanas o meses —durante los cuales puede ser vista en plena luz del día— y luego retorna a su brillo habitual o se apaga para siempre. Sin embargo, constan en la historia las observaciones de un buen número de estrellas novas o supernovas realizadas por astrónomos a lo largo de los siglos y ninguna coincide con la época probable del nacimiento de Jesús.

LA HUIDA A
Egipto

La Sagrada Familia se vio obligada a huir hacia Egipto para escapar de las intenciones asesinas de Herodes. El siguiente fragmento de San Mateo narra la forma en que ocurrieron los hechos.

Luego que partieron (los Reyes Magos), en sueños se le apareció un ángel del Señor a José, y le dijo:"levántate, toma al niño y a su madre, y huye a Egipto; y quédate ahí hasta que yo te diga, porque Herodes va a buscar al niño para matarlo."

Se levantó José, y esa misma noche tomó al niño y a su madre y partió hacia Egipto, donde permaneció hasta la muerte de Herodes, para que se cumpliera lo que dijo el Señor por medio de aquel profeta:"Llamé de Egipto a mi hijo."

★ ¿Fue la estrella de Belén una conjunción de planetas?

Una conjunción de planetas tiene lugar cuando dos o más de estos cuerpos celestes, vistos desde la Tierra, parecen acercarse mucho entre sí o incluso uno de ellos eclipsa al otro, por lo que su brillo se vuelve atípico. En el año 7 a.C. ocurrió una conjunción entre Júpiter y Saturno, que pudo haber sido el fenómeno astronómico que interesó a los magos de Oriente y que fue citado erróneamente por el evangelista como una nueva estrella que guiaba a estos personajes. En apoyo de esta hipótesis se cita el hecho de que, dentro de la antigua tradición astrológica mesopotámica —que los magos seguramente conocían—, se considera a Júpiter como un planeta ligado a los reyes, mientras que Saturno es el protector del pueblo judío; una conjunción entre los dos planetas bien podía interpretarse como una señal del advenimiento de un nuevo rey de los judíos.

★ ¿Acaso fue la estrella de Belén un cometa?

Hay quienes así lo afirman. Se sabe que el cometa Halley, por ejemplo, fue observado durante el reinado de Herodes el Grande, en el año 11 a.C. Tal vez la estrella de Belén fue un cometa todavía hoy desconocido para la ciencia. Asimismo, algunos astrónomos chinos registraron la aparición de otro cometa en el año 4 a.C. En la antigüedad se consideraba que los cometas presagiaban sucesos importantes, lo cual habría dado una razón poderosa para que los magos lo siguieran.

★ ¿Es cierto que para algunos la estrella de Belén era una señal diabólica?

Algunas sectas lo creen. En vista de que la estrella guió a los magos primero con Herodes, quien después de ese encuentro intentó matar a Jesús, dichas sectas dicen que la estrella era una señal dispuesta por Satanás con el fin de procurar la aniquilación del hijo de Dios.

★ Además de un raro fenómeno celeste, existe otra explicación para
la estrella de Belén?

Según la *Guía de la Biblia* de Isaac Asimov: "Cabría suponer, pues, que en las décadas
siguientes a la muerte de Jesús, cuando sus discípulos recogían devotamente cualquier
documentación que pudieran encontrar sobre su vida, algunos quizá recordaran la
aparición de un fenómeno insólito en los cielos hacia la época de su nacimiento, ya fuera
el cometa Halley o el acercamiento de Júpiter y Saturno. Los judíos no eran astrónomos
(en realidad rechazaban la astronomía porque el estudio de las estrellas en aquella época
se asociaba de manera invariable y notoria con la idolatría pagana) y describían cualquier manifestación de este tipo diciendo simplemente que se trataba de una 'estrella'."

★ ¿Hubo algún otro personaje (además de Jesús) o acontecimiento
de la historia que haya sido anunciado por una
estrella?

Sí. Hay relatos legendarios que cuentan que una señal de
este tipo anunció los nacimientos de personajes como el
estadista y general romano Julio César, cuyo natalicio fue
precedido por la estrella Ira, que años después se le apareció
en vísperas de una batalla importante. El nacimiento del dios
hindú Krishna fue anunciado por un meteoro luminoso. Una
leyenda sobre el héroe troyano Eneas, padre legendario del
pueblo romano, dice que fue guiado desde Troya a la península Itálica por una estrella. Los egipcios también creían que la
aparición anual de la estrella Sirio anunciaba el nacimiento del
dios Osiris y la llegada al mundo de su poder vivificante, mate-
rializado en la crecida del río Nilo.

★ ¿Qué explicaciones milagrosas se han dado para la
aparición de la estrella de Belén?

La cofundadora de la Iglesia Adventista del Séptimo Día, Ellen
Gould White, afirmó que ese astro no era una estrella ni un planeta, sino "un lejano
batallón de ángeles resplandecientes". El poeta estadounidense Henry Wadsworth
Longfellow escribió en una ocasión que la estrella estaba sostenida del cielo por siete
ángeles que representaban al Sol, la Luna, Mercurio, Venus, Marte, Júpiter y Saturno.
Otros cristianos creen que esta señal indica el cumplimiento de la profecía bíblica
enunciada por Balam y contenida en Números, capítulo 24, versículo 17: "La veo, pero
no ahora; / la contemplo, pero no de cerca. / Álzase de Jacob una estrella, / surge de
Israel un cetro, / que aplasta los costados de Moab / y el cráneo de todos los
hijos de Set."

★ ¿Por qué algunos autores de la antigüedad han dicho que la
estrella de Belén era un cometa?

Un eminente teólogo católico de los días del Imperio Romano, el alejandri-
no Orígenes (185–254), sostuvo que la estrella de Belén era un cometa, es
decir, un astro de naturaleza común y corriente, pero que fue empleado por Dios
como una herramienta milagrosa para anunciar el nacimiento de su hijo; Orígenes creía

además que los cometas solían anunciar cambios importantes en los asuntos humanos, por lo que era de lo más apropiado que un cometa fuera heraldo del acontecimiento que los cristianos consideran como el más importante de la Historia.

★ ¿Encontraron los magos al Niño Jesús en un pesebre en Belén como se muestra en los nacimientos?

No. Dice la Biblia que los magos, después de hablar con Herodes el Grande, fueron conducidos por la estrella hasta el lugar donde se hallaba el Niño Jesús. El Evangelio de Mateo, capítulo 2, versículos 10 y 11, dice: "Al ver la estrella sintieron grandísimo gozo, y, llegando a la casa, vieron al niño con María, su madre, y de hinojos lo adoraron, y, abriendo sus cofres, le ofrecieron como dones oro, incienso y mirra." Nótese que el evangelista dice que los magos encontraron a María y al niño en una *casa*, no en un *pesebre*. Si se toma el pasaje bíblico al pie de la letra, es factible suponer que José y María ya habían abandonado el pesebre donde nació Jesús y estaban en la casa que alguna persona compasiva habría prestado para que reposaran la madre y el niño. Cabe también la posibilidad de que el encuentro haya tenido lugar días o semanas después del nacimiento de Jesús.

★ ¿Por qué los magos decían que buscaban al "rey de los judíos" que acababa de nacer?

Los magos pensaban que había nacido el Mesías que esperaba el pueblo de Israel. Dice Paul Johnson en su *Historia de los judíos* que la doctrina del Mesías nació de la creencia de que el rey David había sido ungido por el Señor, de modo que él y sus descendientes reinarían sobre Israel hasta el fin de los tiempos y dominarían a los pueblos extranjeros. Luego de que los antiguos reinos de Israel y Judea fueron destruidos por los asirios y los babilonios, respectivamente, esa creencia se había transformado en la esperanza de que algún día iba a surgir un descendiente de la casa de David que restablecería milagrosamente su reino y gobernaría a su pueblo con justicia.

Con el tiempo, la dominación que el pueblo judío padeció por parte de las grandes potencias de la antigüedad propició que muchas personas creyeran que el Mesías sería un jefe político y militar y que establecería un reino terrenal y tangible, material. Eso mismo explicaría la preocupación de Herodes y sus posibles motivos para ordenar la matanza de los Inocentes.

★ ¿Cuándo toman su nombre los "Reyes Magos"?

Como sucedió en otros casos, las tradiciones posteriores y el desarrollo de la teología cristiana añadieron muchos detalles al conciso relato que ofrece el Evangelio. Durante el siglo III de nuestra era, algunos autores llegaron a la conclusión de que el viaje de los magos de Oriente fue el cumplimiento de la profecía contenida en el libro de Isaías, capítulo 60, versículo 3: "Las gentes andarán en tu luz y / y los reyes a la claridad de tu aurora"; es decir, como los magos siguieron una luz extraordinaria que se suponía de origen divino, ellos tenían que ser los reyes a los que aludió el profeta Isaías.

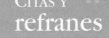

Otras personas los identificaron como reyes basándose en los versículos 10 y 11 del salmo 72, que se refiere al Mesías, los cuales dicen: "Los reyes de Tarsis y de las islas le ofrecerán sus dones, / y los soberanos de Seba y de Saba le pagarán tributo. / Se postrarán ante él todos los reyes / y le servirán todos los pueblos."

★ ¿Por qué se dice que los Reyes Magos eran tres?

Porque la Biblia dice que llevaron tres regalos para Jesús: oro, incienso y mirra *(ver pág. 128)*. Sin embargo, no hay razón lógica para suponer que esos tres presentes debían ser ofrecidos exactamente por tres personas. Además, cabe recordar que las Sagradas Escrituras no dicen cuántos magos eran. Es más, a lo largo de la historia, los diversos relatos que se han compuesto sobre los magos de Oriente han hecho variar desde dos hasta 60 el número de estos personajes.

★ ¿Qué evidencias provenientes del Medioevo justifican la creencia de que eran tres los Reyes Magos?

Fue en la Edad Media cuando la leyenda sobre los Reyes Magos alcanzó la forma con la que se conoce en la actualidad. En ese entonces muy pocos europeos habían explorado el resto del mundo y se desconocía por completo la existencia de América, Oceanía y la Antártida. Creían que en la Tierra sólo había tres continentes: Europa, Asia y África, y que la ciudad santa de Jerusalén —donde predicó y murió Jesús— estaba en el centro del mundo. La leyenda de los Reyes Magos pretendía resaltar el carácter de Jesucristo como el Salvador de todo el género humano y a las personas que crearon este relato les pareció lógico que un rey africano, un asiático y un europeo rindieran homenaje a Jesús, en representación de toda la humanidad. Esta idea está apoyada por el relato bíblico del diluvio, que cuenta que todos los seres humanos descienden de los tres hijos de Noé: Sem, Cam y Jafet.

★ ¿Desde cuándo se conoce a los Reyes Magos como Melchor, Gaspar y Baltasar?

La crónica *Excerpta latina barbari*, que data del siglo VIII, dice que eran tres magos de nombres Bithisarea, Melichior y Gathaspa; esas denominaciones son versiones antiguas de los nombres que se les atribuyen en la actualidad. Fue Jacobo de Vorágine, arzobispo de Génova (1230–1298), quien en su obra conocida como *Leyenda Áurea* fijó los nombres con que hoy se les conoce: Melchor, Gaspar y Baltasar.

★ **¿Qué dice la "leyenda de los Reyes Magos"?**

Con el paso del tiempo, la piedad popular y un buen número de autores cristianos fueron añadiendo cada vez más detalles a la narración evangélica, y con ellos se formó una tradición que fue conocida como la "leyenda de los Reyes Magos", pintoresca y conmovedora, pero con un fundamento histórico muy pobre.

Según este relato, los tres Reyes Magos, que eran príncipes y sacerdotes que andaban en busca del Dios verdadero, se reunieron en un lugar de Asia Menor procedentes de tres direcciones distintas y guiados por la estrella de Belén. Baltasar era egipcio, Melchor provenía de la India y Gaspar era un ciudadano de Atenas. Montaban, respectivamente, un camello, un elefante y un caballo. Milagrosamente, el poder divino les hizo entenderse a pesar de sus distintos lenguajes. Cuando llegaron al humilde pesebre donde había nacido el Salvador, hallaron allí a la Sagrada Familia, junto con un asno, un buey y los sencillos pastores que habían acudido a rendirle homenaje. Adoraron a Jesús reconociéndolo como hijo de Dios y le agradecieron el haberles revelado la verdad, así como la importancia de la fe, el amor y las buenas obras. Por último, le ofrendaron oro, incienso y mirra, atributos de la realeza.

★ **¿Es la fiesta de los Santos Reyes lo que se celebra el 6 de enero?**

No. El 6 de enero se celebra la fiesta de la adoración de los magos al Niño Jesús. La fiesta propiamente dicha de los Santos Reyes tiene lugar el 23 de julio.

★ **¿Cuándo empezó a celebrarse la fiesta de la adoración de los Reyes Magos el 6 de enero?**

La Epifanía que celebraban los cristianos orientales se dedicaba, sobre todo, al bautismo de Jesús. En cambio, para los cristianos de la parte occidental del Imperio Romano (Italia, la Galia, España, Cartago, etc.), por lo menos desde los tiempos de San Agustín de Hipona (354–430) y el emperador bizantino León I el Grande (400–474), el objeto principal de la Epifanía era conmemorar el viaje y la ofrenda de regalos que hicieron los Magos de Oriente al niño Jesús; le daban gran importancia a la idea de que ese acontecimiento representaba la revelación de Jesucristo a los gentiles, es decir, a la gente que no era judía. Fue a principios del siglo V cuando personajes como San Paulino de Nola y San Máximo de Turín introdujeron en la Epifanía occidental las referencias al bautismo de Cristo y al milagro de las bodas de Caná.

★ **¿Cuál fue el origen de la rosca de Reyes?**

Las antiguas culturas mediterráneas tenían la costumbre de elaborar un pan de varias harinas para comerlo ritualmente durante ciertas festividades agrícolas. El solsticio de invierno señala también una fiesta solar que implica renovar la fertilidad de la tierra, por lo que durante su celebración se consumía este tipo de pan en forma de anillo (ver pág. 125).

★ **¿Con qué se rellenaba la rosca de Reyes en la antigüedad?**

Como se suponía que el dios del Sol acababa de nacer, se creyó adecuado poner dentro de ese bizcocho un muñequito que lo representara. Con el tiempo se añadieron otros objetos, como un haba o un frijol; quien hallara éstos era nombrado rey de la fiesta y se obligaba a ofrecer una comida el 2 de febrero. También se introdujeron dedales, puerquitos, anillos, clavos y palillos. Al desarrollarse la economía monetaria, las habas y los frijoles se sustituyeron con monedas de oro.

★ **¿Cómo se transformó el bizcocho pagano en una rosca cristiana?**

El bizcocho, que con el tiempo se transformó en una rosca, fue un elemento de la fiesta pagana de la Epifanía que se incorporó al nuevo festejo cristiano. La rosca pasó a simbolizar la corona que supuestamente los Reyes Magos entregaron al Niño Jesús como rey del mundo. El muñeco que contenía, como era de esperarse, se convirtió en una representación del Jesús recién nacido.

★ **¿De dónde proviene el nombre "Candelaria"?**

De la costumbre de portar candelas o velas y antorchas durante la procesión que se realiza el día de esa fiesta.

★ **¿Cuál es el origen de la fiesta de la Candelaria?**

Según la historiadora Teresa Escobar Rohde, las culturas arcaicas celebraban el final del invierno y el retorno del calor y la luz mediante rituales mágicos y religiosos. Antiguas leyendas de los países donde el invierno es poco luminoso, frío y muy crudo hablan de una caótica y estéril oscuridad que precede a la aparición de la luz creadora, portadora de la fertilidad y la resurrección de la vida. En ciertas partes del mundo antiguo, el 2 de febrero marcaba el principio del año, el fin de las nevadas y el despertar de la tierra, a la cual se concebía como una madre protectora y pródiga *(ver pág. 177)*.

★ **¿Qué celebraban los antiguos griegos el 2 de febrero?**

Festejaban el retorno a la tierra de Perséfone, la diosa de la agricultura, quien vivía durante varios meses al año en el inframundo y cuyo retorno hacía que la vegetación reverdeciera. Los ritos de esta fiesta incluían procesiones con antorchas que servían para simbolizar un viaje al mundo de los muertos, con el fin de hacer ofrendas que propiciaran el regreso de la diosa.

EL NACIMIENTO DEL señor Jesús

De una Virgen hermosa
Celos tiene el Sol,
Porque vio en sus brazos
Otro Sol mayor.
Cuando del Oriente
Salió el Sol dorado,
Y otro Sol helado
Miró tan ardiente,
Quitó de la frente
La corona bella,
Y a los pies de la Estrella
Su lumbre adoró,
Porque vio en sus brazos
Otro Sol mayor.

"Hermosa María,
Dice el Sol, vencido,
De vos, ha nacido
El Sol que podía
Dar al mundo el día
Que ha deseado."
Esto dijo, humillado,
A María el Sol,
Porque vio en sus brazos
Otro Sol mayor.

Lope de Vega (1562-1635),
escritor español

CITAS Y refranes

Lo que llamamos felicidad consiste en la armonía y la serenidad, en el deseo de querer alcanzar un objetivo y en una orientación positiva, clara y segura del espíritu; en otras palabras, en la paz del alma.

Thomas Mann (1875-1955), novelista alemán

★ **¿Qué festejaban los romanos el 2 de febrero?**

Los romanos realizaban las fiestas Februarias, dedicadas a la diosa Juno Februata, también llamada Februa (de allí proviene el nombre "febrero"). Probablemente se empezaron a realizar en los tiempos del mítico fundador de Roma, el rey Rómulo, en el siglo VIII a.C. Este festival era un rito de fertilidad muy antiguo que también representaba la purificación simbólica de la tierra para ahuyentar a los malos espíritus que provocaban esterilidad en hombres y animales. A pesar del indudable carácter pagano de la celebración, ésta sobrevivió durante varios siglos después de la implantación del cristianismo.

★ **¿Qué rituales paganos han sobrevivido en la Candelaria cristiana?**

La Candelaria cristiana ha conservado la bendición de los animales y de las velas que se usarán durante el resto del año.

★ **¿Por qué se usan velas en los rituales de la fiesta de la Candelaria?**

Probablemente porque se derivan de antiguas prácticas precristianas de adoración del fuego, como las de los celtas en Irlanda para celebrar a la diosa Bridget, en cuyo honor encendían fuegos sagrados y hacían procesiones con velas y antorchas. El uso de las velas estaba tan asociado con los orígenes paganos de la fiesta, que la Iglesia católica no las admitió en el culto cristiano hasta el siglo XI. Bridget, a su vez, fue incorporada al santoral católico como Santa Brígida, y un fuego que la honraba fue mantenido ardiendo en un convento de Kildare, Irlanda, hasta 1220, cuando fue apagado por orden terminante del obispo.

★ **¿Cómo se justificó la cristianización de la Candelaria?**

La Iglesia argumentó que al llevar las candelas a los templos se rendía homenaje a Jesús, quien trajo la luz de la verdad al mundo; para apoyar este punto de vista se cita al piadoso Simeón, quien al tomar en sus brazos al Niño Jesús en el templo predijo que sería la "luz para iluminación de los gentiles" (Lucas 2:32).

★ **¿Qué acontecimiento conmemora actualmente la fiesta de la Candelaria?**

Esta fiesta es conocida como "la purificación de la Bendita Virgen María", o bien como "la presentación de Cristo en el templo".

Como fiel observante de la ley de Moisés, María llevó a cabo un ritual de purificación 40 días después de haber dado a luz a su hijo. Ella y su esposo llevaron al bebé al templo de Jerusalén para presentarlo ante Dios y ofrecer el sacrificio reglamentario.

Cuenta el Evangelio de Lucas, en su capítulo 2, que en ese momento se hallaba en el templo un hombre anciano y piadoso llamado Simeón, a quien el Espíritu Santo había prometido que no moriría antes de ver al ungido del Señor; también estaba en ese momento una profetisa de nombre Ana. Ambos, Simeón y Ana, al encontrarse con el Niño Jesús, lo reconocieron como el Mesías. Simeón bendijo a María y a José, y les predijo las excelencias y pesares que provocaría la llegada del Salvador. Ana se puso a contarle a todo el mundo que había nacido por fin el redentor. La fiesta del 2 de febrero también conmemora este acontecimiento *(ver pág. 172)*.

★ **¿Qué disposiciones de la ley de Moisés estaba acatando María al llevar al Niño Jesús al templo?**

Esta ley, como está escrito en el capítulo 12 del libro de Números, consideraba que la mujer que acababa de dar a luz quedaba impura, por lo que debía permanecer en un estado de cuarentena durante el cual no debía aparecer en público, ir al templo ni tocar ningún objeto dedicado a Dios. Al cabo de 40 días, en el caso del nacimiento de un varón (si hubiera dado a luz a una niña había tenido que aguardar 80 días, pues la mujer se consideraba dos veces más impura que el hombre), la madre iba al templo para ofrendar a Dios un cordero y una paloma o una tórtola. Tras el sacrificio de estos animales, la mujer quedaba purificada. Los pobres podían ofrendar dos palomas o dos tórtolas en lugar del cordero.

★ **¿Desde cuándo celebran los cristianos la Candelaria?**

La Iglesia católica eligió como día de la purificación de María el 2 de febrero, tras tomar en cuenta el énfasis que los antiguos romanos ponían en los supuestos elementos purificadores del mes de febrero. Fue el papa Gelasio I quien instituyó en el siglo V esa fiesta de forma definitiva para los cristianos occidentales.

Una de las referencias más antiguas conocidas sobre la observancia de la purificación de la Virgen proviene de un texto escrito por la abadesa Egeria, quien vivió en un convento en el noroeste de España, probablemente a fines del siglo IV. Egeria realizó una peregrinación a Tierra Santa. En Jerusalén asistió a la celebración de la Epifanía el 6 de enero, y refiere que 40 días después de esta fecha (ya que los cristianos orientales siempre han celebrado el nacimiento de Jesús el 6 de enero) se festejaba la purificación con los más altos honores; esa última fiesta incluía una procesión. Posiblemente la costumbre se propagó desde Jerusalén al resto del mundo cristiano. Otra referencia dice que hacia el año 440, los participantes en la procesión portaban antorchas. Alrededor del año 540, la fiesta ya era celebrada en Éfeso, en Asia Menor. Otra fuente señala que en Roma, a fines del siglo IV, se empezó a celebrar durante el reinado del papa Gelasio.

¡Colación grande, colación chica!

Por Norma Muñoz Ledo

Eran las siete y media y ya estaba desayunando un vaso de leche, repasando mentalmente todo lo que tenía que hacer ese día, que sería como cualquier otro, de no ser porque era sábado. Un par de personajes empijamados, todavía adormilados, se acercaron tallándose los ojos.

—¿Adónde vas? —preguntó su hijo menor.

—Al trabajo.

—Pero habías prometido que hoy nos ibas a llevar por el árbol y que pondríamos el nacimiento —replicó su hija mayor.

—Ya lo sé —atajó el papá—, pero regreso a la hora de la comida y hacemos todo.

Los niños asintieron con la boca torcida. Un rápido beso a ellos y a su esposa. Tenía que apurarse, ganarle al tráfico que empezaría poco después. En diciembre todo el mundo tiene algo que hacer, la gente se llena de pretextos para salir a la calle. No siempre había tenido que ir a trabajar en sábado, pero ahora era necesario. El pedido más grande del año había llegado justo en ese mes y era *urgente.* Tan urgente como su necesidad de pagar aguinaldos, cubrir deudas y comprar regalos. Había prometido entregarlo ese sábado y así sería: no podía darse el lujo de quedar mal. Al llegar a la imprenta, notó que de los tres trabajadores que él esperaba, sólo estaba uno: ni modo, entre los dos tendrían que engrapar los dos mil quinientos folletos para luego ponerlos en sobres blancos, después en cajas y posteriormente entregarlos en una dirección al norte de la ciudad. Con suerte terminarían a las cuatro de la tarde. Ahuyentando estos pensamientos, se puso a trabajar febrilmente. Todo iba a buen ritmo hasta que se acabaron las grapas; al momento de buscar un paquete nuevo, descubrió que ya se habían terminado. No tenía caso perder el tiempo enojándose por el descuido. El empleado se ofreció a ir a la distribuidora más cercana, en la colonia Del Valle.

—No, mejor voy en mi coche, así llego más rápido —dijo él.

Justo cuando pasaba frente al mercado de avenida Coyoacán, sintió algo raro en la dirección del auto que no le gustó nada. Vio un sitio vacío y se estacionó para comprobar lo que temía: una llanta se había ponchado. Chasqueando la boca, abrió la cajuela para sacar la herramienta y, al hacerlo, vio su reloj: las diez y cuarto de la mañana. Mientras hacía la talacha, notó que el mercado se iba llenando de gente. Los locales de mercancía navideña que invadían la banqueta comenzaban a abrir. *"¡Colación grande, colación chica!"*, pregonaba una mujer de edad mayor, que atendía un puesto cercano. Eran diez para las once cuando terminó el cambio de llanta. Unas gotas de sudor le resbalaban por la cara y se limpió con la manga de la camisa. De pronto la vio de pie frente a él. Era la señora del puesto de colación, que le extendía una canastita de papel crepé amarillo, llena de dulces y cacahuates.

—No quiero, gracias —dijo secamente.

—No se la vendo, es para *usté*, por la llanta —dijo ella, inclinando la cabeza hacia su coche—. Para que se olvide del mal rato.

La mujer acercó la canasta a su mano, él la aceptó con desgano y le agradeció con gesto serio.

—Ande *usté*— repuso la marchanta dándose la vuelta y, caminando con andar lento, regresó al puesto, donde siguió gritando—: *"¡Colación grande, colación chica!"*

Él se subió al auto, puso la canasta en el otro asiento y se arrancó velozmente. Faltaban veinte minutos para las doce del día cuando por fin venía de regreso con las grapas. La marea de carros comenzaba a espesarse. Fue en un alto donde ya llevaba dos cambios de luces sin avanzar, cuando le llegó un tenue olor a anís. Miró la colación y decidió comerse una. Era verde, como un chícharo. Mientras veía con insistencia la paralizante luz roja del semáforo, el caramelo se disolvía en su boca y un recuerdo se abrió paso entre el tráfico de su cabeza. Era un sábado como éste, cuando él tenía ocho años. En una pequeña azotehuela había dos sillas en cuyo respaldo se sostenía un palo de escoba y, amarrado a él con un mecate, colgaba una olla de barro que él y sus hermanos embarraban de engrudo para luego tapizarla con recortes de periódico. Ya llevaban incontables capas de engrudo y periódico y la piñata era una bola informe.

Ese año, su hermana menor había pedido que fuera un chícharo. ¡Un chícharo! ¿Cómo se le ocurría? ¿Quién había visto una piñata de chícharo? Pero cada año, alguien escogía la forma y ahora le tocaba a ella; ni modo, serían el hazmerreír de la posada. Sin embargo, no fue así: el chícharo de papel maché con fondo de olla de barro resultó irrompible. El recuerdo trajo una leve sonrisa justo cuando la redonda luz verde del semáforo le daba el paso. Eran las doce cuando estaban engrapando otra vez. Al cinco para la una, comenzaron a meter los folletos en los sobres blancos. Una leve punzada de hambre llevó su vista a la canastita amarilla que había bajado de su coche y se acercó a ella.

Revolvió con el dedo las colaciones, buscando otra. Encontró una pequeña, rosa pálido con bordes irregulares y se la metió a la boca. Ésas siempre le habían gustado: eran las que le regalaba su abuela. El olor que lo rodeaba, a tinta y a papel, se fundió de pronto con el aroma húmedo del musgo y el dulce y seco olor del heno. Entonces se acordó del enorme nacimiento que ponían en su casa. Un folleto en su sobre, otro, otro más… en su mente se dibujaba su papá, bajando cajas y más cajas de una alacena alta, donde guardaban las figuras del nacimiento, que cada año aumentaban en número. Y se acordó de su figura favorita a los cinco años: un enorme guajolote, de aspecto esponjado y malhumorado.

Cómo había rogado para que se lo compraran en el mercado, a pesar de la burla de sus hermanos grandes por su tamaño. Pero a él no le importaba y, conforme se aproximaba la Nochebuena, el animal se iba acercando cada vez más al pesebre. Soltó una risa solitaria al recordar el comentario de su abuelo cuando acostaron al Niño Jesús: "¿Qué hace aquí este guajolote? ¡Pero si es más grande que el buey!" A las dos y media, el empleado lo miró apenado.

—Ingeniero, ¿qué cree? Ya me tengo que ir...

—¿No te puedes quedar un poco más? —preguntó, viendo el montón de folletos y sobres.

—No, ingeniero. Mire, tengo que irme, quedé con mi familia.

Tenía ganas de decirle mil cosas: que él también había quedado con sus hijos, que no había comido, que estaba cansado... pero no se atrevió. El empleado se fue y él siguió metiendo mecánicamente folletos en los sobres.

Faltaban quince minutos para las cinco cuando por fin estaba subiendo las cajas en su cajuela; todo estaba listo para entregarse. Se subió al coche sin ningún deseo de recorrer las calles que a esa hora parecían lentos ríos de caracoles. Ya se había comido todos los dulces de la canastita, pero se asomó dentro de ella. Y ahí, escondido entre los pliegues del papel crepé, encontró uno de los favoritos de su mamá: un confite blanco, plano, de los que tienen una pepita adentro. Se lo metió a la boca recordando los despistes de su madre: siempre olvidaba en qué cajón guardaba la enorme mascada café que usaban para arrullar al Niño antes de colocarlo en el pesebre, e invariablemente corría a buscarla cuando faltaban dos minutos para las once de la noche. Todos los pequeños le gritaban ansiosos que se diera prisa, como si la llegada del Niño no pudiese esperar ni un minuto más.

Por fin llegaba ella con la mascada, perfumada por dormir todo el año en un cajón con jabones.

Entonces se cantaba un arrullo mientras cada quien tomaba una orilla de la prenda. Un sentimiento alegre lo hizo sonreír al pensar en su hermano gemelo y sus entusiastas "mecidos", que hacían rodar al Niño por toda la mascada, hasta que algún adulto lo acomodaba otra vez en el centro. Pensó en sus hijos. Con ellos no había hecho piñatas irrompibles; en casa ponían un discreto nacimiento de figuras igualitas, con tamaños proporcionados, y apenas recordaba la última vez que había arrullado al Niño. Miró la canastita sin dulces y una imagen de corazones vacíos de recuerdos borró la alegría que había sentido hacía sólo un instante. Miró su reloj: eran las cinco y media, mucho más tarde de la tan prometida hora de la comida.

Decidió cambiar el rumbo y regresar a su casa. El pedido debía entregarse ese sábado, pero no había una hora precisa. Podría hacerlo un poco más tarde, después de pasar por sus hijos y llevarlos a un mercado por el árbol, el musgo y el heno, y quizás después de ir a buscar algún borrego o un enorme guajolote, con los que fabricarían recuerdos que imaginaba dulces, como las colaciones, memorias dotadas del mágico don de alegrar el espíritu cuando los caminos de la realidad se vuelven menos amables.

Personajes

La celebración de la Navidad gira en torno a una figura central: el Niño Dios. A partir de él surgen los demás protagonistas de la festividad: la Virgen María y San José, el arcángel Gabriel y los tres Reyes Magos. Con el tiempo, más personajes, fruto de la fantasía y de la imaginación, se fueron incorporando a la festividad; tal es el caso de Santa Claus, la señora Claus, los renos, los duendes... Así, las figuras históricas y las fantásticas se han ido mezclando y enriqueciendo unas a otras para formar una nueva realidad: la de la Navidad tal y como la festejamos hoy en día.

✢ ¿Quiénes integran la Sagrada Familia?

La Sagrada Familia está formada por José, María y Jesús. Cuando María y José estaban comprometidos para casarse, el arcángel Gabriel anunció a María que había sido elegida para ser la madre de Jesús; no obstante, José decidió casarse con ella. Una vez nacido Jesús el día de Navidad, José se convirtió en su padre adoptivo y entre los tres formaron la Sagrada Familia.

✢ ¿Cómo decide María casarse con José?

Cuenta la leyenda que 12 jóvenes pretendían casarse con María y que cada uno portaba en la mano un bastón de madera muy seca; en el momento en que María debía escoger entre ellos, el bastón que José llevaba floreció milagrosamente, lo que le indicó a María que él debía ser el elegido. Por esto, en muchas representaciones aparece José con un bastón florecido en la mano.

✢ ¿Cómo fue elegida María para ser la madre de Jesús?

María era una hermosa joven judía que vivía en la ciudad de Nazaret, con Joaquín y Ana, sus padres. Estaba comprometida para casarse con José, un carpintero del lugar. Un día, María recibió la visita de un ángel, quien la saludó diciéndole: "Salve, llena de gracia, el Señor está contigo." Le anunció que Dios la había elegido para un encargo muy especial, pues quería que fuera la madre del Hijo que Él iba a enviar al mundo. Cuando el ángel le explicó que su misión era indagar si aceptaba serlo, María le preguntó que cómo era posible que fuera a tener un hijo, si nunca había estado con un hombre, a lo que el ángel le respondió que el Espíritu Santo bajaría sobre ella y el poder de Dios la cubriría con su sombra, por lo que el bebé que nacería sería santo y se le llamaría "El Hijo de Dios". Una vez que María comprendió lo que le pedía el Señor, contestó: "He aquí la esclava del Señor. Hágase en mí según tu palabra." Con esto, María aceptó el encargo de Dios con todo su corazón, aunque en el fondo le diera un poco de miedo. Todo este episodio se conoce como la Anunciación (ver pág. 11).

✢ ¿Quién es el arcángel Gabriel?

De acuerdo con la Biblia, los ángeles y los arcángeles son mensajeros divinos, cuya misión en la Tierra es servir a la humanidad y guiarla por el buen camino. Tienen diferentes funciones, entre las cuales, la más importante, si no es que la primordial, es adorar a Dios y llevar a cabo sus mandatos en la Tierra y en el universo. Por tanto, son los mensajeros de Dios. En la tradición cristiana, Gabriel es siempre el ángel de la misericordia. Él fue el encargado de notificarle a María que ella había sido elegida como madre de Dios, por lo que también se le conoce como el portador de buenas nuevas. Al arcángel Gabriel se le representa con una vara de perfumada azucena, la que obsequió a María en la Anunciación y simboliza la sublime pureza inmaculada de María.

✛ ¿Qué significa el nombre de María?

En Israel, el nombre de María era muy popular, tanto, que las tres mujeres que estuvieron presentes en el calvario se llamaban así. Este nombre quiere decir "señora" o "princesa", aunque hay quienes explican que el nombre de María viene del egipcio *mar*, que significa la hija preferida, e *ia*, la abreviatura de *Iaveh* (Dios), por lo que María quiere decir "La hija preferida de Dios".

✛ ¿Quién fue José?

José era un carpintero de Nazaret y se le conocía como un hombre fuerte, honrado y trabajador. Era descendiente de la familia de David y fue el elegido por María para ser su esposo. Estando comprometido con María, se dio cuenta de que ésta iba a tener un hijo sin haber convivido con él, pero en lugar de denunciarla por infiel, se preparó para abandonarla en secreto e irse a vivir a otro pueblo. Se dice que su decisión de no haberla denunciado, como era la costumbre, fue un reflejo de sus buenos sentimientos; por ello a José siempre se le ha considerado un hombre justo.

Sin embargo, antes de que pudiera abandonar a María, José tuvo un sueño donde un ángel le contó que el hijo que iba a tener María era obra del Espíritu Santo y que podía casarse con ella sin desconfianza alguna, pues le

POEMA DE Navidad

Para eso fuimos hechos:
para recordar y ser recordados
para llorar y hacer llorar
para enterrar a nuestros muertos;
por eso tenemos brazos largos
para los adioses,
manos para coger lo que fue dado,
dedos para cavar la tierra.
Así será nuestra vida:
una tarde siempre olvidando,
una estrella apagándose en
tinieblas,
un camino entre dos túmulos;
por eso tenemos que velar,
hablar bajo, pisar leve, ver
a la noche dormir en silencio.
No hay mucho que decir:
una canción sobre una cuna,
un verso, tal vez, de amor,
una oración por quien se va;
pero que no olvide esa hora
y nuestros corazones por ella
se abandonen, graves y simples.
Pues para eso fuimos hechos:
para esperar en el milagro,
para participar en la poesía,
para ver la faz de la muerte:
de repente no esperaremos...
     La noche es
     joven hoy; y de
     la muerte, sólo
     hemos nacido,
     inmensamente.

Vinicius de
Moraes
(1913–1979),
poeta y músico
brasileño

había sido completamente fiel. Tranquilizado por el mensaje, José celebró sus bodas con María lleno de amor por ella y por el niño que esperaba *(ver pág. 11)*.

✦ ¿Qué pasó después de que José y María se casaron?

En este tiempo fue cuando tuvo lugar lo que se conoce como la Visitación. Isabel, la prima de María, había concebido un hijo en la vejez, por medio de la gracia de Dios, y ya estaba en el sexto mes de embarazo. María, llena de felicidad, acudió a visitar a su prima en Judea. Al entrar a su casa, Juan —como se llamaría el bebé de Isabel—saltó en el vientre de su madre lleno de júbilo por la visita de María, quien ya estaba esperando el nacimiento de Jesús. Isabel la saludó diciéndole: "Bendita tú entre las mujeres y bendito el fruto de tu seno." Después de que nació Juan, el hijo de Isabel, María volvió a Nazaret y se quedó allí tranquila en su casa esperando que naciera su propio hijo. Sin embargo, antes de que esto sucediera, el emperador Augusto César decretó que debía levantarse un censo en todo el Imperio Romano y que cada cual tenía que ir a inscribirse a su propio pueblo. Por lo tanto, José y María tuvieron que marchar a Belén, donde nacería el Niño Jesús.

✦ ¿Por qué se les llama a José y a María los "Santos Peregrinos"?

Se les llama así en referencia al peregrinaje que tuvieron que emprender de Nazaret a Belén. Como para esos momentos ya estaba muy cercana la fecha en que nacería el Niño Jesús y el camino era muy largo, María se trasladó en un burro. Cuando se dieron cuenta de que había llegado la hora del alumbramiento, trataron de encontrar un lugar donde alojarse; como todo estaba lleno debido al censo, fueron tocando de casa en casa hasta que alguien les ofreció un establo para que se refugiaran allí. Este episodio se rememora en las posadas que se celebran hoy en día, en las cuales se incorporó la costumbre de pasear a los Santos Peregrinos, es decir, las figuras de José y María. En ocasiones se trata de una sola figura que incorpora a María montada en un burro y a José tirando gentilmente de las riendas.

✦ ¿Qué se sabe del nacimiento de Jesús?

Jesús nació en un establo en Belén. María lo envolvió en pañales y lo acostó en un pesebre. Junto a Jesús estaban una mula y un buey, que ayudaban a dar calor al recién nacido. Como acababa de nacer el Hijo de Dios en la Tierra, en el Cielo había mucha alegría y Dios envió a un ángel para difundir la Buena Nueva. En la región en la que nació el Niño había unos pastores que pasaban la noche en el campo, cuidando de sus rebaños. Entonces apareció un ángel y la gloria de Dios los envolvió en su luz. Ellos se asustaron mucho, pero el ángel les explicó que no había nada que temer y que llevaba buenas noticias. Les dijo que en la ciudad había nacido el Salvador y que lo reconocerían porque estaba envuelto en pañales y acostado en un pesebre.

De pronto apareció una multitud de ángeles del cielo, que cantaban: "Gloria a Dios en las alturas y en la Tierra paz a los hombres de buena voluntad." Una vez que los ánge-

CITAS Y refranes

En Navidad no deseo una rosa, así como no anhelo la nieve durante la primavera. Me gusta cada estación por lo que es.
William Shakespeare (1564-1616), dramaturgo inglés

les se fueron, los pastores decidieron ir a Belén para conocer al Hijo de Dios, así que tomaron sus ovejas y se dirigieron apresuradamente hacia donde estaba el Niño. Cuando llegaron, encontraron lo que el ángel les había dicho y, llenándose de alegría, contaron a todos lo que había sucedido *(ver pág. 10)*.

✦ ¿Quiénes son los tres Reyes Magos?

En la tradición cristiana, estos personajes —también conocidos como los Sabios de Oriente— son quienes visitaron y llevaron regalos al Niño Jesús, "el Rey de los Judíos ", que acababa de nacer *(ver pág. 39)*.

✦ ¿Cómo se llaman los tres Reyes Magos y cuáles son sus características individuales?

En la Iglesia occidental se les conoce como Melchor, Gaspar y Baltasar, aunque los Reyes Magos reciben varios nombres en las Iglesias orientales; como *Hor, Basanater y Karsudan* en Etiopía, o *Larvandad, Hormisdas y Gushnasaph* en Siria, estos últimos de origen persa. A Melchor suele representársele como un anciano barbado y de tez blanca que monta un caballo. Gaspar es un joven moreno que va montando un camello. Por último, Baltasar es un hombre de raza negra que va montado en un elefante *(ver pág. 42)*.

✦ ¿Qué regalos le llevaron los Reyes al Niño Jesús?

Melchor le llevó oro, Gaspar le regaló incienso y Baltasar le obsequió mirra *(ver pág. 128)*.

✦ ¿Por qué se les llama "magos"?

Algunos de los traductores más antiguos traducían la palabra mago como "sabio". En la actualidad, los académicos consideran esta traducción

✛ **¿Quiénes fueron los Santos Inocentes?**

En el intento de Herodes por asesinar al llamado Rey de los Judíos, Jesús, y como no sabía exactamente dónde se encontraba éste, ordenó a sus soldados que mataran a todos los niños menores de dos años de la ciudad de Belén y sus alrededores. Sin embargo, José tuvo un sueño en Belén en el que un ángel le comunicaba que Herodes buscaba al Niño Jesús para matarlo y que debía salir huyendo a Egipto. José se levantó a medianoche, y con él y María, marchó hacia Egipto, de modo que el Niño se salvó, aunque murieron muchos otros pequeños. En memoria de estas muertes sin sentido, el 28 de diciembre se celebra el día de los Santos Inocentes *(ver pág. 33)*.

✛ **¿Cuántos niños fueron asesinados por órdenes de Herodes?**

Se calcula que pudieron haber muerto entre 25 y 30 niños de una población de unos dos mil habitantes (aunque actualmente no se cree que en esa época hubiera tanta gente en Belén).

✛ **¿Cómo se representa al Niño Jesús durante la Navidad?**

El Niño Jesús es la figura principal del nacimiento o belén y se le representa como un bebé envuelto en pañales. Al poner el nacimiento, varios días antes de la Navidad, se deja vacío el pesebre; la figura del Niño sólo se coloca a la medianoche del 24 de diciembre, para simbolizar que Cristo ha nacido. Hay quienes le cantan arrullos, y le dan la bienvenida. En muchos lugares, sobre todo de España y de América Latina, el Niño Jesús es quien lleva los regalos a los niños y no Santa Claus.

✛ **¿Quién es el *Christkind*?**

El *Christkind* es una figura muy importante en las celebraciones navideñas en Alemania, pues es la representación germana del Niño Jesús: reparte regalos y a veces pone el árbol de Navidad. El *Christkind* también es un espíritu, parecido a un niño, presumiblemente una encarnación de Jesús, y se le representa con cabello rubio y alas. Los niños nunca ven al *Christkind,* pero éste toca una campana justo antes de irse para avisarles que el árbol de Navidad y los regalos están listos *(ver pág. 22)*.

✛ **¿Qué lugares reciben la visita del *Christkind*?**

El *Christkind* visita a los niños en el sur de Alemania, Suiza, Austria y Liechtenstein. Es particularmente popular en la ciudad alemana de Nuremberg, que tiene la tradición de producir figuras de ángeles; incluso se le conoce como ciudad de los ángeles. A partir de 1933, los habitantes de Nuremberg votan para elegir quién representará al *Christkind* durante dos años. Las jóvenes de Nuremberg de entre 16 y 19 años de edad que miden más de 1.60 metros y que no tienen miedo a las alturas pueden participar. Las inscripciones aparecen en los periódicos locales y los lectores eligen a sus favoritas. La elección final la hace un jurado, formado por los directores de los periódicos, los turistas, los líderes del mercado, el *Christkind* anterior y representantes de los medios. Las candidatas deben leer el prólogo del *Christkind* y recitar un poema de su elección. También tienen que responder preguntas sobre Nuremberg *(ver pág. 180)*.

CITAS Y
refranes

Cuando se tiene la conciencia tranquila, se vive permanentemente en Navidad.

Benjamin Franklin (1706–1790), político, inventor y científico estadounidense

✢ ¿De dónde surgió el *Christkind?*

El *Christkind* fue introducido por Martín Lutero durante la época de la Reforma, en el siglo XVI. Hasta ese momento, San Nicolás era el encargado de llevar regalos el día 6 de diciembre. Pero como los protestantes no reconocen a los santos, Lutero se enfrentó a la necesidad de buscar una nueva tradición para sus seguidores durante el fin de año. Por lo tanto, reinventó la tradición para los protestantes cambiando la fecha de su celebración del 6 de diciembre al 24 del mismo mes y convirtiendo al *Christkind,* un ángel enviado por el Niño Jesús, en el encargado de llevar regalos a los niños. La imagen actual del *Christkind* como un ángel rubio se consolidó durante la época del nacional socialismo.

✢ ¿Cuáles fueron las aportaciones de fray Juan de Zumárraga y de fray Andrés de Olmos a la celebración de las pastorelas?

Fray Juan de Zumárraga ordenó, en 1530, una escenificación de la obra *Farsa de la Natividad gozosa de Nuestro Salvador* durante las primeras fiestas de Navidad que se celebrarían en tierras conquistadas. Así, la Iglesia aprovechó el gusto indígena por el espectáculo y comenzó a crear un teatro evangélico catequizante, que dio origen a las pastorelas. La pastorela nació en la tradición cultural decembrina mexicana como una forma de diseminación de la doctrina cristiana y rápidamente se convirtió en una auténtica manifestación de teatro popular. Pocos años después, Fray Andrés de Olmos redactó la primera pieza referente a la *Venida y adoración de los Reyes Magos* y se cuenta que cerca de cinco mil indígenas presenciaron la escena. Los personajes que se representaron fueron el Niño Jesús, la Virgen María, San José, Melchor, Gaspar, Baltasar, un mensajero, un ángel, el rey Herodes, un mayordomo y tres sacerdotes judíos *(ver pág. 159)*.

✢ ¿Quiénes son los personajes de las pastorelas en la actualidad?

Las pastorelas son la recreación de las peripecias que enfrentan los pastores para llegar a adorar al Niño Jesús, que ha nacido en Belén. En el camino tienen que luchar con los demonios, que, representando los siete pecados capitales, les imponen todo tipo de trampas, obstáculos y tentaciones para hacerlos desistir de su empresa. El arcángel San Miguel libra una intensa batalla con Lucifer y finalmente triunfa sobre él. De este modo, los personajes indispensables de las pastorelas son los pastores, los demonios y los ángeles.

✢ ¿Quién es el arcángel Miguel?

Ya en el Antiguo Testamento, el arcángel Miguel aparece como el gran defensor del pueblo de Dios que lucha contra el demonio, y su poderosa defensa sigue en el Nuevo Testamento. En el arte lo han representado como el ángel guerrero, el conquistador de Lucifer, poniendo el talón sobre la cabeza del enemigo, amenazándolo con su espada, traspasándolo con su lanza o listo para encadenarlo para siempre en el abismo del infierno. La tradición lo reconoce como el guardián de los ejércitos cristianos contra los enemigos y como protector de los cristianos contra los poderes diabólicos, en especial a la hora de la muerte. Por tanto, es natural que sea él quien ayuda a los pastores a llegar al lado del Niño Jesús.

✣ ¿Qué papel desempeña el demonio en las celebraciones navideñas en México?

Si bien es natural pensar que Satanás es un personaje demasiado oscuro y tenebroso para aparecer en una celebración gozosa, la representación que se hace de él en las pastorelas decembrinas es humorística. El diablo, con un número variable de ayudantes, aparece como un ser travieso que hace reír con sus acciones, pero que no asusta a nadie *(ver págs. 162 y 163)*.

✣ ¿Quién fue San Francisco de Asís y cuál fue su aportación a la Navidad?

San Francisco de Asís fue el fundador de la orden franciscana y quien inició, entre 1200 y 1226, la costumbre de poner un nacimiento. Según indica la tradición, San Francisco recorría la campiña cercana a la pequeña población de Rieti en el invierno de 1223. La Navidad de ese año lo sorprendió en la ermita de Greccio, y fue allí donde tuvo la inspiración de reproducir en vivo el misterio del nacimiento de Jesús. Construyó una casita de paja a modo de portal, puso un pesebre en su interior, trajo un buey y una mula de los vecinos del lugar e invitó a un pequeño grupo de gente a reproducir la escena de la adoración de los pastores.

Cuenta la leyenda que, de manera milagrosa, aparecieron ángeles en la escena y personificaron al Niño Jesús, la Santísima Virgen y San José. La idea de reproducir el nacimiento se popularizó rápidamente en todo el mundo cristiano, y de los seres vivos se pasó a la utilización de figuras. Asimismo, la tradición señala que el primer nacimiento se hizo en Nápoles a fines del siglo XV y fue fabricado con figuras de barro. Carlos III ordenó que los nacimientos o "belenes" se extendieran y popularizaran en todo el reino itálico y español; en América, los frailes introdujeron las costumbres navideñas cristianas como un instrumento de evangelización de los indígenas y los nacimientos ocuparon un papel central en la celebración de la Navidad *(ver págs. 23 y 126)*.

✣ ¿Quién fue Giuseppe Sammartino?

Giuseppe Sammartino fue uno de los más destacados escultores en materia de figuras para el nacimiento. Una vez que se estableció la costumbre de utilizar figuras de tamaño natural para los belenes, se llamó a los mejores escultores para que las fabricaran. El sitio donde esta costumbre alcanzó su máximo esplendor fue Nápoles, ya que Carlos III (rey de Nápoles) fue uno de los principales impulsores de los nacimientos. En esta ciudad, las familias locales hacían grandes esfuerzos por poner el nacimiento más bello. Sammartino elaboraba unas figuras tan detalladas y bellas, que se le llegó a conocer como el *Donatello* de los pastores. Otros escultores que merecen ser mencionados son Lorenzo Mosca, Francesco Celebrano y Lorenzo Vaccaro en Italia, y Francisco Salzillo, Ramón Amadeu y José Giné en España.

✛ ¿Quién fue Liberio y cuál fue su aportación a la Navidad?

En el siglo II de nuestra era (100 años después del nacimiento de Cristo), los cristianos sólo conmemoraban la Pascua de Resurrección, ya que consideraban irrelevante el momento del nacimiento de Jesús y, además, desconocían absolutamente cuándo pudo haber acontecido. Durante los siglos siguientes, al comenzar a aflorar el deseo de celebrar el natalicio de Jesús de una forma clara y diferenciada, algunos teólogos, basándose en los textos de los Evangelios, propusieron fechas tan dispares como el 6 y el 10 de enero, el 25 de marzo, el 15 y el 20 de abril, el 20 y el 25 de mayo y algunas otras. Pero el papa Fabián (siglo III d.C.) decidió cortar por lo sano tanta especulación y calificó de sacrílegos a quienes intentaron determinar la fecha del nacimiento del Nazareno.

La Iglesia armenia fijó el nacimiento de Cristo el 6 de enero, mientras que otras Iglesias orientales, egipcias, griegas y etíopes propusieron fijar el natalicio el día 8 de enero. La celebración de la Navidad el 25 de diciembre se debe al papa Liberio (siglo IV d.C.), quien estableció como fecha inmutable la noche del 24 al 25 de diciembre, día en que los romanos celebraban el *Natalis Solis Invicti*, el nacimiento del Sol Invicto (un culto muy popular y extendido que los cristianos no habían podido vencer ni proscribir hasta entonces).

NOCHE DE paz

Noche de paz, noche de amor,
todo duerme en derredor.
Entre los astros que esparcen
su luz,
bella, anunciando al Niñito
Jesús,
brilla la estrella de paz,
brilla la estrella de paz.

Noche de paz, noche de amor,
todo duerme en derredor.
Sólo velan en la oscuridad
los pastores que en el campo
están;
y la estrella de Belén,
y la estrella de Belén.

Noche de paz, noche de amor,
todo duerme en derredor.
Sobre el santo Niño Jesús
una estrella esparce su luz.
Brilla sobre el Rey,
brilla sobre el Rey.

Noche de paz, noche de amor,
todo duerme en derredor.
Fieles, velando allí en Belén,
los pastores, la madre también.
Y la estrella de paz,
y la estrella de paz.

Traducción al español de la canción *Stille Nacht*

✤ ¿Quién fue Bonifacio y cuál fue su aportación a la Navidad?

Bonifacio, también conocido como el "Apóstol de Alemania", fue arzobispo de Maguncia y más tarde fue proclamado santo. Uno de sus propósitos fue arrancar de raíz las supersticiones paganas que eran el principal obstáculo para la evangelización en Alemania. Los antiguos germanos consideraban que el mundo, al igual que todos los astros, pendían sostenidos de las ramas de un árbol gigantesco llamado el "divino Idrasil" o el "dios Odín", al que le rendían culto cada año durante el solsticio de invierno, temporada en que ellos suponían que la vida se renovaba. La celebración de ese día consistía en adornar un árbol de encino con antorchas que representaban las estrellas, la luna y el sol. En torno a este árbol bailaban y cantaban con el propósito de adorar a su dios.

Cuentan que Bonifacio derribó el árbol que representaba al dios Odín y que en el mismo lugar plantó un pino, símbolo del amor perenne del dios cristiano, y lo adornó con manzanas y velas, dándole un simbolismo cristiano. Esta costumbre se difundió por toda Europa en la Edad Media y con las conquistas y migraciones llegó a América. Así pues, Bonifacio fue quien inició la costumbre de colocar un árbol adornado en las casas durante la Navidad *(ver pág. 25)*.

✤ ¿Cuál es la relación entre la festividad de Santa Lucía y la Navidad?

La festividad de Santa Lucía marca el inicio de la Navidad en Suecia. En este país, la época navideña comienza el 13 de diciembre, el día de la celebración de Santa Lucía, portadora de luz. Lucía nació en 238 en Siracusa, Sicilia, y solía ayudar a los cristianos perseguidos que se escondían en túneles subterráneos, llevándoles comida y bebida al tiempo que iluminaba su camino con una corona de velas que se ponía en la cabeza. Antes de la reforma al calendario gregoriano, la festividad de Santa Lucía tenía lugar el día del solsticio de invierno.

Hoy en día, en Suecia se le sigue honrando y se la ve como una buena mujer que lleva luz gozosa a sus oscuros días invernales. En la mañana de su celebración, una niña de cada familia se viste de blanco y lleva rollos dulces (llamados *lussekatt*) y café a sus padres alumbrándose con una vela.

✤ ¿Quiénes fueron Joseph Mohr y Franz Xaver Gruber?

El padre Joseph Mohr y el profesor Franz Xaver Gruber son los autores de la letra y la música, respectivamente, de la canción navideña más popular en todo el mundo: *Noche de paz (Stille Nacht)*. Esta canción fue entonada por primera vez en la misa de Nochebuena del año 1818 en la iglesia de San Nicolás de Oberndorf, una pequeña aldea a 10 kilómetros al norte de Salzburgo (Austria). La creación surgió a partir de la idea de componer una canción para la Navidad para ser ejecutada en la iglesia del pueblo el día de la fiesta. Mohr, coadjutor de la iglesia de San Nicolás entre los años 1817 y 1819, escribió la letra, y Gruber, maestro de escuela en el pueblo de Armsdorf y organista de la iglesia de San Nicolás, la música. El padre Mohr cantó como tenor y Gruber como bajo, mientras que el coro hacia el *ritornello* de los dos últimos versos.

La partitura definitiva de Gruber data del año 1855 y fue compuesta para soprano y contralto con un "silencioso acompañamiento de órgano". El texto autógrafo se encuentra en el Museo Carolino Augusteum de Salzburgo *(ver pág. 29).*

✚ **¿Cuál fue la aportación de Georg Friedrich Händel a la Navidad?**

Si bien Händel es reconocido en todo el mundo por su notable talento musical y por la belleza de su extensa obra, una de sus composiciones ha alcanzado un sitio muy particular en el corazón de la gente durante la Navidad. Esta obra es *El Mesías.* De todas las piezas musicales relacionadas con la Navidad, posiblemente de ninguna se habla con tanta reverencia como de ésta. Hasta la fecha, al oír el afamado coro del *Aleluya,* todas las personas que lo escuchan no pueden evitar ponerse de pie. De acuerdo con el propio Händel, esta composición fue fruto de una poderosa inspiración: "Me parece haber visto todo el cielo frente a mí y al propio Señor Dios." La fuerza de esta obra refleja, para muchos, la alegría que representa para el mundo la venida de Jesús.

✚ **¿Quiénes fueron Irving Berlin y Bing Crosby y cuál es su relación con la Navidad?**

Irving Berlin fue un compositor estadounidense de origen judío que recibió el encargo de escribir las canciones para la película *Holiday Inn* estelarizada por los actores Fred Astaire y Bing Crosby. Esto representaba un verdadero reto para él, pues la Navidad siempre había sido una época difícil. Sin embargo, Berlin tenía un verdadero don para la música, y su talento no sólo le permitió crear una melodía que todos terminaron silbando o tarareando, sino también escribir letras que llegaban al corazón de quienes las escuchaban.

El año era 1941 y Berlin escribió *Blanca Navidad (White Christmas)* en una época en que todos estaban preocupados por la guerra y la inminente separación de sus seres queridos. Cuando la gente escuchó esta canción por la radio, en la voz de Bing Crosby,

BLANCA Navidad

*Oh, blanca Navidad, sueño,
y con la nieve alrededor,
blanca es mi quimera,
y es mensajera de paz
y de puro amor.*

*Oh, blanca Navidad, nieve,
un blanco sueño y un cantar.
Recordar tu infancia podrás,
al llegar la blanca Navidad.*

*Oh, blanca Navidad, sueño,
y con la nieve alrededor,
blanca es mi quimera,
y es mensajera de paz
y de puro amor.*

*Oh, blanca Navidad, nieve,
un blanco sueño y un cantar.
Recordar tu infancia podrás
al llegar la blanca Navidad.*

Traducción al español de la legendario canción compuesta por Irving Berlin

EL NIÑO del tambor

El camino que lleva a Belén
baja hasta el valle que la nieve
cubrió.
Los pastorcitos quieren ver a su
Rey,
le traen regalos en su humilde
zurrón,
ro-po-pom-pom, ro-po-pom-pom.

Ha nacido en el portal de Belén
el niño Dios.

Yo quisiera poner a tus pies
algún presente que te agrade,
Señor.
Mas Tú ya sabes que soy pobre
también
y no poseo más que un viejo
tambor,
ro-po-pom-pom, ro-po-pom-pom.

En tu honor frente al portal
tocaré con mi tambor.

El camino que lleva a Belén
yo voy marcando con mi viejo
tambor,
nada mejor hay que te pueda
ofrecer,
su ronco acento es un canto de
amor,
ro-po-pom-pom, ro-po-pom-pom.

Cuando Dios me vio
tocando ante Él me
sonrió.

Traducción al
español de la
canción esta-
dounidense
The Little
Drummer Boy

sus pensamientos estaban sumidos en el incierto resultado de la guerra y en la realidad de tener que enfrentar la Navidad en un mundo cada vez más caótico. Así, escuchar *Blanca Navidad,* fue para muchos una oportunidad de reverencia y reflexión. Durante la guerra, Crosby viajó por diversos lugares para cantar frente a las tropas estadounidenses, y siempre le solicitaban que cantara *Blanca Navidad,* aun estando a la mitad del verano.

Según cuenta Crosby, al cantarla causaba tal nostalgia entre los hombres, que los entristecía; por eso decidió dejar de entonarla. Sin embargo, las tropas le exigían la canción a gritos. Al final de la guerra, *Blanca Navidad* se había convertido en el disco sencillo más vendido de la historia. Tan popular era la pieza que Crosby tuvo que grabarla de nuevo en el año de 1947, pues el máster de su sesión de grabación de 1942 estaba tan gastado que era imposible volver a usarlo. Esta canción definió la carrera de Bing Crosby y durante más de 50 años permaneció como el sencillo más vendido de la historia en todas las categorías musicales, sólo superado en 1998 por *Candle in the Wind* de Elton John, grabada en honor de la princesa Diana.

✛ ¿Quién fue James Pierpoint y cuál fue su contribución a la Navidad?

James Pierpoint fue el compositor de la popular canción *Jingle Bells,* un clásico navideño que se remonta a la década de 1850. La vida de Pierpoint fue bastante agitada, pues a los 14 años ya había huido de su casa; más tarde llegó a California, durante la época de la "fiebre del oro" y a la larga regresó a su hogar, en Medford, Massachusetts, donde se casó y tuvo muchos hijos. Años después enviudó y se mudó a Georgia, donde se casó por segunda ocasión y tuvo todavía más hijos. La canción se hizo popular luego de que fuera interpretada, en 1857, en la Iglesia Unitaria de Savannah, Georgia, donde Pierpoint era el organista. Hasta la fecha, tanto Medford como Savannah se disputan el honor de haber sido el lugar donde Pierpoint compuso *Jingle Bells,* que si bien no es propiamente un villancico, se ha conservado de una generación a otra gracias a que su alegre tonada se aprende con facilidad y difícilmente se olvida.

✢ ¿Quién es el niño del tambor?

El niño del tambor es el protagonista de un villancico navideño, *The Little Drummer Boy,* obra de Katherine K. Davis, Henry Onorati y Harry Simeone.

Esta canción de 1958 narra la historia apócrifa de un niño pobre que quiere unirse a los pastores en la adoración del Niño Jesús, pero que no tiene nada que regalarle, por lo que se presenta ante el Niño con su tambor. Estando ahí le regala su melodía, y con ella le arranca una sonrisa al bebé. Esta canción se ha convertido en un clásico navideño y ha sido traducida a varios idiomas.

✢ ¿Quién fue el rey Wenceslao?

El rey Wenceslao fue duque de Bohemia, en la actual República Checa, y pasó a la historia por ser un hombre bueno, honesto y de principios firmes. Se le celebra en un popular villancico navideño, en el cual se narra cómo salió el día después de la Navidad, en medio de una fuerte tormenta para llevarle comida a un vecino pobre. Este villancico es obra de John Mason Neale, quien lo compuso en 1853, con el propósito de dar un ejemplo de la generosidad que debemos practicar no sólo en la Navidad, sino todo el año. Wenceslao afirma que no estamos solos y apunta así al mensaje básico de la Navidad: que Dios nunca nos abandonará en la adversidad.

✢ ¿Quién es Santa Claus?

El viejito gordo y barbón vestido de rojo es una de las figuras centrales de la Navidad, que incluso en algunas partes del mundo ha logrado desplazar a los Reyes Magos y al Niño Jesús como el ser generoso que lleva regalos a los niños que se portan bien. Se puede considerar que es el representante de la Navidad secular. Se le conoce por varios nombres, dependiendo de la región del mundo en cuestión, y si bien se asocia con distintas leyendas, su presencia se siente prácticamente en toda la Tierra durante la época navideña.

✢ ¿Cómo sabe Santa Claus a quién debe llevarle regalos?

Se dice que Santa Claus tiene una lista con los nombres de los niños que se han portado bien durante todo el año, al igual que otra donde anota los nombres de los que se han portado mal; así, cuando recibe las cartas que le envían los niños, ya sabe a quién debe llevarle regalos y a quién no.

72

LA LEYENDA DE San Nicolás

Se sabe que San Nicolás de Bari nació en Patara, provincia de Licia (Turquía). Desde muy niño ayudó a los pobres. Era una persona muy religiosa y dedicó su vida a Dios. Fue consagrado sacerdote y profesó en un monasterio. Luego fue obispo en Mira (Turquía). Falleció el 6 de diciembre de 345, y cada año se celebra su fiesta en esa fecha. En Oriente se le llama San Nicolás de Mira, aunque cuando Turquía fue invadida por los mahometanos, en 1807, algunos católicos llevaron el santo a Bari (Italia), donde se construyó una basílica. Fue llamado también el Magno. Se dice que es un santo muy milagroso. Desde el siglo VI se le han construido muchísimos templos, y es patrono de Rusia, de Grecia y de Turquía.

En la Edad Media, la leyenda de San Nicolás se extendió por Europa, sobre todo en Italia y en los estados alemanes y holandeses. En Holanda, es el patrono de la ciudad de Amsterdam y de los marineros holandeses, pues se le atribuye la facultad de aquietar las aguas en las tormentas. Cuando los holandeses colonizaron Nueva Amsterdam (la actual isla de Manhattan, en Estados Unidos), hicieron todo lo posible por mantener su culto y tradiciones en el Nuevo Mundo.

Las principales recomendaciones para aparecer en la lista de los pequeños bien portados son: cantar villancicos; siempre decir "por favor" y "gracias"; desearle feliz Navidad a Santa Claus al escribirle la carta; hacer tarjetas o regalos especiales de Navidad para la familia y los amigos; leer o contarles historias a los hermanos o hermanas menores; desearles una feliz Navidad a todos durante las festividades; pedirle a Santa Claus que traiga a los hermanos menores lo que verdaderamente quieren; ayudar a los vecinos con las decoraciones navideñas; colaborar en las labores domésticas sin necesidad de que los padres lo pidan y, sobre todo, pedirles a los papás que ayuden dando comida, ropa o regalos a las familias menos afortunadas durante la temporada navideña.

✦ ¿Cuáles son los orígenes de Santa Claus?

El Santa Claus que todos conocemos hoy en día no tomó esa forma sino hasta bien entrado el siglo XIX. Esta figura fusiona las características de diversos personajes provenientes de todo el mundo, pero principalmente se trata de una mezcla de San Nicolás de Baro, el Padre Navidad *(Father Christmas)* proveniente de Inglaterra, y el Niño Jesús en la forma de *Christkind (ver pág. 19).*

✦ ¿Cuál es la principal característica de San Nicolás?

San Nicolás de Bari ha pasado a la historia como una persona extremadamente generosa. Los niños lo querían mucho desde que en vida ayudaba a los más necesitados, y obsequiaba regalos y dulces. Existe una historia en la que se destaca la generosidad de este personaje. Se cuenta que, en la diócesis de Mira,

Citas y refranes

La Navidad no es un día ni una temporada, es un estado del alma. Valorar la paz y la generosidad y tener merced es comprender el verdadero significado de la Navidad.

Calvin Coolidge (1872–1933), político
y presidente de Estados Unidos

un vecino del obispo se encontraba en tal pobreza que se decidió a vender a sus hijas para poder vivir, puesto que no podía casarlas por falta de dinero para la dote. A fin de evitarle este dolor a la familia, San Nicolás tomó una bolsa con monedas de oro y, al amparo de la oscuridad de la noche, la arrojó por la chimenea de la casa de aquel hombre. La bolsa fue a caer en un calcetín que habían puesto a secar junto a la chimenea. Con este dinero se casó la hija mayor. Cuando llegó el momento en que se pensó vender a la segunda, San Nicolás volvió a hacer lo mismo. El padre de las muchachas, muy agradecido, quiso conocer la identidad de quien en forma tan generosa los había ayudado, así que se escondió cerca de la ventana y esperó a la llegada de su anónimo bienhechor. Al verlo, se emocionó mucho y, aunque Nicolás le hizo prometer que guardaría muy bien su secreto, el hombre no pudo evitar difundir la historia por toda la ciudad. Muchas leyendas hicieron que la fama del santo se extendiera por todo el continente. Cada vez que alguien recibía un regalo inesperado, se decía que era obra del obispo bondadoso *(ver pág. 199)*.

✛ ¿Quién es el *Father Christmas*?

En Inglaterra, a Santa Claus se le conoce como *Father Christmas,* el Padre Navidad. Los orígenes de este personaje pueden seguirse hasta el siglo XVII en la Gran Bretaña, ya que se conservan representaciones de él que lo muestran como un hombre barbado, muy bien alimentado, vestido con una túnica larga y verde bordeada con piel. Se le caracterizaba como el epítome de la buena voluntad durante la Navidad. Charles Dickens, en su *Cuento de Navidad,* lo representa como el espíritu de la Navidad presente.

Algunos de los elementos de la tradición del *Father Christmas* se derivan del dios germánico Wotan (Odín). Su apariencia es similar a la de algunas representaciones de este dios, que en la fiesta del *Yule* (solsticio de invierno) presidía la celebración para dar los premios o castigos a quienes se lo merecían. Se presentaba en la fiesta luciendo su hermosa barba blanca, montado en su brioso caballo volador, llamado *Sleipnir,* el cual tenía ocho patas, lo que corresponde a los ocho renos de Santa Claus *(ver pág. 192)*.

✛ ¿Cómo influyó el Niño Jesús en la figura de Santa Claus?

En algunas partes de Europa, como en Alemania, la figura de San Nicolás como el ser que llevaba regalos había sido reemplazada por el Niño Jesús (a través del *Christkind*). El Niño Jesús se hacía acompañar por seres similares a San Nicolás, pero con otros nombres, o bien viajaba con un ayudante parecido a un duende, denominado *Pelznickel* (o Nicolás con pieles). *Pelznickel* era representado por adultos que se vestían con disfraces de piel (lo que incluía una barba falsa), visitaban a los niños la víspera de Navidad, mientras estaban despiertos, y los regañaban si se habían portado mal. Los regalos que encontraban los niños la mañana siguiente eran atribuidos al *Christkind,* que había llegado mientras todos dormían. Con el tiempo, el invisible *Christkind* (cuyo nombre evolucionó a *Kris Kringle*) se vio superado por el visible *Pelznickel*, y ambos se amalgamaron con San Nicolás y la figura recién surgida de Santa Claus.

✛ ¿De dónde salió el Santa Claus que todos conocemos en la actualidad?

La combinación de San Nicolás, el espíritu de la Navidad y *Kris Kringle* (a su vez la mezcla del *Christkind* con la figura de *Pelznickel)* tomó ímpetu en Estados Unidos gracias a los inmigrantes holandeses de la región de Nueva Amsterdam. En 1804 se fundó la Sociedad Histórica de Nueva York, con Nicolás de Bari como su Santo Patrono, y sus miembros revivieron la tradición holandesa de San Nicolás como portador de regalos.

En 1809, Washington Irving publicó una sátira sobre la historia de Nueva York (la *Historia de Nueva York según Knickerbocker),* en la que se burlaba del pasado holandés de la ciudad, abarcaba también lo referente a San Nicolás. Cuando Irving se convirtió en miembro de la Sociedad Histórica al año siguiente, tuvo la oportunidad de presenciar las festividades de la cena anual de San Nicolás, que incluían una figura labrada del San Nicolás tradicional (alto y con una larga túnica) y un poema sobre

Santa Claus (en holandés *Sinterklaas*). Irving editó su sátira acerca de la historia de Nueva York en 1812 y añadió detalles sobre Nicolás volando sobre las copas de los árboles, en una carreta en la que llevaba sus regalos anuales para los niños. El hecho de que Washington Irving denominase a este personaje "guardián de Nueva York" hizo que su popularidad se desbordara y contagiara a los estadounidenses de origen inglés, que también comenzaron a celebrar su fiesta cada 6 de diciembre y que convirtieran al *Sinterklaas* holandés en el Santa Claus estadounidense

En 1812, un impresor de Nueva York, de nombre William Gilley, publicó un poema sobre *Sancte Claus,* quien se vestía con pieles y conducía un trineo tirado por un reno. Sin embargo, el *Sante* de Gilley era muy pequeño, como un duende. La versión humana de Santa se convirtió en la imagen dominante alrededor de 1841, cuando un comerciante de Filadelfia, llamado J.W. Parkinson, contrató a un hombre para que se vistiera de *Kris Kringle* y se subiera al techo de su tienda (ver pág. 129).

✦ ¿Cómo cambió la figura de Santa Claus hasta llegar a la que conocemos en la actualidad?

La imagen de Santa Claus que llegó de Europa fue despojada de sus atributos obispales y convertida en la de un hombre mayor, grueso, generoso y sonriente, vestido con sombrero de alas, calzón y pipa holandesa, gracias al libro de Washington Irving.

Tras llegar a Nueva York a bordo de un barco holandés, se dedicaba a arrojar regalos por las chimeneas, que sobrevolaba gracias a un caballo volador que arrastraba un trineo prodigioso.

En 1863, un caricaturista de la revista *Harper's Weekly,* llamado Thomas Nast, comenzó a desarrollar su propia imagen de Santa Claus; se cree, sin embargo, que se inspiró en la imagen del mítico personaje alemán *Pelznickel.* Le dio barbas y lo presentó todo vestido de pieles, de los pies a la cabeza. En un dibujo de Nast, titulado *Santa Claus y sus obras,* apareció como un fabricante de juguetes. En 1869, un libro con el mismo título hizo una antología de los nuevos dibujos de Nast acompañados de un poema de George P. Webster que identificaba el Polo Norte como la residencia de Santa. Aunque Nast nunca se decidió a presentar a Santa Claus de un solo tamaño (en sus dibujos aparecía con dimensiones que oscilaban entre las de un gnomo y las de un hombre), su dibujo *El viejo y amable Santa Claus,* de 1881, es muy similar a la figura que se conoce en la actualidad.

Para finales del siglo XIX, la figura de Santa Claus ya aparecía en todas partes, pero no estaba estandarizada. Se le representaba tanto grande como pequeño, por lo general regordete, pero a veces normal o ligeramente robusto y vestido con pieles, como *Pelznickel* o con trajes de color rojo, azul, verde o morado. Poco a poco

LA LEYENDA DE LA señora Claus

La señora Claus es la esposa de Santa. Suele representársele como una mujer muy cariñosa que siempre está al lado de su esposo, apoyándolo y ayudándolo. Por lo general usa anteojos y lleva el pelo blanco peinado hacia arriba, en un moño o chongo. Es tan regordeta como su marido y suele vestirse de color rojo. Las representaciones de la señora Claus son bastante similares: todas la muestran como una mujer mayor que adora cocinar y que está muy preocupada por mantener las cosas en orden en el Polo Norte para que todo resulte perfecto en la Navidad. Así, sus actividades abarcan desde planchar el traje rojo de Santa hasta supervisar la forma en que los juguetes se elaboran.

el color rojo se volvió el favorito; su caballo fue reemplazado por un reno que tiraba de un trineo y los ayudantes que lo acompañaban *(Zwarte Piets*, según la tradición holandesa) se convirtieron en duendes *(ver pág. 20).*

✛ ¿De dónde surgió la figura de la señora Claus?

La autora estadounidense Katherine Lee Bates fue la primera escritora en introducir a la señora Claus en la escena navideña en el poema "La esposa de Santa Claus en un paseo en trineo", publicado en 1889. En el poema, la señora Claus le pedía a su esposo que la dejara acompañarlo en su viaje por el mundo para repartir juguetes. Se queja de que ella hace todo el trabajo y él se lleva toda la gloria, por lo que es justo que le permita ir. Como todas las esposas, no sólo termina convenciéndolo de que la deje detenerle los renos, sino de que ella misma entregue algunos regalos. Así, acompaña a Santa Claus durante todo el trayecto y disfruta con la alegría que dará a todos los niños.

✛ ¿Cuál fue el papel de Thomas Nast en la popularización de Santa Claus?

Thomas Nast fue un inmigrante alemán que se estableció con su familia en Nueva York desde que era niño y alcanzó gran prestigio como dibujante y periodista. La publicación de su primer dibujo de Santa Claus en 1863 acercó a Santa a la gente. Si bien se le representó varias veces como un viajero del Polo Norte, también apareció con una voluntariosa aceptación de las tareas del hogar, y sus simpáticos diálogos con padres y niños le convirtieron en una figura todavía más próxima y entrañable. Cuando las técnicas de reproducción industrial hicieron posible la incorporación de colores en los dibujos publicados en la prensa, Nast pintó su abrigo de color rojo muy intenso. La inclusión de estos dibujos en las tarjetas navideñas y la posibilidad de hacer grandes tiradas de tarjetas de felicitación popularizó aún más la figura de este personaje, a tal grado que numerosas tiendas y negocios comenzaron a utilizarla para fines publicitarios.

✛ ¿Qué otros factores ayudaron a convertir a Santa Claus en uno de los personajes más populares de la Navidad?

A finales del siglo XIX, se volvió común que, durante las celebraciones navideñas, los adultos se vistieran como Santa Claus y salieran a las calles y tiendas a regalar dulces y juguetes a los niños, así como a hacer propaganda de todo tipo de productos. Entre 1873 y 1940 se publicó la revista infantil *St. Nicholas,* que alcanzó una enorme difusión. El siglo XIX fue fundamental para la difusión y consolidación de la figura de Santa Claus. Por un lado se definieron muchos de sus rasgos y atributos más típicos y, por el otro, continuó el proceso que paulatinamente lo convertiría en un personaje laico.

Santa Claus dejó de ser una figura típicamente religiosa, asociada con creencias específicas de determinados grupos de personas, y se convirtió, más bien, en un emblema cultural, celebrado por personas de credos y costumbres diferentes, que aceptaban como suyos sus mensajes abiertos y generales de paz, amor y prosperi-

CITAS Y
refranes

Navidad es la temporada para encender el fuego de la hospitalidad en el cuarto de estar y la hoguera de la caridad en el corazón.
Washington Irving (1783–1859), escritor estadounidense

dad. Además, dejó de ser un personaje asociado particularmente a la sociedad estadounidense de origen holandés y se convirtió en un ícono para todos los niños, sin distinción de orígenes geográficos o culturales. Esto se demuestra en el hecho de que la figura de Santa Claus, que adquirió sus características definitorias en Estados Unidos, volvió a Europa para influir de forma extraordinaria en la revitalización de las figuras del *Father Christmas* en Inglaterra y del *Père Noël* francés, que adoptaron muchos de sus rasgos y atributos físicos.

✢ **¿Qué papel ha tenido la publicidad en la popularidad de Santa Claus?**
La campaña publicitaria de la empresa de bebidas Coca-Cola en la Navidad de 1930, que presentaba a Santa Claus escuchando las peticiones de los niños en un centro comercial, tuvo un gran éxito. Debido a ello, la firma contrató a un artista para que remodelara la imagen tradicional de Santa Claus creada por Nast, y el personaje estrenó su nueva imagen con estupendos resultados en la campaña de Coca-Cola de 1931. Estos dibujos, y otros creados más adelante, fueron reproducidos en las campañas navideñas que la marca realizó en todo el mundo. En realidad, la empresa refresquera contribuyó en buena medida a establecer la figura de Santa Claus como un personaje siempre presente durante la Navidad en Estados Unidos en una época en que esta festividad estaba en la transición de dejar de ser un festejo religioso para convertirse en una celebración básicamente secular y muy comercial. En una era anterior a la televisión de color (o de la televisión comercial de cualquier tipo), las películas de color y el uso extendido del color en los periódicos, los anuncios de Coca-Cola en las revistas, en los espectaculares y en las tiendas pusieron la imagen de Santa Claus al alcance de todos *(ver pág. 21)*.

✢ **¿Por qué Coca-Cola ha recurrido durante tanto tiempo a la figura de Santa Claus para sus campañas navideñas?**
A principios de la década de 1930, esta empresa aún estaba buscando una manera de incrementar las ventas de su producto durante el invierno, que era una época de escaso movimiento para las ventas en el mercado de los refrescos. La creación de la memorable serie de dibujos que asociaba la figura de Santa Claus, vestido exactamente con los mismos colores de la empresa, con sus refrescos (Santa sosteniendo botellas

CITAS Y refranes

Arbolito, arbolito, campanitas te pondré. Quiero que seas bonito
y al recién nacido te voy a ofrecer. Iremos por el camino, caminito de Belén.
Iremos porque esta noche ha nacido el Niño Rey.

José Antonio Salamán (1929), compositor puertorriqueño

de Coca-Cola recibiéndolas como regalo y, sobre todo, disfrutando de la bebida) se convirtió en un emblema navideño que ayudó a promover la venta del producto durante la temporada. Además, tenía el beneficio adicional de resultar muy atractivo para los niños, un segmento importante del mercado de las bebidas gaseosas.

El éxito de esta campaña incluso dio pie al surgimiento de la leyenda que dice que Coca-Cola en realidad *inventó* la imagen del moderno Santa Claus y lo hizo vestir con los colores de la empresa. La realidad es que la figura del Santa Claus bonachón que llevaba un saco cargado de regalos y vestía un traje rojo con piel blanca ya era la establecida para la década de 1920, varios años antes de que Coca-Cola usara los dibujos para su campaña.

✛ ¿Quién fue Haddon Sundblom?

Haddon Sundblom nació en 1899 y fue quien dibujó la figura de Santa Claus para la famosa campaña publicitaria de Coca-Cola. Antes de los dibujos de Sundblom, la figura de Santa Claus era la mezcla de un duende con un obispo, por lo que no era muy atractiva. Ya que Coca-Cola deseaba que un personaje amistoso bebiera su producto, comisionaron a Sundblom para el trabajo. Él se dedicó a remodelar la figura creada por Thomas Nast, basándose en un modelo de la vida real. El artista pidió a su amigo Lou Prentice, un vendedor retirado, que posara para sus dibujos. De este modo, Santa Claus estrenó su nueva imagen en 1931. Sundblum siguió retocando su personaje y cuando Prentice murió, se incorporó él mismo como modelo del personaje; también ocupó a sus hijos y nietos pra que sirvieran de muestra a los niños que aparecían en los cuadros y las postales. Durante 35 años, Haddon Sundblom pintó a Santa y estas imágenes aparecieron en revistas y pósters. Sundblom hizo su último dibujo en 1976, año en que murió.

✛ ¿Qué efecto han tenido los avances tecnológicos en las representaciones de Santa Claus?

La representación de Santa Claus en el Polo Norte ha reflejado en gran medida la opinión popular sobre la industrialización. En algunas imágenes de principios del siglo XX, Santa aparecía elaborando sus juguetes personalmente, a mano, en un pequeño taller, como un artesano. Con el tiempo surgió la idea de que contaba con numerosos ayudantes encargados de fabricar los juguetes, aunque los duendes seguían haciéndolos a mano de la manera tradicional. Para finales del siglo, la realidad de la producción mecanizada en masa fue ampliamente aceptada por el público occidental.

Este cambio se vio reflejado en la representación moderna de la residencia de Santa, con instalaciones completamente automatizadas y dotadas de la más avanzada tecnología para fabricar juguetes, supervisada por los duendes, y con Santa Claus y su esposa como gerentes. Muchos comerciales de televisión representan el Polo Norte como una empresa con problemas, en la que Santa enfrenta quejas laborales por parte de los duendes, los cuales se burlan de él y en ocasiones le juegan bromas.

Por otro lado, Santa Claus ahora aparece en muchas partes sentado frente a una computadora, que de tanto ordenar las listas de los niños que se portan bien y de los que se portan mal, organizar los millones de pedidos, e incluso leer las cartas que le envían, gracias a la invención del correo electrónico y a la aparición de muchos sitios web en donde los niños pueden ponerse en contacto con Santa Claus y pedirle regalos o contarle lo bien que se han portado.

✦ ¿Qué diferencias hay entre las figuras de Santa Claus en las diversas partes del mundo?

Además de las variaciones en su nombre (San Nicolás, Santa Claus, *Père Noël, Father Christmas* o Viejito Pascuero), las principales diferencias radican en la forma en que entrega los regalos o en las golosinas que recibe. Por ejemplo, en Estados Unidos es tradición dejarle un vaso de leche y galletas, mientras que en Inglaterra le suelen dejar un jerez y un pedazo de pastel de frutas. A los renos se les suele ofrecer una cubeta con agua o una zanahoria. En algunas partes del mundo, los niños encuentran sus regalos bajo el árbol; pero también hay quienes buscan en las calcetas o botas navideñas que cuelgan junto a la chimenea. Los niños que siguen la tradición holandesa dejan heno y una zanahoria en su zapato, para que se la coma el caballo de Santa Claus. A la mañana siguiente encuentran que en lugar de la zanahoria hay un regalo, a menudo una figurilla de mazapán.

> Querido Santa:
> Me he portado muy bien y quiero que me traigas una muñeca, muchas pulseras y lápices de colores
> tu amiga
> Sofía

En algunos sitios, todavía se les dice a los niños que si se portan mal sólo recibirán un pedazo de carbón o una pila de trozos de madera; sin embargo, esta costumbre está desapareciendo. Otra diferencia, sobre todo entre el Santa Claus y su versión francesa, *Père Noël,* radica en la forma en que se viste. *Père Noël* no ha adoptado el atuendo moderno de pantalón y saco, sino que sigue usando la vestimenta anterior de una gran túnica roja con gorro, con piel en los bordes. Tampoco lleva sus regalos en un saco, sino en una canasta sobre la espalda, muy parecida a la que cargan los recolectores de uvas. Otra diferencia es que los niños franceses no cuelgan calcetines, sino que dejan su zapato para que ahí les dejen sus regalos (ver pág. 157).

✣ **¿Cómo se celebra la fiesta de *Sinterklaas* en Holanda?**

Para los holandeses, la festividad de San Nicolás del 6 de diciembre es más importante que la Navidad, aunque en años recientes algunos han empezado a celebrar también la Navidad con Santa Claus. La noche del 5 de diciembre, *Sinterklaas* lleva regalos a los niños, vestido con su atuendo de obispo, montando un caballo y rodeado por sus *Zwarte Piets*. Cada año, *Sinterklaas* visita muchos lugares durante su estancia, como hospitales, escuelas, centros comerciales y programas de televisión. Incluso, el 5 de diciembre, *Sinterklaas* visita a los habitantes de Plaza Sésamo (en su versión holandesa). Algunos de los regalos típicos incluyen la primera letra del nombre de los niños hecha con chocolate, una figura de *Sinterklaas* también de chocolate envuelta en papel aluminio y frutas de mazapán. Estos regalos a menudo se acompañan de un poema. Las monedas y los cigarros de chocolate también son populares; sin embargo, el parlamento europeo recomendó a *Sinterklaas* que ya no regale cigarros porque pueden promover el tabaquismo cuando los niños sean grandes.

✣ **¿Quién es *Joulupukki*?**

Joulupukki es el nombre en finlandés de Santa Claus; sin embargo, las diferencias entre el primero y el Santa Claus que todos conocemos son más notorias que las que suelen verse entre un país y otro. Para empezar, el nombre *Joulupukki* significa literalmente "cabra de Navidad". Es posible que este nombre provenga de una antigua tradición finlandesa, de la época en que la gente se vestía con pieles de cabra. La aparición que se conocía como *nuuttupukki* acostumbraba ir de casa en casa después de la Navidad para comerse las sobras de la comida. Por otra parte, *Joulupukki* nunca ha pisado el Polo Norte, pues tiene su taller en Korvatunturi, Finlandia, donde se dice que Santa Claus tiene su casa de verano. Otra diferencia entre ambos personajes radica en que, en vez de entrar por la chimenea sin sser visto, *Joulupukki* toca a la puerta durante la celebración en la víspera de Navidad. Una vez que le abren, lo primero que pregunta es: "¿Hay algún niño bueno aquí?" Además del atuendo tradicional de Santa Claus, *Joulupukki* usa un bastón. En cuanto a los renos, éstos tiran del trineo, pero en ninguna circunstancia vuelan.

✣ **¿Quiénes ayudan a Santa Claus a repartir los juguetes que lleva a los niños?**

Son los renos, quienes tiran del trineo cargado de juguetes. Ellos acompañan a Santa Claus a dar la vuelta al mundo y vuelan por los aires llevando tras de sí todos los regalos que se entregarán a los niños.

✣ **¿Cuántos renos acompañan a Santa Claus?**

En total son ocho los renos que lo acompañan, aunque se añadió un noveno a partir de 1939.

✣ **¿Cómo se llaman los renos y cuál es el origen de sus nombres?**

Los nombres de los primeros ocho renos son *Dasher, Dancer, Prancer, Vixen, Donner, Blitzen, Comet* y *Cupid* (Brioso, Bailarín, Acróbata, Juguetón, Trueno, Relámpago,

CITAS Y
refranes

Primer descubrimiento en la mañana de Navidad: las pilas no estaban incluidas con el juguete.

Anónimo

Cometa y Cupido). El noveno reno, y quizás el más famoso, es *Rodolfo*. Los nombres de los primeros ocho renos aparecieron publicados por primera vez en el poema *Una visita de Santa Claus (ver pág. 98).*

+ ¿Por qué son renos los que tiran del trineo y no otros animales?

Aun cuando en un principio se ilustraba a San Nicolás montado sobre un caballo blanco, a partir de la publicación del célebre poema *Una visita de Santa Claus (ver pág. 98)* en 1823 se hizo del conocimiento popular que eran renos los que acompañaban a Santa Claus. Esto suena natural al tomar en consideración que Santa Claus tiene su cuartel general en el Polo Norte y que los renos son animales que viven en los territorios helados del norte de Europa, Siberia y Laponia. A los renos les gusta el frío y nadar en ríos casi congelados y se alimentan de pasto que escarban con sus cuernos entre la nieve. Son muy fuertes y resistentes.

+ ¿Los renos de Santa Claus son machos o hembras?

En todas las ilustraciones y representaciones existentes de los nueve renos de Santa Claus podemos ver que tienen cuernos. Teniendo en cuenta lo anterior, la conclusión es que los renos de Santa Claus son hembras. De acuerdo con el Departamento de Caza y Pesca de Alaska, tanto a los machos como a las hembras de la especie les crecen los cuernos durante el verano de cada año (son los únicos miembros de la familia de los cérvidos cuyas hembras tienen cuernos). No obstante, los cuernos de los machos se caen al inicio del invierno, por lo general entre finales de noviembre y mediados de diciembre. Los cuernos de las hembras se caen después de que éstas han dado a luz durante la primavera. De esto se desprende que los únicos renos que pueden tener cuernos para el 24 de diciembre son las hembras, así que debemos de inferir que a Santa Claus lo acompañan en su viaje nueve chicas muy orientadas.

+ ¿Por qué vuelan los renos de Santa Claus?

El secreto del vuelo de los renos radica en una combinación de comida especial y la selección de los renos indicados. En cuanto a la primera parte, los duendes de Santa

CITAS Y refranes

La Nochebuena se viene, la Nochebuena se va, y nosotros nos iremos y no volveremos más.

Canto popular

Claus preparan una receta que ayuda a los renos a elevarse a grandes alturas por el aire. Algunos dicen que los alimentan con maíz mágico; otros, que se trata de una combinación de ingredientes, pero se desconoce la receta exacta.

La segunda parte se refiere al tipo específico de reno que transporta a Santa Claus. Los científicos que han dado su opinión al respecto coinciden en que el reno más adecuado para volar es el reno Peary, el cual pertenece a una subespecie única que se encuentra en las regiones más septentrionales del continente americano. Su nombre científico es *Rangifer tarandus pearyi* y lo recibe en honor del almirante Robert Peary, el explorador estadounidense que fue el primero en llegar al Polo Norte. Los renos Peary son los más pequeños de la familia de los renos (de ahí la línea "ocho pequeños renos" del poema *Una visita de Santa Claus; ver pág. 98*), y pesan menos de 75 kilos. Estos animales viven en el archipiélago de Alaska y en el norte de Canadá y se les conoce como "saltadores de islas" debido a su notable habilidad para saltar. Biológicamente, existen varias teorías sobre cómo los renos Peary logran saltar grandes distancias. Una de ellas señala que la combinación de su poco peso con la elasticidad natural de sus tendones les permite elevarse hasta dos metros, planear y conservar energía mientras están suspendidos en el aire.

Otra teoría señala que la piel de los renos Peary es similar a la del oso polar, es decir, libre de pigmentos y transparente, con un núcleo hueco que permite una mayor capacidad para flotar. Así, los renos Peary cuentan con la capacidad física para elevarse cierta distancia por los aires, lo que, combinado con el alimento mágico que reciben, les da la posibilidad de ayudar a Santa Claus en su viaje por el mundo.

✛ ¿Viven los renos de Santa Claus en el Polo Norte?
Para responder esta pregunta debemos tener presente que, según la leyenda, Santa Claus sólo pasa parte del año en el Polo Norte. En 1925 se descubrió que no hay renos en el Polo Norte; aunque éstos abundan en Laponia, Finlandia. Así, en la actualidad sabemos que los renos (y los duendes) viven cerca de la llamada villa secreta de Santa Claus (es decir, su casa de verano), situada en alguna parte de la montaña Korvatunturi, en el condado Savukoski de Laponia, cerca la de frontera entre Finlandia y Rusia.

✛ ¿Quiénes ayudan a Santa Claus a hacer los juguetes que lleva a los niños?
El folclor moderno presenta a Santa Claus rodeado de pequeños asistentes que trabajan con él en el Polo Norte. Estos ayudantes son unos duendecillos vestidos de verde,

algunos con barba blanca, botas altas y gorro de armiño. Ellos envuelven los regalos de Navidad y fabrican juguetes en su taller.

✛ ¿De dónde vienen los duendes que ayudan a Santa Claus?

En los tiempos paganos, en Escandinavia, la gente creía que los duendes domésticos protegían sus casas contra el mal. Aunque estos seres por lo general eran benévolos, podían volverse desagradables de un momento a otro si no se les trataba bien. En la víspera de Navidad se acostumbraba darles un plato de pudín de arroz o avena cocida con leche para recompensarlos por su trabajo. Se contaban historias sobre cómo los duendes tomaban venganza matando una cabra si no recibían su pudín. A lo largo de la historia se les amó o se les odió. Algunas personas creían que eran trols y caníbales. La percepción de los duendes en realidad dependía de si la gente los trataba bien o mal.

Cuando la Navidad adquirió fuerza como festividad a mediados del siglo XIX, varios escritores escandinavos delinearon el papel de los duendes en la vida moderna, es decir, seres mágicos que son un poco traviesos pero que son los verdaderos amigos y ayudantes del *Father Christmas* (Santa Claus). Así, los duendes modernos se parecen un poco a los delicados y ágiles duendes de la mitología nórdica. Hay quienes dicen que los duendes de Santa Claus son la versión moderna y neutra de la figura de los *Zwartes Piets* que acompañan a *Sinterklaas*.

✛ ¿Qué actividades desempeñan los duendes de Santa Claus?

Además de las conocidas ocupaciones de envolver y fabricar los juguetes, se conocen los nombres y las actividades de algunos de los duendes navideños. *Bushy Evergreen* es el inventor de la máquina mágica que fabrica los juguetes. *Shiny Upatree* es el más viejo amigo de Santa Claus y cofundador de la villa secreta de verano ubicada en Laponia. *Wunorse Opensale* diseñó el trineo de Santa Claus y se encarga de mantenerlo funcionando a la perfección para que pueda resistir las velocidades tan elevadas que alcanza; también cuida de los renos. *Pepper Minstix* es el guardián de la ubicación secreta de la villa de Santa Claus. *Sugarplum Mary* es la Directora de los Dulces y la asistente personal de la señora Claus. Por último, *Alabaster Snowball* es el encargado de mantener al día la lista con los nombres de los niños que se portan bien o mal.

✛ ¿Quién es Knecht Ruprecht?

Knecht Ruprecht es un personaje ampliamente difundido en las culturas y sociedades germánicas. Acompaña a Santa Claus en sus visitas a las casas de los niños y castiga a los que se han portado mal.

✛ ¿Qué apariencia tiene Ruprecht?

De acuerdo con los diversos poemas y cuentos invernales, Ruprecht es un ser con cuernos que va vestido con harapos negros, la cara pintada de negro y una melena negra despeinada; en ocasiones también lleva campanas y arrastra cadenas. Viaja con Santa llevando un bastón o cualquier otro objeto

84

equivalente (como un palo o un látigo, y en tiempos modernos, una escoba) y un saco. Las raíces paganas de este personaje son innegables. Se le relaciona con la figura de Loki, de la mitología nórdica.

✤ ¿Cómo puede entenderse a Knecht Ruprecht dentro de la cultura alemana?

La víspera de Navidad se fue haciendo popular como la fecha en que los niños se portan mejor, y las historias sobre Ruprecht iban dando cierto equilibrio a los festivales de invierno. Si bien puede parecer una historia un tanto inquietante para algunos, no era precisamente oscura o atípica entre las costumbres del pasado. La historia de Knecht Ruprecht sigue siendo popular entre los alemanes.

✤ ¿Quiénes son los *Zwarte Piets*?

Los *Zwarte Piets* son personajes muy queridos en Holanda, ya que ayudan a *Sinterklaas* a repartir los regalos a los niños. En Holanda, la tradición dice que *Sinterklaas* viene de España en su barco de vapor sobre un caballo blanco, y siempre acompañado de uno o más *Zwarte Piets* —esclavos moros— que visten ropas de paje, y le ayudan a distribuir los regalos a los niños que se han portado bien.

✤ ¿Qué función desempeñan los *Zwarte Piets*?

Además de auxiliar a *Sinterklaas* con el reparto de los regalos, le ayudan a guardarlos antes de distribuirlos, y llevan un registro de cómo se ha portado cada niño y niña de Holanda a lo largo del año. En ocasiones, un *Zwarte Piet* entra por la chimenea y les deja a los niños un atado de palos o una pequeña bolsa de sal dentro del zapato, en vez de dulces, si se han portado mal. En casos extremos, el *Zwarte Piet* regresa por los niños mal portados una vez que *Sinterklaas* y ellos han terminado su misión y, en la bolsa de regalos vacía, mete a los traviesos y se los lleva a Madrid, donde *Sinterklaas* pasa el resto del año. Sin embargo, ésta es una práctica que ha caído

LA FUNCIÓN DE Ruprecht

Cuentan las historias que Ruprecht es el sirviente de Santa Claus. Se dice que los padres llamaban a los niños a la puerta para que vieran a Santa Claus, quien les pedía que hicieran algún truco, como bailar o entonar una canción, para demostrarle a él y a Ruprecht que en realidad eran buenos niños. Aquellos que no lo hacían bien recibían un castigo por parte de Ruprecht, pero los que hacían un buen trabajo recibían un regalo o unos dulces. Aquellos que habían hecho un trabajo terrible o que habían cometido varias travesuras durante el año corrían el riesgo de que Ruprecht los metiera en su saco y se los llevara a su casa en la Selva Negra, o bien que los arrojara al río.

En otras versiones, los niños estaban dormidos y al despertar encontraban dulces, carbón o un palo. Si recibían un palo, los padres les decían que se trataba de una advertencia, por lo que si no mejoraban para la siguiente Navidad, Ruprecht iría para darles su merecido. Hoy en día, esta figura prácticamente ha desaparecido.

en desuso y el propio *Sinterklaas,* en sus más recientes apariciones televisivas, dice que ya se trata de una costumbre obsoleta.

✛ ¿Quién es Julbocken?

Julbocken es una cabra de paja que lleva enrollado el cuerpo en un moño rojo. Durante el siglo XVII en Suecia, los hombres se vestían con pieles, máscaras y a veces cuernos para asustar a los demás entre el día de Navidad y el día siguiente, posiblemente representando al demonio que acompañaba a San Nicolás en las obras medievales. La cabra era el símbolo del demonio, pero con el tiempo se fue convirtiendo en un ser más amable. En el siglo XVIII, la cabra de Navidad era el ser que llegaba con los regalos. En la actualidad ha sido reemplazada por el Hombre de Navidad, que en un principio se parecía a los pequeños duendes que vivían en las granjas, pero que con el tiempo se ha ido asemejando cada vez más al Santa Claus estadounidense. A pesar de todo, la figura de la cabra no ha desaparecido de la Navidad sueca, pues hace aproximadamente cien años se empezaron a hacer cabras de paja con moños rojos a su alrededor, las cuales se venden en la época navideña como recordatorio de la cabra de Navidad y son hoy en día un adorno navideño muy común *(ver pág. 187).*

✛ ¿Quién es el Olentzero?

De acuerdo con la tradición vasca, el Olentzero es quien trae regalos a los niños durante la Nochebuena. Sin embargo, no debe confundirse con Santa Claus, quien entrega sus regalos en el País Vasco la noche del 31 de diciembre. El Olentzero es un amable y bonachón carbonero, de esos que hacían carbón de madera en el bosque a lo largo de todo el año.

Olentzero tiene una desmedida afición por la comida y la bebida, lo que explica su singular figura regordeta. Viste el atuendo característico de los campesinos de la región, es decir, pantalones oscuros metidos en los calcetines, zapatos de piel atados con cintas, una camisa oscura y un saco de lana, una boina negra, un cayado y una pipa. Así recorre los bosques cantando su canción favorita: *"Horra, horra, gure Olentzero."*

✛ ¿Cuáles son los orígenes del Olentzero?

El Olentzero es una figura poco conocida fuera de Euzkadi (el País Vasco) y tiene sus raíces en la mitología vasca de la era precristiana, de la misma forma que otros seres, tales como las brujas o *sorginas,* las lamias y las hadas.

✛ ¿Cómo ha cambiado la figura del Olentzero desde los tiempos remotos hasta la actualidad?

La figura del Olentzero se adaptó a los nuevos tiempos del cristianismo, ya que en realidad correspondía a la festividad del solsticio de invierno. De este modo, y de acuerdo con la tradición cristiana, el Olentzero estaba trabajando en el monte cuando escuchó

LA LEYENDA DEL
Olentzero

Según cuenta la historia, en la profundidad de los bosques del País Vasco vivía un hada muy bella que siempre iba acompañada de unos duendes llamados Prakagorri, o pantalones rojos, que la ayudaban en sus labores. Un día que viajaban por las montañas, encontraron a un bebé abandonado y el hada decidió llamarlo Olentzero, y le otorgó tres dones: fuerza, valentía y amor.

Después lo dejó a la puerta de la casa de un matrimonio que no tenía hijos, donde fue recibido con gran alegría. Así creció el Olentzero, entre las montañas y el bosque, ayudando a su padre, que era carbonero. El tiempo pasó y los padres del Olentzero se hicieron viejos y murieron, dejándolo solo en su casa del bosque. La soledad lo entristecía y se puso a pensar en unos niños huérfanos que vivían en el pueblo, quienes seguramente se sentían tan solos como él, así que decidió hacer algo para alegrarlos.

El Olentzero era muy listo y hábil con las manos, así que fabricó unos juguetes de madera, que pensaba llevar a los niños cuando bajara al pueblo a vender su carbón. Los niños de la aldea se pusieron muy conten-

la Buena Nueva del nacimiento de Jesús, por eso bajó a toda prisa al pueblo, cargado de regalos para los niños y con la finalidad de celebrar tan grande acontecimiento. Algunos añaden que suele llevar leña a los hogares de la gente pobre para que no pasen frío el día en que se celebra el nacimiento del Niño Dios. Hoy en día se cree que se acompaña de sus *laguntzaile* (ayudantes) y se moviliza en su carro tirado por bueyes. Existe la costumbre de hacer un recorrido con la figura del Olentzero elaborada de papel maché —o tallada en madera—, que se pasea por todo el pueblo acompañada de grupos de cantantes, por lo general jóvenes, vestidos como él.

✦ **¿Cómo piden los niños sus regalos al Olentzero?**
Los niños escriben su carta en euskra (la lengua del País Vasco) y se la dejan, junto con algo de comer o un poco de vino para agradecer al Olentzero los regalos y hacerle menos pesado el viaje.

✦ **¿Quién es *Ded Moroz*?**
Ded Moroz, o Padre Escarcha, es el encargado de llevar regalos a los niños en Rusia durante la celebración del Año Nuevo. Se hace acompañar de Snegurochka, la bella Doncella de las Nieves. No debe confundirse con Santa Claus, pues, aunque ambos surgieron de la figura de San Nicolás, son personajes distintos. *Ded Moroz* usualmente aparece

tos al recibir los juguetes y el Olentzero pasó la tarde con ellos contándoles las historias que había aprendido de sus padres. Los niños le tomaron mucho cariño y a partir de ese día dejó de sentirse solo, pues a cualquier parte que iba se encontraba rodeado de pequeños. Así transcurrieron los años, hasta una noche en que el Olentzero bajó al pueblo en medio de una tormenta y vio cómo un rayo cayó sobre una casa y la incendió. Al acercarse pudo ver que había niños dentro, por lo que se apresuró a rescatarlos. Entró a la casa en llamas y logró sacarlos por la ventana; pero cuando él trató de salir, una viga del techo le cayó encima y terminó con su vida.

El pueblo entero comenzó a llorar al darse cuenta de que el Olentzero había muerto, pero en ese momento pudieron ver una luz que brillaba dentro de la casa. Era el hada que había encontrado al Olentzero en las montañas y que lo llamaba con su suave voz. Le dijo: "Olentzero, has sido un buen hombre y has pasado tu existencia haciendo felices a los demás, incluso sacrificaste tu vida para salvar a otros, así que no quiero que mueras. De ahora en adelante harás juguetes y otros regalos para los niños que viven en este pueblo y en el resto del País Vasco. Y los Prakagorri te ayudarán." Así pues, a la mitad del invierno, cuando el año está a punto de terminar, en todo el País Vasco los niños celebran la llegada del Olentzero cantando y compartiendo su mensaje de amor, fuerza y valor.

como un hombre delgado y alto con una larga barba blanca. A menudo viste con largas túnicas de colores, sobre todo azul y blanco. Vive en los bosques rusos y viaja en una *troika,* o trineo, tirado por tres caballos. Snegurochka lo ayuda a repartir los regalos a los niños rusos. Además, a diferencia de Santa Claus, los niños no necesitan estar dormidos para recibir sus regalos, pues muchas veces se los entrega en propia mano (ver pág. 262).

✛ ¿Qué lugar ocupa *Ded Moroz* en el folclor ruso?

La leyenda original de *Ded Moroz,* el dios pagano Moroz, lo muestra como un ser que cazaba a los viajeros solitarios en los bosques o campos nevados para congelarlos y acabar con sus vidas. Existe una popular leyenda rusa que muestra su lado más humano.

✛ ¿Cómo surgió la figura de *Ded Moroz?*

El personaje que originalmente distribuía los regalos en Rusia era San Nicolás. Se cree que esta costumbre se inició en el siglo XI cuando el príncipe Vladimir regresó de Constantinopla (donde fue bautizado) con informes sobre los milagros realizados por San Nicolás de Mira. Fue así como San Nicolás se convirtió en el santo patrono de Rusia y su fiesta empezó a celebrarse el 6 de diciembre.

Después de la Reforma, en el siglo XVII, muchos protestantes dejaron de aceptar a San Nicolás como la figura que distribuía los regalos, debido a su rela-

LA LEYENDA DE
Ded Moroz

Había una vez un hombre viudo que tenía una hija y que se casó con una mujer que también tenía una hija. La mujer no quería a la hijastra. Un día decidió deshacerse de ella y le ordenó al esposo que la abandonara en el bosque para que muriera de frío, pues estaban en lo más crudo del invierno. El pobre hombre lloró y se lamentó, pero le hizo caso a su esposa: ella siempre se salía con la suya.

Así que llevó a su hija al bosque y se fue corriendo para no ver cómo se congelaba. La pobre niña temblaba de frío y sus dientes castañeteaban. En eso, Ded Moroz saltó de detrás de un árbol y acercándose a ella le preguntó: "¿Estás abrigada pequeña?" A pesar de que estaba casi congelándose, le respondió: "Gracias mi buen Morozko, estoy calientita y abrigada." Al principio, Ded Moroz iba a congelarla hasta morir con su gélido abrazo, pero admiró su valor y estoicismo y se compadeció de ella. Le llevó un gran abrigo de pieles y blandas cobijas y después se marchó. Al poco rato volvió a su lado para preguntarle si seguía calientita. Ella lo recibió con gusto y le dijo que estaba bien, pues en realidad ya no tenía tanto frío. Ded Moroz le llevó una caja para que se sentara y volvió a irse. Poco tiempo después, Ded Moroz volvió a su lado cargado de joyas, oro y plata, en cantidad suficiente para que llenara la gran caja en que estaba sentada. Entre tanto, en la cabaña de la familia, la mujer

ción con la Iglesia católica. Por lo tanto, empezaron a surgir nuevas figuras más seculares. Entrado el siglo XIX, *Ded Moroz*, figura ya existente del folclor ruso, comenzó a aparecer en todo el país como respuesta a los nuevos personajes que repartían regalos en Europa *(Father Christmas, Père Noël,* etc.). Pero la Revolución rusa de octubre de 1917 trajo grandes cambios a la sociedad. Vladimir Lenin subió al poder con el partido comunista e instituyó una sociedad laica en la cual el cristianismo quedó proscrito. El Año Nuevo se convirtió en la festividad invernal tradicional, durante la cual las familias intercambiaban regalos alrededor del árbol de Año Nuevo. *Ded Moroz* había sido enviado al exilio.

Sin embargo, en 1948, Stalin, "el mejor amigo de todos los niños", rescató la figura de *Ded Moroz,* que fue reinventada por el gobierno comunista. De este modo, era posible contratar al personaje a través de Zarya, el monopolio estatal para los servicios domésticos, que estaba a cargo de las niñeras y de los encargados de realizar trabajos varios en los hogares. Luego de la caída del comunismo, *Ded Moroz* y Snegurochka, quien a finales del siglo XX comenzó a figurar como su nieta, siguen apareciendo en las fiestas infantiles durante la época navideña, distribuyendo regalos y combatiendo a la bruja malvada Baba Yaga, quien trata de robarles los regalos. De hecho, hoy en día, los niños y sus familias pueden abordar un tren y viajar al pintoresco pueblo donde vive *Ded Moroz.*

le pidió al esposo que regresara al bosque por el cadáver de su hija. Al llegar al sitio y verla, se alegró mucho de encontrarla viva, envuelta en su gran abrigo de pieles y cubierta de joyas.

Cuando volvieron a la cabaña con todos los regalos, la esposa estaba sorprendida. Luego de oír la historia de la niña, ordenó al esposo que llevara a la hija de la mujer al mismo sitio del bosque y que la abandonara ahí, pensando ambiciosamente en que ella conseguiría más regalos. Como en el caso de la primera niña, temblaba y los dientes le castañeteaban del frío cuando apareció a su lado Ded Moroz, quien le preguntó cómo estaba. Indignada, la niña le respondió: "¿Estás ciego? ¿Qué no puedes ver que mis manos y mis pies están entumecidos? Maldito seas, viejo miserable." Al día siguiente, la esposa le ordenó al hombre que fuera por su hija, y le recomendó que tuviera cuidado con la caja de las joyas. El hombre la obedeció, pero, a diferencia de lo que pasó con su hija, volvió a casa con el cuerpo de la niña, a quien había congelado el iracundo Ded Moroz. La mujer se lamentó, pero todo fue en vano. Con el tiempo, la niña que sobrevivió se casó y tuvo hijos. Cuando su padre, ahora un anciano, los visitaba, siempre les recordaba que respetaran profundamente al Viejo del Invierno.

✛ ¿Cómo es el pueblo donde vive *Ded Moroz*?

Hace varios años se dio a conocer el sitio donde vive *Ded Moroz,* lo que había sido un misterio durante mucho tiempo. Veliki Ustiug, en la región de Vologda al norte de Rusia, a unos 800 kilómetros de Moscú, es la tierra de este personaje. Su cabaña se encuentra en el denso bosque, a 11 kilómetros del pueblo. Veliki Ustiug es un bello poblado con iglesias de piedra blanca, domos dorados en forma de cebollas y elaboradas mansiones. Durante el invierno, el pueblo se cubre de nieve.

Cada año, en diciembre, *Ded Moroz* deja su casa para ir a Moscú a encender el árbol nacional, pero primero pasa por Veliki Ustiug. Este acontecimiento se celebra con desfiles y conciertos. Mientras *Ded Moroz* viaja por todo el país, su casa no permanece vacía, pues se quedan sus mascotas, una cabra pequeña de nombre *Ivanushka,* un conejo blanco y un gato blanco llamado *Kuzya.* Los 12 ayudantes de *Ded Moroz* (uno por cada mes del año) y algunos amigos de la Doncella de las Nieves reciben a los visitantes y les muestran la casa; el recorrido incluye su oficina, la habitación de los deseos y la habitación de las doncellas, donde éstas enseñan, a las personas que van a conocer el lugar, a bordar y a hacer algunas artesanías típicas de la región. También les muestran la recámara de *Ded Moroz,* donde está su cama cubierta por siete almohadas, una para cada día de la semana.

A medida que se acercan las festividades, las almohadas se van haciendo más grandes, pues se llenan de los deseos de los niños. De acuerdo con la leyenda, si *Ded Moroz* duerme apoyado en una de esas almohadas, los deseos que contiene se cumplirán. Son los propios niños los que han ayudado a crear el cuento de hadas en Veliki Ustiug, pues sus dibujos, que representan a *Ded Moroz,* se cuelgan en las paredes de su casa. También le envían guantes para que se abrigue durante el invierno.

✣ ¿Quién es Baba Yaga?

Baba Yaga es una bruja que aparece comúnmente en los cuentos de hadas rusos. Por lo general pasa gran parte de su tiempo tratando de arruinar las festividades de Año Nuevo intimidando a *Ded Moroz* y a la Doncella de las Nieves y haciendo todo lo posible por robarles los regalos que les llevan a los niños. Baba Yaga es una temible bruja muy flaca y con dientes de metal que habita en una casa con patas de pollo. Tiene una larga nariz, como las brujas tradicionales, pero no usa sombrero ni se ha acercado nunca a una escoba. Viaja montada en un gran mortero de metal. Siempre que hace su aparición, el viento comienza a aullar, los árboles crujen y las hojas vuelan por los aires.

✣ ¿Quién es la Befana?

La Befana es una viejecita con una gran nariz y un enorme lunar rojo sobre ella. Viste con un abrigo viejo remendado con muchos parches de colores. Sus zapatos son grandes, viejos y rotos. Vuela por todos lados en su escoba y carga una gran bolsa negra llena de dulces y regalos para los niños de Italia. Entra a las casas por la chimenea y pone los obsequios dentro de los calcetines que los niños dejan colgados la noche anterior, antes de irse a dormir. En la mañana, al despertar, los niños que se han portado bien todo el año se ponen muy contentos al encontrar sus calcetines llenos de dulces y regalos; sin embargo, los niños que no se portaron bien durante el año no tienen motivos para alegrarse, pues la Befana llena sus calcetines de carbón. En la temporada navideña es común, en Italia, regalar brujitas con escobas *(ver pág. 193).*

✣ ¿Qué le dejan los niños a la Befana la noche anterior a su llegada?

Además de colocar sus calcetines en un lugar visible, los niños italianos tienen cuidado de dejar a la Befana un plato con un suave queso ricota, ya que todos saben que a la Befana le quedan pocos dientes en buen estado.

✣ ¿Cuándo se celebra la festividad de la Befana?

La Befana entrega sus regalos durante la noche mágica de la Epifanía de los Reyes Magos *(ver pág. 36),* es decir, entre el 5 y el 6 de enero, que para la mayoría de los niños italianos es la noche más larga del año.

EL MUÑECO DE Jengibre

Hace mucho tiempo, había una pareja de viejecitos. Un buen día, la mujer se dio a la tarea de preparar un pan de jengibre con forma de hombrecito. Por ojos le puso unas pasas, por dientes unas pastillas de menta y su cabello lo hizo con azúcar glas. Luego lo metió al horno. Cuando el pan estuvo listo, la anciana abrió el horno, pero ¡sorpresa!, el Muñeco de Jengibre saltó de la charola, corrió y escapó por la ventana gritando: "¡No me comerán!"

Los ancianos corrieron tras él, "¡Detente, detente!" Éste, sin voltear, siguió corriendo, "¡Corro veloz y no me atraparán, pues el Muñeco de Jengibre soy!"

En el camino le salió al paso un cerdo, que le gritó "¡Detente, detente! Quiero comerte!" El Muñeco de Jengibre siguió corriendo mientras decía: "¡Corro veloz y no me atraparás, pues el Muñeco de Jengibre soy!"

Más adelante, se encontró con una vaca. "¡Detente, detente, hombrecito!", gritó hambrienta la vaca. "¡Quiero comerte!" Pero el Muñeco de Jengibre no detuvo su carrera y aceleró, "¡Corro veloz y no me atraparás, pues el Muñeco de Jengibre soy!" La vaca comenzó a perseguirlo, junto con el cerdo y los ancianos. Pero el Muñeco de Jengibre corría más rápido.

En el camino también se le cruzó un caballo, y se repitió la misma historia. Y el caballo se unió al grupo de perseguidores. El Muñeco de Jengibre reía sin cesar mientras corría. De pronto, llegó a un río. "¡Oh, no!', exclamó. "Me atraparán. ¿Cómo podré cruzar el río?"

Una astuta zorra salió de entre los árboles y le dijo: "Yo sé nadar y te puedo ayudar a cruzar el río. Súbete a mi cola."

—¿No me comerás? —preguntó el Muñeco de Jengibre.

—Claro que no —respondió la zorra.

Entonces el Muñeco de Jengibre se asió de la cola de la zorra, mas pronto comenzó a humedecerse. "Salta a mi espalda", le dijo la zorra. Y así lo hizo. Mientras seguía nadando, la zorra comentó: "Estás muy pesado y me estoy cansando. Brinca hacia mi nariz." Y así lo hizo el Muñeco de Jengibre. Tan pronto llegaron a la otra orilla, la zorra sin dilación lanzó al aire al Muñeco de Jengibre, abrió el hocico y ¡se lo tragó! Así terminó el día del Muñeco de Jengibre.

+ ¿Dónde vive la Befana?

Se dice que la Befana tiene su domicilio en Vía de la Padella número 2, en una pequeña villa en lo alto de una colina. Pasa todo el año en compañía de sus grotescos asistentes, los *Befanucci,* haciendo carbón, confeccionando dulces y zurciendo calcetas y calcetines en preparación para la noche de la Epifanía *(ver pág. 36).*

✢ ¿Quién es la *Tante Arie*?

La *Tante Arie* o tía Arie es un personaje de la campiña francesa: una anciana, mitad hada, mitad bruja, que baja de las montañas la víspera de Navidad montada en un burro. Les lleva regalos a los niños que se portan bien, pero a los que se portan mal les deja unas orejas de burro.

✢ ¿Quién es la viejita Belén?

La viejita Belén es una figura tradicional de República Dominicana. Se trata de la acompañante de Santa Claus que se encarga de compensar o calmar los sinsabores de los niños. Ella remienda el saco de Santa Claus y repone los regalos que los niños no recibieron como consecuencia de los agujeros que por el tiempo y el peso tiene el saco de Santa Claus (por ahí se salen los regalos).

✢ ¿Cuándo aparece la viejita Belén?

La viejita Belén visita a los niños en cualquier momento después de que ha hecho su recorrido Santa Claus (el 24 de diciembre o el 6 de enero). Los niños ya saben que cuando sus padres les dicen que los regalos los traerá la viejita Belén, es porque seguramente llegarán más tarde.

✢ ¿Quién es Warini?

Warini es el personaje que anuncia la Navidad en Honduras y hace su aparición el 24 de diciembre, para marcar el inicio de la temporada navideña. Warini baila de casa en casa cubierto con una máscara; lo acompañan cantantes y dos tamborileros. También se le conoce como el "Anunciador" o "Espíritu de la Navidad".

✢ ¿Quién es el *caganer*?

El *caganer* es una pequeña estatuilla única de la región española de Cataluña y áreas colindantes con influencia catalana, como Andorra. Tal como ocurre en la mayor parte de la península ibérica, los belenes o nacimientos son una tradición muy extendida, y muestran no sólo la escena del pesebre, sino todo el pueblo de Belén. Los catalanes han incorporado a esta escena un singular personaje extra que no se encuentra en los pesebres de ninguna otra cultura.

Nochebuena

*El que lejos de su casa
ve pasar la Nochebuena,
ése sabe lo que es frío,
y sabe lo que es tristeza.
Estrellita que en el cielo
me pareces una lágrima,
cuéntame si estás mirando
lo que cenan en mi casa.
¡Dando tumbos dos borrachos
pasaron frente a mi puerta,
y esta vez sentí en el alma
envidia a la dicha ajena!
¡Falta a los unos el vino
a los otros falta el pan,
infeliz de mí que sólo
me falta con quien cenar!*

Fabio Fiallo (1866–1942),
poeta dominicano

Además de la Sagrada Familia, los pastores y el resto de las figuras tradicionales, los catalanes ponen al *caganer.* Este personaje "agregado" al nacimiento suele estar escondido en algún rincón, donde no sea evidente; nunca cerca del pesebre. El motivo por el cual se le coloca prácticamente escondido es porque la figurilla simula estar defecando. Por tanto, el *caganer* aparece con los pantalones bajados (o las faldas subidas) porque está haciendo sus necesidades en pleno Belén.

✛ ¿Cuáles son los orígenes del *caganer?*
No se sabe bien a bien, pero aparece en los pesebres catalanes desde el siglo XVII, aunque no se popularizó sino hasta el siglo XIX. Se ha concluido que la figura del *caganer* está relacionada con las grandes fiestas y las comidas paganas con las que se celebraba el solsticio de invierno y es que, de alguna manera, es la personificación de los excesos cometidos.

✛ ¿Cómo se ve el *caganer?*
Originalmente, el *caganer* era representado como un campesino con el traje típico de la región y una barretina, el tradicional gorro catalán de color rojo. Aparece en la clásica postura de quien defeca al aire libre y con toda la calma del mundo, mientras debajo de él se ve un excremento con forma de espiral. Antes se construía de arcilla, un material bastante frágil, pero últimamente ya empieza a verse en plástico.

Alrededor de 1940, los catalanes comenzaron a modificar la figura del *caganer,* de modo que, además del modelo original, empezaron a surgir otros personajes que tomaban su posición: monjas, diablos, Santa Claus, guardias civiles, Reyes Magos, legionarios romanos, bomberos, celebridades, atletas, figuras históricas, políticos, la realeza española y otras personalidades, todos ellos defecando.

✛ ¿Por qué se incluye una figura de este tipo en la escena del nacimiento de Jesús?
Las razones que explican por qué se coloca una figura que aparenta estar en el acto de expulsar desechos sólidos de su cuerpo en una escena que se considera sagrada son varias. La primera es que el *caganer* está fertilizando la tierra; por lo tanto, se e considera un símbolo de prosperidad y suerte para el año entrante. La segunda es que encontrar al *caganer* es un juego divertido, sobre todo para los niños. Por último, el *caganer* dice mucho del humor que tienen los catalanes. Se podría afirmar que, después de Sant Jordi, el *caganer* es la figura más emblemática de la mitología popular catalana.

✛ ¿Cuál es la actitud de la Iglesia católica ante el *caganer?*
La práctica es tolerada por la Iglesia católica local. Incluso, uno de los sitios más conocidos para encontrar *caganers* es frente a la Catedral de Santa Eulalia, donde hay un mercado que abre durante la Navidad con puestos donde se venden *caganers.* Estas figuras han aparecido incluso en

exposiciones de arte. De cualquier manera, dado que nadie ha representado a la Sagrada Familia en posición de *caganers,* éstos no se consideran sacrílegos.

✦ ¿Quién es *Frau Holle?*

Frau Holle es una figura proveniente de la mitología germánica y se le considera como la encarnación de las fuerzas de la naturaleza. Es tanto iracunda al mismo tiempo que generosa, y castiga al igual que otorga dones. Se dice que aparece con mayor frecuencia entre la víspera de Navidad y la noche del 6 de enero, al frente de una jauría de sabuesos que ladran y aúllan. Las puertas permanecen cerradas y nadie sale una vez que oscurece, para evitar encontrarla. Sin embargo, en los lugares donde se le venera, pasa en su carro la víspera de Año Nuevo, entre las nueve y las diez de la noche, dejando regalos y haciendo restallar su látigo. Sólo sus devotos pueden escuchar ese sonido y así saber que deben salir por sus regalos.

✦ ¿Cuáles es la leyenda de *Frau Holle?*

Existe una leyenda sobre la generosidad que despliega con quienes la ayudan en forma desinteresada. Una oscura tarde de un 6 de enero, *Frau Holle* fue al río jalando su arado y pidió que alguien la llevara. Un hombre que guiaba un carromato decidió hacerlo, a pesar del temor que sintió al ver que tenía la cara cubierta con un velo. Después de cruzar tres veces el río, se bajó y se puso a reparar su arado. Miró al hombre y le dijo que su recompensa por llevarla era el aserrín que estaba dejando. El hombre levantó tres pedacitos de aserrín de mala manera; descontento por esa recompensa tan miserable. Cuando llegó a su casa, arrojó los pedazos sobre la mesa y se fue a dormir. A la mañana siguiente encontró tres pepitas de oro en vez del aserrín. Así es como *Frau Holle* suele recompensar la ayuda que recibe; a menudo es posible verla cargando su arado el día de Reyes.

✦ ¿Quién es *Jack Frost?*

Conocido en español como Juanito Escarcha, *Jack Frost* es una criatura elfina que personifica el clima invernal frío y despejado. Se dice que es el encargado de esparcir la escarcha sobre las hojas y las ventanas en las gélidas mañanas de invierno. Surgió en el folclor vikingo y fue adoptado por los ingleses, quienes lo popularizaron como *Jack Frost.* Su nombre viene del personaje nórdico *Jokul* (carámbano) y de *Frosty* (escarcha).

✦ ¿Quién es el Rey del Frío Invernal?

El Rey del Frío Invernal aparece en varias historias del folclor eslavo y es representado como un anciano bajito de larga barba gris que pasea por los campos y las calles golpeando el suelo con su bastón. El sonido de este golpeteo hace que aparezca la escarcha. Al Rey del Frío Invernal no le gusta que las personas tiemblen de frío y se quejen de las bajas temperaturas, sino que estén alegres y felices: a quienes adquieren esta actitud les otorga fuerza física y buena salud. Pleno de gozo por las bajas temperaturas, cubre los cristales de las ventanas con bellos

diseños de hielo y congela la superficie de los lagos para que todos puedan patinar. Hay quienes lo relacionan con *Ded Moroz* debido a que ambos aparecen durante el invierno.

✛ ¿Quién es Frosty?

Frosty es un hombre de nieve que nació gracias a la canción que compusieron Steve Nelson y Jack Rollins en 1950. Después de observar el éxito que tuvo la canción navideña sobre Rodolfo, el reno, Nelson y Rollins compusieron esta canción acerca de un hombre de nieve que cobra vida gracias a un sombrero mágico, pero que se derrite una vez que termina el frío, desde luego con la promesa de volver el año siguiente. Los compositores pidieron a Gene Autrey, el cantante que hizo famosa la canción de Rodolfo, que interpretara su nueva canción, la cual también tuvo gran éxito. Desde entonces, son muchos los que han interpretado la canción de Frosty, el hombre de nieve, entre ellos Perry Como, Ray Conniff, los Beach Boys, Nat King Cole, Willie Nelson, Glenn Miller y Ella Fitzgerald.

✛ ¿Cómo consolidó su popularidad Frosty?

En 1954, el estudio UPA hizo que Frosty cobrara vida en un corto animado de tres minutos que aparecía regularmente por televisión. Sin embargo, la popularidad de Frosty creció en forma impresionante gracias al especial animado que produjo la compañía Rankin Bass en 1969. Este programa especial tenía una duración de 30 minutos, por lo que fue necesario extender la historia de Frosty. Dicho especial fue el primero de cuatro que hasta la fecha se han producido sobre este querido hombre de nieve, lo que ha ayudado a convertirlo en un personaje tradicional de la Navidad que es esperado año con año.

✛ ¿Quién es Rodolfo el reno de la nariz roja?

Rodolfo es un reno común y corriente, excepto por su enorme y brillante nariz roja. Por lo general aparece sonriendo y es quien dirige el trineo de Santa Claus, marchando al frente de cuatro parejas de renos.

✛ ¿Cómo nació la figura de Rodolfo?

Si bien el personaje de Rodolfo el reno de la nariz roja —que ha sido inmortalizado en una canción y un especial de televisión— forma parte esencial del folclor navideño de

LA HISTORIA DE
Frosty

En un especial de televisión, una niña llamada Karen da vida a un muñeco de nieve luego de ponerle un sombrero de copa que el inepto mago conocido como Profesor Hinkle había tirado a la basura. Encantada con el muñeco de nieve, después de intentar con nombres como Avena o Cristóbal Colón, la pequeña decide llamarlo Frosty. Cuando Hinkle se entera de que el sombrero en realidad tiene poderes mágicos, exige a Karen y a Frosty que se lo devuelvan de inmediato. Frosty y el resto de los niños logran evadir a Hinkle el tiempo suficiente para divertirse por todo el pueblo y vivir emocionantes aventuras, lo que incluye una confrontación con un agente de tránsito, pero Frosty comienza a preocuparse pues detecta un aumento en la temperatura y teme derretirse.

Con Hinkle detrás de ellos, Karen y Frosty tratan de escapan hacia el Polo Norte, donde no se derretirá. En este viaje cuentan con la ayuda de Hocus Pocus, el conejo del Profesor. Cuando se dan cuenta de que no tienen dinero para el pasaje, deciden viajar como polizones a bordo de un carro congelador en un tren; lo que ignoran es que Hinkle se encuentra en el mismo tren. Después de un rato, y tras percatarse de que Karen no soportará el frío del Polo Norte, deciden saltar del tren, dejando a Hinkle atrás. Preocupados, Karen y Frosty preguntan a Hocus Pocus quién podrá ayudarlos y, luego de descartar al presidente y al ejército, sugiere que pidan auxilio a Santa Claus. Mientras piensan en la mejor forma de localizarlo, Hinkle aparece y se reinicia la persecución. En su huida encuentran un invernadero lleno de flores de Nochebuena; contra los mejores consejos de Karen, Frosty entra al invernadero pensando en esconderse, pero Hinkle los encuentra y los encierra dentro del tibio invernadero.

Entre tanto, Hocus Pocus guía a Santa hasta el invernadero, sólo para encontrar a Karen llorando amargamente sobre un charco. Santa Claus le explica que Frosty está hecho de nieve navideña y que jamás se derretirá por completo. En ese momento, una ráfaga de aire helado sopla sobre el charco y Frosty vuelve a la vida. Hinkle hace su aparición y exige que le devuelvan su sombrero, pero cuando Santa Claus amenaza con borrarlo de su lista de Navidad por el resto de su vida, decide dejar el asunto por la paz. Santa Claus lleva a Karen de regreso a casa y Frosty parte con él en su trineo, con la promesa de regresar algún día.

casi todos los adultos del mundo, se puede afirmar definitivamente que fue una invención del siglo XX, producto de una campaña comercial.

La historia de Rodolfo fue originalmente escrita en verso por Robert L. May, para la cadena de tiendas departamentales

Montgomery Ward y se publicó como un cuaderno para regalar a los niños que visitaban la tienda durante la Navidad. Las tiendas Montgomery Ward compraban a un proveedor los libros para colorear que obsequiaban cada Navidad; tras analizar los gastos, los gerentes de la tienda consideraron que hacer su propio cuaderno era una forma de ahorrar dinero.

+ ¿Quién fue Robert L. May?

Robert L. May, un redactor de anuncios que trabajaba para la cadena Montgomery Ward, era muy aficionado a escribir cuentos y poemas cortos para niños, por lo que se sintió muy entusiasmado con el encargo de escribir una historia navideña. May se inspiró, en parte, en la historia del patito feo y, en parte, en sus propias vivencias (cuando era niño, los demás se burlaban de él por ser tímido, pequeño y delgado).

Así, creó un personaje que de algún modo era excluido de la comunidad de renos debido a cierta anormalidad física: su enorme nariz roja. Antes de decidirse por el nombre de Rodolfo, May consideró la posibilidad de llamarlo Rollo, pero le pareció que el nombre era demasiado alegre para el personaje; también pensó en bautizarlo como Reginaldo, pero le sonó demasiado británico.

Una vez elegido el nombre, escribió la historia del reno en coplas rimadas, y se las leyó a su hija Bárbara, de cuatro años, para ver qué opinaba. Si bien a Bárbara le encantó la historia de Rodolfo, el jefe de May se inquietó, pues pensaba que una historia cuyo personaje principal exhibía una gran nariz roja (una imagen asociada con la bebida y los borrachos) tal vez no era muy adecuada para una historia navideña. Entonces May pidió a su amigo Denver Gillen, que trabajaba en el departamento de arte de Montgomery Ward, que lo acompañara al zoológico y le dibujara unos venados. Las ilustraciones de Gillen del personaje de Rodolfo acabaron con las dudas de los jefes de May y éstos aceptaron la publicación de la historia.

Montgomery Ward distribuyó 2.4 millones de copias del cuaderno de Rodolfo en 1939, y aunque la escasez de papel que se vivió en tiempos de guerra limitó la impresión durante los siguientes años, para finales de 1946 se habían regalado un total de seis millones de copias. Durante la posguerra hubo una gran demanda de la historia de Rodolfo; sin embargo, como May la había creado siendo un empleado de Montgomery

RODOLFO, EL
Reno

Era Rodolfo el Reno,
que tenía la nariz
roja como la grana,
con un brillo singular.

Todos sus compañeros
se reían sin cesar
y nuestro buen amigo
solo y triste se quedó.

Pero Navidad llegó,
Santa Claus bajó
y a Rodolfo lo eligió,
¡¡por su singular nariz!

Tirando del trineo
va Rodolfo muy feliz
y desde ese momento
toda burla se acabó

Traducción de la canción de
Johnny Marks

Ward, la empresa era dueña de todos los derechos y él no recibió regalías. May estaba muy endeudado debido a las facturas médicas que tuvo que pagar por la enfermedad de su esposa (quien había fallecido por la época en que él creó a Rodolfo); más tarde, en enero de 1947, May convenció al presidente corporativo de Montgomery Ward, el señor Sewell Avery, para que le cediera el *copyright*.

Una vez que tuvo los derechos de su creación, May pudo mejorar su situación económica. "Rodolfo el reno de la nariz roja" se imprimió comercialmente en 1947 y al año siguiente se produjo una caricatura de nueve minutos que fue exhibida en los cines. May renunció a su trabajo de redactor en 1951 y pasó siete años administrando su creación antes de regresar a Montgomery Ward, donde permaneció hasta su jubilación en 1971. May murió en 1976, y afortunadamente pudo disfrutar de una vida cómoda que su creación le proporcionó.

✤ ¿Cómo surgió la canción de Rodolfo?

El cuñado de May, llamado Johnny Marks, decidió adaptar la historia de Rodolfo y convertirla en canción, la cual ha sido grabada por muchos artistas, entre los que destaca Gene Autry, el vaquero cantante. No fue sino hasta que Marks compuso su canción que el fenómeno de Rodolfo tomó verdadero ímpetu, pues la grabación que hizo Autry en 1949 vendió dos millones de copias ese año y se convirtió en una de las canciones más vendidas de todos los tiempos (en segundo lugar después de "Blanca Navidad"). Un dato curioso es que muchos rechazaron la canción de Marks cuando éste se las ofreció, pues no querían interferir con la leyenda establecida de Santa Claus. La canción de Rodolfo se ha traducido a varios idiomas, incluido el japonés.

✤ ¿Qué diferencias existen entre la canción compuesta por Marks y la historia escrita por May?

La historia de Rodolfo que es más conocida es la de la canción de Marks; sin embargo, es muy distinta de lo escrito por May en varios aspectos. Para empezar, Rodolfo no era uno de los renos de Santa Claus, ni el hijo de ninguno de estos renos ni vivía en el Polo Norte. Rodolfo vivía en una villa de renos situada en otro sitio. Además, no saltó a la fama después de que Santa Claus lo eligió entre los demás renos debido a su brillante nariz. De hecho, Santa lo encontró por accidente, cuando se percató de la luz que emanaba de la nariz del reno mientras visitaba su casa con el propósito de dejar regalos.

Preocupado por la niebla cada vez más espesa que le había provocado ya varios retrasos y accidentes y que probablemente le impediría completar sus visitas navideñas, Santa Claus colocó a Rodolfo al frente de sus renos; gracias a él, el viaje de Santa resultó un éxito, y sin él habrían estado perdidos.

✤ ¿A qué debe Rodolfo su nariz roja?

Una teoría común es que la nariz de Rodolfo se ve roja debido a que está resfriado. Puesto que pasa tanto tiempo en el exterior, en climas fríos, es normal que se enferme. Otra hipótesis es que la nariz roja es consecuencia de su costumbre de ayudar a Santa Claus con la comida y bebida que le dejan los niños; es decir, mientras Santa Claus se concentra en la leche y las galletas, Rodolfo se encarga de despachar el ponche. El triunfo inesperado de este reno alcoholizado sobre sus compañeros más sobrios coincide con la relajación de las convenciones sociales que se aprecia durante las festividades de invierno.

La teoría científica derivada de profundas investigaciones realizadas por Odd Halvorsen, de la Universidad de Oslo,, y publicadas en la revista *Parasitology Today* ofrece una explicación más convincente. Por desgracia para Rodolfo, las narices de los renos ofrecen un ambiente acogedor para los parásitos. Los múltiples pliegues de sus cornetes nasales están recubiertos por membranas con una irrigación sanguínea abundante que les permite calentar el aire que inspiran y enfriar el aire que espiran, con lo que reducen la pérdida tanto de calor como de agua. El científico en cuestión indicó en su artículo que la coloración tan celebrada de la nariz de Rodolfo es la consecuencia de una infección parasitaria del sistema respiratorio. Hasta la fecha, Halvorsen está sorprendido por la respuesta que siguió a su revelación. "Este artículo me ha traído más fama que cualquier otra cosa que haya publicado", admite.

✢ ¿Quién es Ebenezer Scrooge?

Ebenezer Scrooge es el personaje principal de *Cuento de Navidad* —también conocido como *Canción de Navidad*— del autor inglés Charles Dickens. Su nombre se ha convertido en sinónimo de tacañería y misantropía, características que Scrooge muestra en forma exagerada. La historia de su transformación después de recibir la visita de los tres fantasmas de la Navidad (del pasado, del presente y del futuro) se ha convertido en un símbolo de dicha festividad. La frase de Scrooge "Bah, patrañas" se ha empleado en los tiempos modernos para expresar disgusto con la Navidad.

✢ ¿Cómo conoce Scrooge a los fantasmas de la Navidad?

La historia de Scrooge comienza en su negocio, que si bien no se especifica en qué consiste, se sabe que tiene que ver con prácticas usureras con personas de pocos recursos. Su asistente, Bob Crachit, sufre los malos tratos de Scrooge, en especial al acercarse la Navidad. Justo la víspera, Scrooge recibe la visita del fantasma de su difunto socio, Jacob Marley, quien en vida pasó su tiempo explotando a los pobres y tras su muerte terminó en el infierno. Marley le advierte sobre los riesgos de enfrentar el mismo destino y le anuncia la visita de tres fantasmas. Éstos le muestran cómo se convirtió en quien es en el presente y la forma en que es visto por los demás. El libro tiene un cierto tono religioso (la Navidad se muestra como una época de bondad y caridad más que de adoración), además de que la historia sigue el modelo de redención predicado por Jesucristo *(ver pág. 18).*

✤ ¿Cómo es el fantasma de la Navidad Pasada y qué le muestra a Scrooge?

El fantasma de la Navidad Pasada es como un niño de pelo blanco, que lleva a Scrooge al lugar donde creció y le muestra varias estampas de su vida previa. A través de estas estampas, el lector encuentra una explicación al carácter de Scrooge. Le muestra cómo sus padres lo dejaban en el internado incluso para las navidades, lo que da origen a su falta de socialización y a su falta de empatía. Scrooge no tuvo una familia amorosa y sus padres lo trataron de una manera que le enseñó a no preocuparse por los demás. Más tarde, el fantasma le muestra cómo su éxito en los negocios lo convirtió en un individuo obcecado que dedicaba demasiado tiempo al trabajo. Sus ideas sobre el dinero y su personalidad obsesiva alejaron a su prometida, Belle, quien terminó por abandonarlo, lo que endureció aún más su corazón. Por último, la muerte de su hermana, la única persona a quien realmente quería, lo volvió totalmente indiferente. Dado que la mayor parte de estos sucesos ocurren alrededor de la Navidad, se entiende por qué Scrooge tiene una visión tan negativa de las festividades.

✤ ¿Cómo es el fantasma de la Navidad Presente y qué le muestra a Scrooge?

El espíritu de la Navidad Presente era alto como un gigante, con una túnica y una antorcha. Él le señala a Scrooge cómo eran las navidades que estaba viviendo. Lo lleva al centro del pueblo y le muestra toda la actividad que rodea la Navidad. Después lo lleva a casa de Bob Crachit, donde puede ver que él y su familia son muy felices a pesar de ser pobres. También visitan la casa de su sobrino Fred, quien en compañía de sus seres queridos gozaba y disfrutaba la fiesta de la Navidad comiendo, riendo y jugando.

✤ ¿Cómo es el fantasma de la Navidad Futura y qué le muestra a Scrooge?

Este espíritu es muy lúgubre y nunca enseña su rostro. Él le muestra a Scrooge lo que puede esperar si sigue con su conducta actual. Scrooge ve cómo la gente en la calle comenta que alguien murió, que se trataba de un viejo amargado y que a nadie le importa su muerte. Todo esto hace recapacitar a Scrooge, quien decide enmendar sus costumbres y abraza el espíritu de la Navidad, que comparten todos los que lo rodean.

✤ ¿Qué tienen en común W.E. Dobson, sir Henry Cole y Thomas Nast?

Estos tres personajes están íntimamente relacionados con la práctica de enviar tarjetas navideñas. Esta costumbre se originó en las escuelas inglesas, donde se pedía a los estudiantes que escribieran algo que tuviera que ver con la temporada navideña antes de salir de vacaciones de invierno y lo enviaran por correo a su casa con la finalidad de que sus padres recibieran un mensaje de Navidad. Fue en 1843, en Inglaterra, cuando W. E. Dobson y sir Henry Cole hicieron las primeras tarjetas de Navidad impresas, con una tirada de mil

CUENTO DE
Navidad

Quizá la historia navideña más famosa sea *Cuento de Navidad,* del novelista inglés Charles Dickens (1812–1870). En ella, el memorable personaje de Scrooge es visitado en una noche por tres espíritus. En el siguiente fragmento se narra el final de la visita del tercer espíritu, el del futuro, el cual logra la transformación de Scrooge.

Un cementerio. Bajo la tierra yacían los infelices cuyo nombre iba a saber. Era un digno lugar, rodeado de casas, invadido por la hiedra y las plantas silvestres, antes muerte que vida de la vegetación, demasiado lleno de sepulturas, abonado hasta la exageración. ¡Un digno lugar!

El Espíritu, de pie en medio de las tumbas, señaló una. Scrooge avanzó hacia ella, temblando. El Fantasma era exactamente como había sido hasta entonces, pero Scrooge tuvo miedo al notar un ligero cambio en su figura solemne.

—Antes de acercarme más a esa lápida que me enseñáis —le dijo—, respondedme a una pregunta: ¿Es todo eso la imagen de lo que será o solamente la imagen de lo que puede ser?

El Espíritu siguió señalando la tumba junto a la cual se hallaba.

—Las resoluciones de los hombres simbolizan ciertos objetivos que, si perseveran, pueden alcanzar —dijo Scrooge—; pero si se apartan de ellas, los objetivos cambian. ¿Ocurre lo mismo con las cosas que me mostráis?

El Espíritu continuó, inmóvil como siempre. Scrooge se arrastró hacia él, temblando al acercarse y siguiendo la dirección del dedo, leyó sobre la lápida de la abandonada sepultura su propio nombre: Ebenezer Scrooge.

—¿Soy yo el hombre que yacía sobre el lecho? —exclamó, cayendo de rodillas.

El dedo se dirigió de la tumba a él y de él a la tumba.

—¡No, Espíritu! ¡Oh, no, no! El dedo seguía allí.

—¡Espíritu —gritó agarrándose a su vestidura—, escuchadme! Yo no soy ya el hombre que era; no seré ya el hombre que habría sido a no ser por vuestra intervención. ¿Por qué me mostráis todo eso, si he perdido toda esperanza?

Por primera vez la mano pareció moverse.

—Buen Espíritu —continuó, prosternado ante él, con la frente en la tierra—, vos intercederéis por mí y me compadeceréis. Aseguradme que puedo cambiar esas imágenes que me habéis mostrado, cambiando de vida.

La benévola mano tembló.

—Honraré la Navidad en mi corazón y procuraré guardarla todo el año. Viviré en el pasado, en el presente y en el porvenir. Los espíritus de los tres no se apartarán de mí. No olvidaré sus lecciones. ¡Oh, decidme que puedo borrar lo escrito en esa lápida!

En su angustia asió la mano espectral, que intentó desasirse, pero su petición le daba fuerza, y la retuvo. El Espíritu, más fuerte aún, le rechazó.

ejemplares, con la intención de promocionar las obras de arte que representaban el nacimiento de Jesús, acompañadas de una frase donde se expresaba felicidad y prosperidad. En 1860, Thomas Nast, creador de la imagen de Santa Claus, organizó la primera venta masiva de tarjetas de Navidad en las que aparecía también impresa la frase "Feliz Navidad" *(ver págs. 29 y 126).*

✛ ¿Quién es Chrissy, la ratona de la Navidad?

Chrissy es una ratoncita que vive en casa de Santa Claus. Ella ayuda a Santa Claus a cargar su trineo, pero nunca va con él a repartir los regalos. Después de pedir a la señora Claus que interceda por ella, Chrissy logra cumplir su deseo y viajar en trineo durante la Nochebuena.

✛ ¿Cómo nació Chrissy?

Chrissy es el personaje principal de una canción navideña escrita por Debbie Reynolds y Donald O'Connor. Si bien Reynolds y O'Connor adquirieron fama mundial por su aparición en la película *Cantando bajo la lluvia,* sus esfuerzos por componer una canción navideña que tuviera el mismo éxito que la de "Rodolfo el reno de la nariz roja" no fueron muy fructíferos (a pesar de que Chrissy también tenía una nariz roja y brillante).

✛ ¿Quién es la pequeña cerillera?

La pequeña cerillera es el personaje central de uno de los cuentos de Hans Christian Andersen. La historia tiene lugar durante la Navidad y cuenta cómo una fría noche navideña, la pequeña cerillera caminaba por las calles tratando de vender sus cerillos, mientras la gente disfrutaba del calor de sus casas y del delicioso banquete de Navidad. La pobre niña no tenía a quién vender sus cerillos y estaba pasando mucho frío, pues sólo llevaba un raído chal para cubrirse. Sentía miedo de volver a casa, pues como no había vendido nada, su padre seguramente la castigaría.

Entonces decidió prender un cerillo, para ver si podía calentarse un poco. Dentro de la flama vio una estufa, pero cuando quiso acercar las manos para calentarse, el cerillo se apagó y no tuvo tiempo de nada. Dudando un poco, decidió prender otro cerillo y en la flama vio una mesa llena de comida, cuando estiró la mano para servirse, la visión desapareció. Decidida, prendió un tercer cerillo y esta vez vio un árbol de Navidad decorado con cientos de velas, resplandeciente y lleno de adornos. Pero como se quedó embelesada contemplándolo, la flama del cerillo le quemó los dedos. Casi sin darse cuenta de lo que hacía, la pequeña prendió un cerillo más y en esta ocasión pudo ver a su abuela que había muerto hacía poco. La niña le gritó pidiéndole que se quedara y prendió un cerillo tras otro para impedir que desapareciera como las demás visiones, pero en esta ocasión su abuelita no desapareció, sino que abrió sus brazos y abrazó a la niña. Al día siguiente, cuando amaneció, la gente encontró su pequeño cuerpecito congelado entre un montón de cerillos apagados. "Pobre, se murió de frío", pero para ese momento la niña ya estaba en un lugar donde jamás volvería a sufrir frío, hambre o dolor.

LA PEQUEÑA cerillera

El siguiente texto narra el fragmento del célebre cuento *La pequeña cerillera* del escritor danés Hans Christian Andersen (1805–1875) en que la niña empieza a encender los fósforos y a imaginar una serie de visiones, todas ellas alejadas de su cruel realidad.

Se sentó en una plazoleta, y se acurrucó en un rincón entre dos casas. El frío se apoderaba de ella y entumecía sus miembros; pero no se atrevía a presentarse en su casa; volvía con todos los fósforos y sin una sola moneda. Su madrastra la maltrataría, y, además, en su casa hacía también mucho frío. Vivían bajo el tejado y el viento soplaba allí con furia, aunque las mayores aberturas habían sido tapadas con paja y trapos viejos. Sus manecitas estaban casi yertas de frío. ¡Ah! ¡Cuánto placer le causaría calentarse con una cerillita! ¡Si se atreviera a sacar una sola de la caja, a frotarla en la pared y a calentarse los dedos! Sacó una. ¡Rich! ¡Cómo alumbraba y cómo ardía! Despedía una llama clara y caliente como la de una velita cuando la rodeó con su mano. ¡Qué luz tan hermosa! Creía la niña que estaba sentada en una gran chimenea de hierro, adornada con bolas y cubierta con una capa de latón reluciente. ¡Ardía el fuego allí de un modo tan hermoso! ¡Calentaba tan bien!

Pero todo acaba en el mundo. La niña extendió sus pies para calentarlos también; más la llama se apagó: ya no le quedaba a la niña en la mano más que un pedacito de cerilla. Frotó otra, que ardió y brilló como la primera; y allí donde la luz cayó sobre la pared, se hizo tan transparente como una gasa. La niña creyó ver una habitación en que la mesa estaba cubierta por un blanco mantel resplandeciente con finas porcelanas, y sobre el cual un pavo asado y relleno de trufas exhalaba un perfume delicioso. ¡Oh sorpresa! ¡Oh felicidad! De pronto tuvo la ilusión de que el ave saltaba de su plato sobre el pavimento con el tenedor y el cuchillo clavados en la pechuga, y rodaba hasta llegar a sus pies. Pero la segunda cerilla se apagó, y no vio ante sí más que la pared impenetrable y fría.

✛ ¿Quién es el Cascanueces?

El Cascanueces es un muñeco en forma de soldado que inspiró tanto un cuento como un ballet. El cuento es obra de E.T.A. Hoffmann y el ballet, de Tchaikovski. La historia de ambos es básicamente la misma. La familia del juez Stahlbaum celebra una fiesta de Navidad, a la que acude el mago Drosselmeyer, padrino de la hija del juez, Clara. Drosselmeyer es un fabricante de relojes y juguetes mecánicos y aprovecha la ocasión para regalarle a Clara un hermoso muñeco en forma de Cascanueces. Fritz, el hermano de Clara, lo rompe presa de la envidia al ver la atención que atraía. El mago logra repararlo y Clara se queda contenta con su juguete. La fiesta termina y los invitados se marchan; cuando se supone que todos duermen en la casa, Clara regresa a escondidas para recuperar su remendado Cascanueces y se queda dormida con él en brazos.

Al llegar la medianoche empiezan a suceder cosas extrañas, Clara se hace más pequeña y el árbol de Navidad más grande; a la habitación comienzan a llegar muchos ratones que la asustan, entonces el Cascanueces se convierte en un apuesto príncipe. Los juguetes que lo rodean despiertan y se enfrentan a los ratones que asustan a la pequeña Clara. El movimiento es dirigido por el apuesto soldado, a quien Clara ayuda a ganar la guerra lanzando uno de sus zapatos al rey de los ratones. Al final de la batalla, Drosselmeyer conduce a Clara y al Cascanueces al Reino de las Nieves; un mundo mágico donde todo es ilusión. Clara y el príncipe viajan después por el Reino de los Caramelos, donde se muestran danzas como la española, la árabe, la rusa y la de los mazapanes. La jornada finaliza cuando se desvanece el mundo mágico y Clara regresa a la realidad, preguntándose si todo habrá sido un sueño.

✛ ¿Quién es Jack Skellington y qué tiene que ver con la Navidad?

En la película *Pesadilla antes de Navidad (El extraño mundo de Jack),* de Tim Burton, aparece el personaje de Jack Skellington, rey de la ciudad de Halloween. En esta historia se cuenta cómo existe un pueblo para cada día festivo. A lo largo del año, sus habitantes trabajan para preparar su festividad. En el caso del pueblo de Halloween, su rey es Jack Skellington. Pero Jack no se siente satisfecho sólo con su fiesta. Convencido de que hay algo más para él (y no sólo la misma fiesta), comienza a caminar por

EL CASCANUECES Y
el rey de los ratones

He aquí un fragmento del cuento del escritor alemán E.T.A. Hoffmann (1776–1822) donde María, la protagonista, observa por primera vez al Cascanueces.

María se quedó parada delante de la mesa de los regalos, en el preciso momento en que ya se iba a retirar, por haber descubierto una cosa que hasta entonces no había visto. A través de la multitud de húsares de Federico, que formaban en parada junto al árbol, se veía un hombrecillo, que modestamente se escondía como si esperase a que le llegara el turno. Mucho habría que decir de su tamaño, pues, según se le veía, el cuerpo, largo y fuerte, estaba en abierta desproporción con las piernas, delgadas, y la cabeza resultaba, asimismo, demasiado grande. Su manera de vestir era la de un hombre de posición y gusto. Llevaba una chaquetita de húsar de color violeta vivo con muchos cordones y botones, pantalones del mismo estilo y unas botas de montar preciosas, de lo mejor que se puede ver en los pies de un estudiante, y mucho más en los de un oficial.

el bosque hasta que se topa con el mundo de Navidad. Fascinado por la nieve, los regalos y el calor del hogar que se siente en la ciudad de Navidad, Jack quiere encargarse de esta fiesta y decide suplantar a Santa Claus para crear una Navidad diferente, por lo que las bromas macabras terminan por sustituir a los tradicionales buenos sentimientos. La fábrica de pesadillas de su mundo no está preparada para hacer feliz a nadie, por muy buena intención que tengan sus obreros. Jack cree que todo va sobre ruedas pero, sin quererlo ni saberlo, lo que está haciendo es sembrar el pánico en el mundo entero. Pero ¿qué más se puede esperar del Rey de Halloween?

✛ ¿Se ha hecho del árbol de Navidad un personaje?

El cuentista danés Hans Christian Andersen escribió en repetidas ocasiones sobre la Navidad. En uno de sus cuentos, *El pino,* un árbol que vive en el bosque es cortado y llevado a una casa. Al principio, el pino se siente emocionado, pues está experimentando una nueva vivencia. El momento cúspide de su vida llega justamente el día de Navidad, cuando lo llenan de luces, adornos y juguetes. Sin embargo, la felicidad pasa rápidamente, pues el árbol es desmontado y arrumbado en un desván. Ahí conoce a quienes serán los últimos amigos de su vida: los ratoncitos. El pino les cuenta las historias sobre su gloria pasada, hasta que un buen día los pequeños animalitos se hartan de oír siempre los mismos recuerdos y lo abandonan. Ya viejo y seco, al árbol lo sacan de la casa y lo abandonan en un descampado, donde encuentra la anunciada muerte.

✛ ¿Cómo surgió la figura del *Grinch?*

La historia del *Grinch* y de cómo robó la Navidad la debemos al genio del doctor Seuss, quien la publicó en 1957 a la edad de 53 años. Su historia se volvió rápidamente una de las favoritas de los niños y más tarde se convirtió en la inspiración tanto de un especial de televisión como de una película.

✛ ¿Quién es Kevin McCallister?

Kevin McCallister es el personaje interpretado por Macaulay Culkin en *Mi pobre angelito.* El éxito que alcanzó esta película fue tal que se filmaron tres capítulos más. La historia es sencilla, pero no por ello menos cautivadora. El pequeño Kevin se queda dormido justo el día en que toda su familia sale de vacaciones. El desorden de la partida es tal que nadie nota que falta un niño en el grupo. Cuando los miembros de la familia notan al fin la ausencia de uno de ellos, ya es demasiado tarde, pues se encuentran del otro lado del mundo. Kevin está solo en casa y debe ingeniárselas para sobrevivir. Las verdaderas aventuras empiezan cuando un par de ladrones entran en la casa y pretenden robarla, minimizando las habilidades de guardián de Kevin, quien se ve forzado a ponerlas en práctica. Toda esta serie de enredos tiene lugar en la Navidad; una Navidad que, por cierto, ni Kevin ni su angustiada madre olvidarán jamás.

LA LEYENDA DEL
Grinch

El Grinch es un personaje de color verde que aborrece la Navidad. Nadie sabe por qué, pero todo lo relacionado con la Navidad lo pone de mal humor. Vive en una montaña al norte de la villa Who *y no soporta ver todos los preparativos que hacen los* Who *a medida que se acerca la Navidad. Así que decide tomar cartas en el asunto y comienza a planear la forma de robarse la Navidad para ponerle fin a tanta tontería. De este modo, junto con su perro, que es el único que siempre lo acompaña, se dirige a la villa* Who *y se lleva todo lo relacionado con la celebración navideña, incluidos los regalos.*

Sin embargo, su plan falla, pues cuando se da cuenta de que todos los Who *celebran la Navidad aun sin regalos, no le queda más remedio que admitir que no pudo detener la Navidad, ya que ésta llegó a pesar de todo. Así que se puso a meditar sobre el problema y de repente se dio cuenta de que tal vez la Navidad no tenía nada que ver con los adornos, o los regalos o las luces, sino que significaba algo más. Cuentan los* Who *que ese día el corazón del* Grinch *creció tres tallas y se precipitó a toda velocidad a la villa a devolver lo que había robado. Los* Who *lo invitaron a formar parte de la celebración e incluso fue el elegido para servir el* roast beef.

✣ **¿Quiénes protagonizan las pastorelas mexicanas?**

Las pastorelas son protagonizadas por los miembros de la Sagrada Familia (María, José y el Niño Dios), los Reyes Magos, el arcángel Gabriel, Lucifer, algunos diablos secundarios y los pastores Gila, Bato, Bras y Bartolo. Se podría decir que los pastores son los protagonistas de estas representaciones, pues son ellos quienes tienen que ignorar las tretas de Lucifer y vencerlo para llegar al portal y adorar al Niño Dios. Los pastores suelen ser inocentes, se expresan en un lenguaje popular que muchas veces utiliza el doble sentido y la ironía, y reflejan hasta cierto punto el estereotipo del campesino mexicano. Ellos son los encargados de agregar una dosis de humor y a veces de picardía a las tradicionales pastorelas *(ver págs. 159 y 160)*.

✣ **¿Quién fue Clement Moore?**

Clement Moore fue un profesor de Teología que escribió el poema *Una visita de Santa Claus,* en el que presentó al Santa Claus estadounidense del siglo XIX, y marcó así muchos de los detalles que caracterizan a esta figura. Por ejemplo, él fue quien dijo que Santa Claus llevaba ocho renos, e incluso les puso nombre a todos; también reveló que Santa Claus entraba a las casas por la chimenea; asimismo, desplazó la llegada del simpático personaje del 6 de diciembre típico de la tradición holandesa al día 25, lo que influyó notablemente en el progresivo traslado de la fiesta de los regalos al día de la Navidad. El poema se publicó anónimamente en el periódico *El Centinela* en 1823 y sólo hasta 1862 Moore reconoció haberlo escrito. Él lo había dedicado a sus numerosos hijos y nunca previó que un familiar suyo lo enviaría a un periódico.

UNA VISITA DE
Santa Claus

Al poema de Clement Moore (1779–1863) se debe, en buena medida, el aspecto actual de Santa Claus. A continuación se ofrece una versión en prosa de este texto navideño.

Era la víspera de Navidad, y todo en la casa era paz. No se oía ni un ruidito, ni siquiera chillar a un ratón. Junto al fuego pendían los calcetines vacíos, seguros de que pronto vendría Santa Claus. Sobre la cama, acurrucaditos y bien abrigados, los niños dormían, mientras dulces y bombones danzaban alegres entre sus sueños. Mamá con pañoleta, yo con gorro de dormir, iniciábamos un largo sueño invernal.

De pronto, en el prado surgió un alboroto, salté de la cama y fui a ver qué pasó. Volé como un rayo hasta la ventana, jalé la cortina y tiré del postigo. Blanca y suave era la nieve y dulce el brillo de la luna, parecía mediodía en nuestra tranquila villa. Cuando, para mi asombro, vi pasar a lo lejos, ocho pequeños renos y un diminuto trineo. Conducía un viejecito, vivaracho y veloz, y supe en seguida que debía ser Santa Claus. Más rápido que las águilas, sus corceles volaban, y él silbaba y gritaba a sus renos llamándolos: ¡Vamos, Trueno y Relámpago! ¡Adelante, Acróbata, Bailarín y Cupido! ¡Jala duro, Cometa! ¡Lleguen lejos, Juguetón y Brioso! ¡A la cima del techo! ¡A la cima del muro! ¡De prisa, de prisa, que los niños me esperan! Cual hojas secas de un árbol, remontaban al cielo al hallar a su paso alguna barrera. Volaron así hasta posarse en la casa, Santa Claus, los renos y el trineo con juguetes. En un parpadear, sobre el techo escuché los pequeños cascos de los renos patear, y al voltear la cabeza, entre cenizas y troncos, por la chimenea cayó Santa Claus. Abrigado con pieles, de la cabeza los pies, Santa Claus se encontraba todo sucio de hollín. Cual ropavejero, con un saco a la espalda, descargó su equipaje y se puso a jugar. ¡Cómo brillaban sus ojos! ¡Cómo sus labios sonreían! ¡Se veía tan gracioso! ¡Su nariz parecía una cereza, sus mejillas estaban rosadas, y su barba, tan blanca, recordaba la nieve!

Su cara era amplia, y cuando reía, temblaba su panza redonda, como un gran tazón de jalea. Al verlo jugando, gordinflón y rollizo, como un duende gracioso, me reí sin querer. Santa Claus guiñó un ojo y sacudió la cabeza, de tal forma que supe que no había qué temer. No habló ni una palabra y volvió a su trabajo, llenó bien los calcetines, inclinó la cabeza, arrugó la nariz, y después, de un brinco, salió por la chimenea. Saltó a su trineo y silbó a sus corceles, que arrancaron volando, cual hojas de un árbol que el viento arrastró. A lo lejos pude escuchar que exclamaba: "Feliz Navidad a todos!"

El último regalo

Por Óscar Martínez Vélez

Para volar, los hombres sólo necesitan decidirse a volar.
Dante Alighieri

Sucede que un día nos damos cuenta de que la soledad existe; a mí me pasó a muy corta edad. Casi podría asegurar que fue por el tiempo en que Santaclós decidió entrar al mundo de la modernización y corrió a los enanos con quienes había fundado la fábrica de juguetes; los sustituyó por robots de acero inoxidable. Éstos quizá fueron los primeros síntomas de la globalización que hoy vivimos. Después, para saber a qué niño le regalaría qué cosa, introdujo un sistema por computadora. A un carnicero le vendió los renos con los que había trabajado durante muchos años. Los cambió por un trineo motorizado marca *Yamaha*. Esa máquina tenía un potente motor que rugía como un león: "¡Grrrrrrrrr!"

Pero lo nuevo a veces no es lo mejor. Ahora les voy a platicar por qué.

Resulta que la noche del veinticuatro de diciembre de aquel año, Santaclós ya estaba preparado con todos los regalos que repartiría por el mundo. Se puso su traje rojo, se peinó la barba y se montó en su flamante trineo. Pero cuando introdujo la llave para encenderlo y le dio vuelta... el motor no lanzó su estremecedor rugido de león. Entonces Santa llamó a un mecánico. Éste le dijo que, con el frío del Polo Norte, el motor se había congelado como si fuera una paleta de limón.

A Santa, que con la desesperación hasta le dieron dolores de esa gastritis que tenía en su enorme panza, lo único que se le ocurrió fue consultar el directorio telefónico, elegir un número al azar y marcarlo.

Yo estaba solo; era hijo único. Por las noches, a veces, me paraba al pie de una ventana para ver el destello de las estrellas desaparecidas hace miles de años. Así estaba pasando aquella Navidad. No salimos de casa, mis padres habían decidido pasarla ahí. Entonces, cuando terminamos de cenar y ya me habían ordenado que me fuera a dormir, sonó el teléfono:

"¡Rinnnnnnnnnnnnnnn!"

Pero los grandes no lo oyeron porque la música del tocadiscos estaba a todo volumen. Yo contesté:

—Bueno.

—Soy Santaclós —me dijo una voz desconocida.

—¿El Santa de verdad... o el señor que se disfraza de Santaclós en la juguetería de la esquina?

—Soy el Santaclós de verdad y tengo un problema.

—¿En qué lo puedo ayudar? —le pregunté—. ¿Qué no se supone que debería de estar repartiendo los juguetes ya?

—Lo que sucede es que mi trineo se descompuso.

—¿Y qué piensa hacer? Esta noche no se pueden quedar tantos niños sin sus regalos.

—No sé. Por eso llamaba, necesito que alguien me dé una buena idea.

Entonces, cuando vi por la ventana el Volkswagen de mi papá estacionado a media calle, se me ocurrió algo:

—¿Usted sabe manejar?

—Claro —me contestó Santa—. Manejo trineos, aviones supersónicos y patinetas.

—¿Y también Volkswagens?

—Por supuesto, faltaba más.

—Yo lo puedo ayudar. Véngase lo más rápido que pueda.

No lo van a creer, pero después de que colgué sonó el timbre de la puerta. Los grandes no lo escucharon porque seguían con su música a todo volumen. Cuando abrí la puerta... ahí estaba, con un costal lleno de juguetes, el mismísimo Santaclós; era enorme... De un buró tomé las llaves del coche de mi papá y salimos corriendo de puntitas, sin que nadie se diera cuenta. Santa batalló para entrar por la portezuela, no sé cómo le hace para meterse a las chimeneas de las casas. Pero ya dentro, con el costal de regalos sobre el techo y las manos en el volante, lanzó su conocida carcajada y arrancamos de un patinón:

—¡Jo jo jo joooooooooooooo!

Durante toda la noche repartimos regalos en el Volkswagen.

Ya cuando amanecía, regresamos a la casa y estacionamos el coche en el mismo lugar de donde lo habíamos tomado.

—Muchas gracias —me dijo, y se fue a una esquina a esperar un camión que lo llevara de vuelta al Polo Norte.

Nadie notó lo que habíamos hecho. Entré por la puerta de la cocina. La casa estaba en silencio. Me fui a la cama. En ese momento me di cuenta de algo: había olvidado pedirle mi regalo. Me quedé dormido.

Esa mañana mi mamá fue a despertarme. Se veía muy contenta:

—Óscar, vas a tener un hermano.

Sí, esas estrellas que por la noche vemos ya no existen, son espejismos en el tiempo. Esto puede hacer que nos sintamos perdidos en el universo. Así dejé de ser un niño solo. Sé que muchos no van a creer esta historia, pero es cierta. Mientras desayunábamos, supe que esa mañana había recibido el mejor regalo. No importaba que llegara meses después y que, en la escuela, todos mis compañeros pensaran que Santaclós no me había traído nada.

A mi hermano decidimos ponerle Alonso.

fin

Cuentan que después de esa noche, cuando Santaclós regresó al Polo Norte, apenas tuvo tiempo de rescatar a sus renos de la carnicería. El trineo motorizado desapareció bajó la nieve de aquel invierno. Nunca se le volvió a ver, aunque no falta quien afirma que terminó sus días en un depósito de chatarra.

El universo, mientras tanto, seguía expandiéndose miles de kilómetros a una velocidad vertiginosa, de años luz, aún no calculada. Aunque ya no estoy solo, sigo disfrutando los momentos en que miro las estrellas desaparecidas y, por alto que esté el volumen de la música en mi casa, siempre estoy al tanto del teléfono. No vaya a ser que Santaclós requiera ayuda de nueva cuenta.

Simbología

La Navidad es una celebración que conjuga un gran número de símbolos, sobre todo de índole espiritual. De hecho, la misma Navidad es un símbolo ya que, al conmemorar el nacimiento de Jesús, adquiere una carga inmensa de significados. Todos los elementos decorativos, muchos de los personajes envueltos en la fiesta e, incluso, algunos de los platillos típicos de estas fechas significan algo. Al saberlo, valoramos y revaloramos el sentido original de la Navidad y el mensaje que trae consigo.

❖ **¿Hay un calendario de las festividades navideñas?**

Las fiestas de Navidad forman parte del año litúrgico y sus fechas se definen en el calendario de la tradición cristiana; la celebración de lo que también se conoce como época de Pascua se lleva a cabo en tres etapas: un primer periodo, en el que los creyentes se preparan espiritualmente para la celebración; un segundo periodo de festejos de conmemoración del nacimiento de Cristo propiamente dichos, y un periodo final, de reflexión y regocijo, en el que se sitúan las festividades que cierran la temporada navideña.

❖ **¿Qué fiestas existen según este calendario?**

El periodo de preparación incluye las celebraciones de Adviento y "las posadas". En varias culturas, la Navidad se festeja con una cena de Nochebuena o con una comida el día de Navidad; en estas celebraciones aparecen elementos asociados con representaciones sagradas y tradicionales, como el árbol, los nacimientos, los alimentos, los adornos de las casas, la música *(ver págs. 274–285)*, entre otros. Por último están las celebraciones posteriores a la Navidad, con las cuales concluye el periodo: la fiesta de Epifanía o celebración de los Reyes Magos, y un poco después, como festejo final se lleva a cabo la fiesta de la Candelaria.

❖ **¿Qué quiere decir la palabra "Adviento"?**

"Adviento" proviene del latín *adventus* y significa "llegada"; en este caso, se trata de la llegada de Cristo. Por eso los primeros cristianos que celebraron el Adviento hacían una oración llamada "Naranatha", que quiere decir "ven, Señor", o "Maranatha", que significa "el Señor viene".

❖ **¿Hoy en día qué celebra el Adviento?**

Actualmente, el Adviento representa una etapa de preparación y reflexión, es decir, un tiempo de renovación espiritual y esperanza antes de la llegada de la Navidad. Se tiene la idea de que durante el Adviento los cristianos renuevan el deseo de recibir a Cristo y lo manifiestan por medio de la oración y la práctica de la generosidad y la caridad.

❖ **¿Cuándo y en qué santoral se festeja el Adviento?**

El Adviento *(ver pág. 138)* abarca los cuatro domingos anteriores a la Navidad, así que se inicia aproximadamente el 30 de noviembre, en la fiesta del día de San Andrés, o el domingo más cercano a esta fecha. San Andrés es un santo al que se identifica con la fe cristiana, ya que fue discípulo tanto de Juan el Bautista como de Jesús.

❖ **¿Qué es un calendario de Adviento?**

En algunas culturas europeas y de América del Norte, existe, desde hace por lo menos un siglo, la tradición de colocar un calendario hecho en un tablero con ventanitas que se van abriendo cada día hasta llegar a la celebración de la Navidad. El calendario puede elaborarse de distintas maneras, pero sus fines son didácticos y se usa para que los niños cuenten los días que faltan para la Navidad y se preparen para recibirla.

Un cuento
de Navidad

La Navidad es una fiesta en que todo el mundo está invitado a participar, incluso quienes tienen un pasado criminal. En este cuento, el escritor argentino Mempo Giardinelli (1947) describe la forma en que un hombre, quien en el pasado fue un torturador, pasa la Nochebuena en un restaurante de las cataratas de Iguazú, junto a turistas provenientes de todos los rincones del mundo. El hombre, situado entre la oscuridad de su pasado y la luz que genera la Navidad, intenta reintegrarse a la sociedad.

Imposible no mirarlo. Es casi agresiva su desolación. Preside una mesa vacía con restos de pavo y un trozo de pan dulce a medio comer. Ha pedido ahora una botella de vino blanco que beberá solo, quizás como lo ha hecho toda su vida, y lo bebe parsimonioso y lento como haciéndolo durar hasta las doce, cuando la chica del vestido largo azul anuncia que es la hora del gran brindis y los besos y los buenos deseos, y estallan las mesas de los argentinos, los cordobeses y unos rionegrinos de más allá, y también un grupo de brasileños que se lanzan a bailar como siempre hacen los brasileños para que todo el mundo los quiera, y de modo más contenido los europeos, y con asiática frialdad los chinos: todos se besan, se abrazan, se saludan, nos besamos, brindamos de mesa a mesa, alzamos copas, algunos le hacen guiños a la chica del vestido largo azul que canta algo de Caetano. Chun-Li vigila la caja y que todo esté en orden, y luego de cinco minutos yo advierto, y creo que todos advertimos, que el hombre solo sigue solo, impertérrito, alzando su copa apenas hasta la altura de sus labios y como para brindar con nadie. De una mesa vecina, un matrimonio mayor se le acerca para brindar con él, acaso conmovidos por su desamparo...

❖ **¿Cuál es elemento característico de la celebración del Adviento?**
Para esta fiesta se acostumbra colocar una corona o guirnalda con cuatro velas, tres de color oscuro y una de color claro, las cuales se van encendiendo, una a una, cada domingo hasta la llegada de la Navidad. Se empieza con las de color oscuro y se termina con la vela clara, lo que coincide con el domingo previo a la Navidad.
La corona se elabora con follaje de diversos árboles y plantas como el acebo, el arce, el pino y el muérdago.

❖ **¿Qué representa la corona de Adviento?**
La corona se identifica con la divinidad y la realeza de Jesús, y con su reconocimiento como hijo de Dios. También es símbolo de la espiritualidad de Cristo, ya que los seres divinos o angelicales suelen ser representados con halos de luz en

114

CITAS Y refranes

La felicidad es un artículo maravilloso; cuanto más se da, más le queda a uno.
Blaise Pascal (1623–1662), científico francés

forma de corona. En general, la corona se interpreta como la dignidad que algunas personas han alcanzado por sus hazañas o nobleza. En ciertas tradiciones, las ramas verdes perennes y la forma circular simbolizan la eternidad de Dios. En varios países del norte de Europa, la corona se hace de ramas de árboles que no pierden sus hojas durante el invierno, lo que también se interpreta como signo de esperanza y de aquello que no tiene principio ni fin. La luz de la corona hace referencia a la fe y la verdad *(ver pág. 27)*.

❖ **¿Por qué se usan el acebo, el muérdago y el arce en las coronas de Adviento?**

Las coronas se elaboraban con estas ramas porque pertenecen a árboles o plantas que lucen su verdor en el invierno. En muchas zonas de Europa, el acebo se considera todavía hoy una planta medicinal o milagrosa. Según la leyenda, si se elabora una corona con ramas y hojas de acebo, se adorna con pequeñas piñas y frutos rojos, que pueden ser sus propias bayas, y una vez terminada se coloca en el umbral de la puerta,

traerá buena fortuna a todos los que pasen por debajo.

El muérdago, por su parte, es la planta de la suerte que tradicionalmente se regala con motivo de la Navidad a los seres queridos a quienes se pretende desear buena fortuna. Como el acebo, también se asocia con la magia, la vida, la salud, la fertilidad y la prosperidad.

En tiempos antiguos, el arce se consideraba mágico y sagrado, y las coronas navideñas hechas con sus ramas se convertían también en símbolo de poder mágico. El sacerdote cumplía un ritual especial al pie del árbol durante la luna llena; luego trepaba a él y con una hoz de oro cortaba algunas ramas y hojas con las cuales armaba la corona.

❖ **¿Qué representan las coronas trenzadas que en la Navidad se ven en adornos, galletas, rosquillas y dulces?**

La corona trenzada simboliza la que llevaba en la cabeza Constantino I el Grande, tal como se observa en diversas imágenes que lo representan. Constantino I

CAMPANA SOBRE
campana

Campana sobre campana
y sobre campana una.
Asómate a la ventana,
verás al Niño en la cuna.

(Estribillo:)
Belén,
campanas de Belén,
que los ángeles tocan
por ver a Dios nacer.

Recogido tu rebaño,
¿adónde vas pastorcillo?
Voy a llevar al portal
requesón, manteca y vino.

(Estribillo)

Campana sobre campana
y sobre campana dos.
Asómate a la ventana
porque está naciendo Dios.

(Estribillo)

Caminando a medianoche,
¿dónde caminas pastor?
Le llevo al niño que nace,
como a Dios, mi corazón.

(Estribillo)

Campana sobre campana
y sobre campana tres.
En una cruz a esta hora,
el niño va a padecer.

(Estribillo)

Villancico
popular

fue el primer emperador romano que se convirtió al cristianismo, detuvo la persecución de los cristianos y proclamó el Edicto de Milán en 313 d.C., en el cual se ordenaba la tolerancia de esta religión en el Imperio, y restituía a la Iglesia los bienes confiscados. Siendo una fiesta cristiana, la Navidad rinde un pequeño homenaje a Constantino I en las rosquillas, galletas y dulces con forma de trenza, tan populares en la temporada navideña.

❖ **¿Cuáles son las luces navideñas tradicionales?**

Las luces tradicionales son las velas, que simbolizan la purificación y sus flamas representan la fe. En algunas culturas se acostumbra tener una vela prendida para derrotar al mundo de las tinieblas; la vela encendida simboliza la vida, la fe y atrae bendiciones a cada hogar (ver pág. 239).

❖ **¿Qué significan los colores de las velas?**

Las velas son representación directa de la luz verdadera que, para el cristianismo, se identifica con Dios. Algunos creyentes suelen prender cuatro velas de color violeta como símbolo del amor de Dios y la realeza de Jesús, o velas de color morado que representan el espíritu de vigilia, penitencia y sacrificio necesarios como preparación para la llegada de Cristo. El último domingo de Adviento se enciende una vela de color claro. Si ésta es blanca, se interpretará como la divinidad y pureza de Cristo; si es color de rosa, representará su amor por la humanidad; una vela amarilla manifestará la alegría de que el nacimiento del Señor está muy cerca. De todas maneras, los colores más utilizados y tradicionales son el morado y el rosa.

✤ **¿Existen otros colores para las velas que adornan la corona de Adviento?**

En otras tradiciones, la costumbre es encender una vela verde el primer domingo de Adviento, en señal de esperanza, vida y confianza en Jesús; el color verde también simboliza la salud y la curación. El segundo domingo de Adviento, además de la vela verde, se enciende una vela de color morado o lila que refleja la transmutación espiritual interior de los fieles. El tercer domingo de Adviento se prende una tercera vela color de rosa, que simboliza el amor expresado por Dios al haber enviado a su hijo al mundo como Salvador. El cuarto o último domingo de Adviento se prenden las velas verde, morada y rosa, y se añade una vela de color dorado que representa la realeza y la perfección de Cristo, aunque también se considera símbolo de la sabiduría, la prosperidad y la abundancia.

✤ **¿Por qué se colocan cuatro velas en la corona de Adviento?**

El número cuatro representa la tierra y lo terrestre, lo natural y lo tangible. Con el cuatro se simbolizan los puntos cardinales y las estaciones del año, los cuatro Evangelios, con los cuales los cristianos aprenden de Jesús y sus enseñanzas. Las velas anticipan la venida de la luz en la Navidad; durante la cena de Navidad, estas velas se suelen sustituir con otras rojas que reflejan el espíritu navideño de amor y regocijo, y en el centro se coloca una vela blanca o cirio que simboliza la paz, la pureza y a Cristo.

✤ **¿Todas las coronas navideñas tienen significado religioso?**

En los países nórdicos, antes de la llegada del cristianismo y durante una ceremonia sagrada de invierno, se acostumbraba poner una vela en una corona hecha con ramas

y adornada con frutos; esto simbolizaba el cambio de tiempo y la esperanza con la cual se aguardaban la primavera y sus frutos; sin embargo, tras siglos de cristianización, esta tradición originaria ha quedado prácticamente en el olvido. Ahora bien, en muchos países se pone una corona en la puerta o en la fachada de la casa, simplemente para atraer la buena suerte a ese hogar.

✤ **¿Por qué se usan tanto las velas en las fiestas navideñas?**

Desde tiempos remotos, cuando no había luz eléctrica, se encendían velas en las largas noches de invierno y se creía que servían para ahuyentar a los malos espíritus de la noche, ya que, por tenue que fuera su luz, ponía fin a la oscuridad. El fuego, además de dar calor, representa el verano, la vida y, sobre todo, el Sol.

✤ **¿Tiene algún significado el color de las velas?**

Hay un antiguo rito que promete generar buenos augurios y atraer felicidad a toda persona que encienda una vela untada previamente con unas gotas de mirra; según este rito, del color de la vela dependerá el tipo de bendiciones que se reciban.

- Si la vela es de color azul, traerá honor, paz, tranquilidad, verdad, sabiduría y protección.
- Encender una vela de color café devolverá algunos objetos perdidos, y también ofrecerá protección a familiares y mascotas.
- Las velas verdes se relacionan con la salud, la fertilidad, el éxito, la buena suerte, la prosperidad, el dinero y la juventud.
- Una vela de color naranja representa la energía.
- Las velas rosas simbolizan el amor y la salud.
- Las velas rojas también se relacionan con el amor, la alegría y el poder de la voluntad.
- Las de color plateado eliminan lo negativo y brindan estabilidad en el hogar.
- Las velas amarillas generan confianza y representan la alegría.
- Por último, las velas blancas son características de los rituales de consagración y meditación, y simbolizan la verdad, la paz, la pureza y la fuerza espiritual.

DEL PASTOR CIEGO QUE abrió los ojos a una nueva vida

Sentí decir ¡Belén! y un inseguro
empuje me arrastró; quedé un
momento
sin poder respirar; pálido y lento
volví a palpar el muro, y tras el
muro
el roce de un testuz súbito y
duro
me hizo pasmar; después sentí
un violento
temblor de carne y labio, el
movimiento gozoso de la gente y
un oscuro
miedo dulce a volver; seguí
avanzando
y resbalé en la paja; ya caído
toqué el cuerpo de un niño:
yo quería
pedirle ver y me encontré
mirando,
sintiéndome nacer, recién
nacido,
junto al rostro de Dios que
sonreía.

Luis Rosales (1910–1992)

❖ ¿Qué son las posadas?

Las posadas se distinguen por su carácter originalmente religioso y representan el recorrido de los peregrinos, José y María, desde Nazaret hasta Belén. Las posadas consisten en pedir alojamiento durante nueve noches que culminan el 24 de diciembre con la conmemoración del nacimiento de Jesús. En la celebración se canta la letanía, hay una peregrinación portando un pesebre con las figuras de los peregrinos, se entonan villancicos y se suele incluir el ritual de las piñatas y la fiesta *(ver pág. 142)*.

❖ ¿Qué representa la piñata?

La piñata, que en su forma tradicional es una olla revestida de papeles de colores y adornos que le dan una apariencia

CUENTO
de Navidad

La historia del nacimiento de Jesús es tan bella que permite a los escritores crear cuentos hermosos sin tener que buscar nuevas anécdotas, pues reescribirla es suficientemente fascinante como para embrujar al lector. El escritor y político dominicano Juan Bosh (1909–2001) narra muy a su manera la serie de acontecimientos que dieron lugar a la Navidad. En el siguiente fragmento se describe el momento en que Dios decide enviar a su hijo al mundo y elige a María como la mujer encargada de ser la madre del hijo de Dios.

La situación era seria y había que hallarle una solución. Eso que sucedía en la Tierra no podía seguir así. El Señor Dios necesitaba un hijo que predicara en ese mundo de locos la ley del amor, la del perdón, la de la paz.

—¡Ya está! —dijo el Señor Dios, pero lo dijo con tal alegría, tan vivamente que su vozarrón estalló y llenó los espacios, haciendo temblar las estrellas distantes y llenando de miedo a los hombres en la Tierra.

Hubo miedo porque los hombres que van a la guerra como a una fiesta son, sin embargo, temerosos de lo que no comprenden, ni conocen. Y la alegría del Señor Dios fue fulgurante y produjo un resplandor que iluminó los cielos, a la vez que su tremenda voz recorrió los espacios y los puso a ondular. El Señor Dios se había puesto tan contento porque de pronto comprendió que el maestro de ese batajo de idiotas que andaban matándose en un mundo lleno de riquezas y de hermosuras tenía que ser en apariencia igual a ellos, es decir, un hombre, y que por tanto la madre de ese maestro debía ser una mujer. Así fue como el Señor Dios decidió que Su Hijo nacería como los hijos de todos los hombres, nacería en la Tierra y su madre sería una mujer.

Alegre con su idea, el Señor Dios decidió escoger a la que debía llevar a Su Hijo en el vientre. Durante largo rato miró hacia la Tierra, observó las grandes

muy vistosa, simboliza en sí misma al diablo, Satanás, o el espíritu del mal junto con todas sus tentaciones. Se cree que por su agradable apariencia atrae a los hombres. La persona vendada representa la fe, que debe ser ciega, y que se encarga de destruir al espíritu maligno. En su conjunto, el ritual de la piñata representa la lucha de la fe para destruir las malas pasiones y todo aquello que arrastre al ser humano hacia su perdición; en otras palabras, es el conflicto entre el bien y el mal.

❖ **¿Por qué la piñata clásica es una estrella de siete picos?**
Esta forma fue creada en Italia y, aunque parece una estrella, en realidad los siete picos representan los siete pecados capitales que definió el papa Gregorio el Grande. A cada pecado corresponde una virtud cristiana: a la soberbia se contrapone la humildad; a la avaricia, la generosidad; a la lujuria, la castidad; a la gula, la templanza: a la ira, la paciencia; a la envidia, la caridad, y a la pereza, la diligencia *(ver pág. 142).*

ciudades, una que se llamaba Roma, otra que se llamaba Alejandría, otra Jerusalén y muchas más que eran más pequeñas. Su mirada, que todo lo ve, penetró por los techos de los palacios y recorrió las chozas de los pobres. Vio infinito número de mujeres, mujeres de gran belleza y ricamente ataviadas o humildes en el vestir, emperatrices, hijas de comerciantes y funcionarios, compañeras de soldados y de pescadores, hermanas de labriegos y esclavas. Ninguna le agradó. Pues lo que el Señor Dios buscaba era un corazón puro, un alma en la que jamás hubiera albergado un mal sentimiento, una mujer tan llena de bondad y dulzura que Su Hijo pudiera crecer viendo la belleza reflejada en los ojos de la madre. El Señor Dios no hallaba mujer así y, de no hallarla, toda la humanidad estaría perdida, nadie podría salvar a los hombres. De una mujer dependía entonces el género humano y sucede que de la mujer depende siempre, porque la mujer está llamada a ser madre, la madre buena da hijos buenos y son los buenos los que hermosean la vida y la hacen llevadera.

Iba el Señor Dios cansándose de su posición, ya que estaba tendido de pechos mirando por el agujero que había abierto en las nubes, cuando acertó a ver, en un camino que llevaba a una aldea llamada Nazaret, a una mujer que arreaba a un asno cargado de botijos de agua. Era muy joven y acababa de casarse con un carpintero llamado José. Su voz era dulce y sus movimientos armoniosos. Llevaba sobre la cabeza un paño morado y vestía de azul. El Señor Dios, que está siempre enterado de todo, sabía que se llamaba María, que era pobre y laboriosa, que tenía el corazón lleno de amor y el alma pura.

❖ ¿Qué simbolizaba la piñata durante la época de la Colonia?

Cuando se descubrió América, los monjes usaron las piñatas para atraer a los nativos a la misa y a las ceremonias religiosas católicas. Gustaron tanto, que los nativos las adoptaron para sus propias celebraciones, lo cual subsiste hasta la actualidad; sin embargo, el significado de la piñata era algo distinto en América (ver pág. 147). Se tienen antecedentes de que los frailes españoles instruían a los indígenas con esta explicación:

"La piñata simboliza las tres virtudes teologales: la fe, porque vamos con los ojos vendados, sin otra guía que las voces 'arriba', 'abajo', 'atrás', que tratan de hacernos el mal; la esperanza, porque todos miramos al cielo anhelando y esperando el premio; la caridad, porque, al romper la piñata destrozando los vistosos oropeles del pecado, alcanzamos los regalos deseados para compartirlos con los demás."

❖ **¿Por qué se llena la piñata con frutos y dulces?**

La piñata va colmada de frutos de temporada, como cacahuates, jícamas, naranjas, mandarinas, limas, tejocotes, cañas y dulces. Todos estos frutos simbolizan la abundancia y las bienaventuranzas que se ganan al vencer al diablo *(ver págs. 147 y 148)*.

❖ **¿Qué representa la colación?**

Existe un tipo de dulces que son una mezcla especial de confites y que se conocen como "colaciones"; estas golosinas también se obsequian a los asistentes de la posada. La colaciones representan los placeres desconocidos, las tentaciones que el mal ofrece al ser humano para atraerlo a su reino *(ver pág. 145)*.

❖ **¿Por qué la Navidad se celebra el 25 de diciembre?**

La Navidad conmemora el nacimiento de Cristo. A pesar de que no se tiene el dato exacto de cuándo ocurrió, en el siglo IV se estableció oficialmente el 25 de diciembre como día del nacimiento de Jesús. Sin embargo, se tienen antecedentes de que durante el reinado del papa Telésforo, en el siglo II d.C., ya se celebró una fiesta de Navidad, como se puede corroborar en un documento llamado "cronógrafo filocaliano", que se encuentra en Roma y que data del año 336, en el cual aparece registrada dicha celebración.

❖ **¿Cómo se festeja la Navidad?**

En algunos lugares, la celebración se inicia con una cena especial, la cena de Nochebuena, en la víspera de Navidad; la Nochebuena coincide con la fecha de la última posada, así que los dos festejos ocurren juntos. Para la ocasión suele haber comida abundante y especial. En otros sitios, la fiesta principal se lleva a cabo el día de Navidad, que se festeja con una comida también abundante y especial.

❖ **¿Por qué se celebra la misa de gallo en Navidad?**

La misa de gallo se celebra exactamente a las 12 de la noche, hora que, según la tradición cristiana, es la del nacimiento de Jesús. Se le ha llamado así porque se dice que el gallo fue uno de los animales que presenciaron el nacimiento de Cristo y fue el primero en anunciarlo. La misa de gallo se comenzó a celebrar en el siglo V; un dato curioso es que, hasta principios del siglo XX, se iniciaba con el canto de un gallo verdadero o artificial. En algunos lugares de América, la misa era la ocasión para que las mujeres intercambiaran dulces por un pan elaborado en la iglesia y bendito al que se solía llamar "Pan de Navidad"; este pan era muy apreciado porque se le atribuían cualidades milagrosas y sagradas *(ver pág. 252)*.

❖ **¿Hay otras misas típicas de la Navidad además de la misa de gallo?**

El culto religioso indica celebrar tres misas. La primera es la de gallo, que originalmente se

ROMANCE DEL establo de Belén

Al llegar la medianoche
y romper en llanto el Niño,
las cien bestias despertaron
y el establo se hizo vivo...
y se fueron acercando
y alargaron hasta el Niño
sus cien cuellos, anhelantes
como un bosque sacudido.

Bajó un buey su aliento al rostro
y se lo exhaló sin ruido,
y sus ojos fueron tiernos,
como llenos de rocío...

Una oveja lo frotaba
contra su vellón suavísimo,
y las manos le lamían,
en cuclillas, dos cabritos...

Las paredes del establo
se cubrieron sin sentirlo
de faisanes y de ocas
y de gallos y de mirlos.

Los faisanes descendieron
y pasaban sobre el niño
su ancha cola de colores;
y las ocas de anchos picos
arreglábanle las pajas;
y el enjambre de los mirlos
era un vuelo palpitante
sobre del recién nacido...

Y la Virgen entre el bosque
de los cuernos, sin sentido,
agitada iba y venía
sin poder tomar al Niño.

Y José sonriendo iba
acercándose en su auxilio...
Y era como un bosque todo
el establo conmovido.

Gabriela Mistral, poeta chilena
(1889–1957)

realizaba en la Cueva de la Natividad y hoy se lleva a cabo para santificar la hora del nacimiento de Jesús como hijo de Dios. Hay una segunda misa que se celebra al amanecer y simboliza la resurrección; esta misa conmemora la humanización de Dios. La última misa solemne se dice al mediodía y agradece a Dios por haber enviado un Salvador al mundo; se le llama misa de oficio del día de Navidad. La misa de medianoche también se conoce como "Estación en Santa María la Mayor", y por ello ha de efectuarse junto al pesebre; a la misa que se lleva a cabo al amanecer también se le llama misa de la aurora, y a la tercera misa celebrada a mediodía se le llama misa del día.

❖ **¿Por qué hay una tradición de dar regalos en la Navidad?**
Algunos consideran que el intercambio de regalos simboliza la ofrenda que Dios hizo a los seres humanos enviando a Jesús; otros piensan que se relacionan con los que se hicieron al Niño cuando nació. Hoy día, se conciben como una expresión de amor y buenos deseos en el seno familiar. Ahora bien, lo importante al regalar es la actitud, pues, más allá del valor del presente, lo que aflora es el espíritu de generosidad y buen corazón de parte del que obsequia, y el sentimiento de agradecimiento y humildad de parte de quien recibe el regalo. Dado que la época navideña se considera un tiempo para compartir y para expresar la buena volun-

tad, ofrecer algo a los demás es una manera de hacerlo *(pág. 240)*.

❖ **¿Qué representan los aguinaldos?**
Dar el aguinaldo es una práctica muy añeja a la que se atribuyen varios significados. Desde la antigua Roma se registra el otorgamiento de un regalo los primeros días del año como indicio de buenos augurios para los 12 meses por venir. En otras culturas, se estableció la costumbre de dar una gratificación a los sirvientes y a los empleados por sus servicios prestados durante el año. Y en otras tradiciones, se solía dar algún regalo a los niños que iban de casa en casa; a cambio, éstos entonaban algunos villancicos o deseaban la feliz Navidad al anfitrión *(ver pág. 30)*.

RESPLANDOR del Ser

Para la adoración no traje oro. (Aquí muestro mis manos despojadas.) Para la adoración no traje mirra. (¿Quién cargaría tanta ciencia amarga?) Para la adoración traje un grano de incienso: mi corazón ardiendo en alabanzas.

Rosario Castellanos, poeta mexicana (1925-1974)

❖ **¿Qué es el espíritu de la Navidad?**
La Navidad es, ante todo, una celebración que busca fomentar las virtudes cristianas de la caridad, la humildad, la alegría, la sencillez y la generosidad. Cada una de estas virtudes representa el espíritu cristiano y su cultivo es un vehículo de crecimiento espiritual.

❖ **¿Qué representan los ángeles en la Navidad?**
La figura del ángel se relaciona con el amor, la bondad y la misericordia. Se trata de un mensajero entre el cielo y la tierra, encargado, por ejemplo, de congregar a los pastores y a quienes acuden a adorar al niño Jesús. También se interpreta como un protector, ya que se supone que fue un ángel quien cuidó de la Sagrada Familia en

su huida a Egipto. Se considera, asimismo, que los ángeles son símbolos de lo invisible, de aquellos que transitan entre las fuerzas que ascienden y descienden, entre el origen y su manifestación. El ángel representa lo sublime y lo etéreo, además de ser el mensajero que trae las buenas nuevas. Las primeras canciones de Navidad, como *Adeste Fideles,* se relacionan con este rasgo *(ver págs. 272-285)*.

❖ **¿Qué es la Nochebuena?**
La noche, para muchas culturas, se relaciona con un momento negativo, misterioso y a veces incluso maligno, pero, para los cristianos, la Nochebuena representa lo contrario: es una noche llena de luz, paz y esperanza, una noche de vigilia que anuncia la Natividad. En un sentido más pagano, la Nochebuena coincide con el solsticio de invierno, lo cual representa el fin de las noches prolongadas y el comienzo del alargamiento de los días.

❖ ¿Qué significado tiene el árbol de Navidad?

Según la historiadora Teresa Escobar Rohde, el pino ha simbolizado, desde la antigüedad, el ciclo infinito de la naturaleza y la renovación eterna de la vida tanto estacional como sideral; en esto influye directamente su característica de ser un árbol de hojas perennes (que siempre permanecen verdes). El árbol de Navidad también se interpreta como la victoria de la luz sobre las tinieblas invernales, y la eclosión final de la fertilidad de los seres humanos y de la tierra. En los mitos de varios pueblos está la creencia de que uno o varios árboles son las columnas que sostienen los tres niveles en que se divide el universo: el inframundo, que es el lugar de los muertos; la tierra, que es el mundo de los humanos, y el cielo, dominio de los dioses. Tal fue el caso de los germanos, quienes creían que un árbol gigantesco de nombre Yggdrasil sostenía al universo entero. El árbol de Navidad se relaciona también con el árbol del Edén, o de la caída, al que sustituye para representar la esperanza y la salvación. La tradición de adorar a los árboles como expresión de lo sagrado se remonta a los siglos II y III a.C., y obedece a que se consideraban símbolo de la prodigalidad y de buenos augurios *(ver pág. 25)*.

❖ ¿Hay alguna leyenda especial sobre el árbol de Navidad?

Hay una leyenda proveniente de Europa, específicamente de la primera mitad del siglo VIII, en la que se cuenta que un roble que los paganos creían sagrado cayó sobre un abeto, pero éste quedó milagrosamente intacto, por lo que fue proclamado el árbol del Niño Jesús. Su forma triangular se adoptó como símbolo de la Santísima Trinidad y la luz de la Estrella en la cúspide tomó la representación de Dios Padre.

❖ ¿Por qué se adorna el árbol?

Los adornos simbolizan la alegría por el nacimiento de Jesús y las esferas, estrellas, campanas y herraduras que hoy se cuelgan del árbol de Navidad representan las piedras, manzanas y otros elementos que en el pasado decoraban el roble predecesor del actual pino navideño. Se dice que como el roble sí pierde sus hojas durante el invierno, era necesario llenarlo de adornos para darle el aspecto de un árbol en plenitud y lleno de frutos.

CITAS Y refranes

La fe consiste en creer lo que no vemos, y la recompensa es ver lo que creemos.
San Agustín

❖ **¿Qué simbolizan las luces en el árbol?**

Las luces del árbol representan la fe. Antiguamente se utilizaban velas, en vez de luces artificiales, y aquéllas se identificaban con la purificación; su llama era el símbolo con el cual se representaba a Cristo como la luz del mundo.

❖ **¿Para qué se coloca la estrella en la punta del árbol?**

La estrella representa al lucero que guió a los fieles y a los Reyes Magos hasta Belén para adorar al niño Jesús.

❖ **¿Qué significado tiene poner una vela roja en la ventana?**

Cuando se coloca una vela en la ventana durante la Nochebuena, esto significa que todos los que pasen serán bien recibidos en ese hogar; para quienes aceptan la invitación y cruzan el umbral de esa casa, esto representa que todo lo que hayan hecho ya ha sido perdonado.

❖ **¿Qué representan las esferas de Navidad?**

Las esferas que se cuelgan en el árbol tienen diversos significados, uno de ellos es que representan la abundancia, pues semejan los frutos del árbol. La redondez también se relaciona con el humano como un ser a imagen y semejanza de su creador.

❖ **¿Por qué se pone escarcha en el árbol?**

La escarcha es un decorado que se aplica para imitar la fina capa de rocío congelado que en ciertas latitudes se forma sobre los árboles durante el invierno.

❖ **¿Qué representan las piñas de Navidad?**

Las piñas o bellotas se relacionan con la inmortalidad y con la abundancia.

❖ **¿Por qué en algunos países se usan herraduras para adornar el árbol de Navidad?**

En el árbol de Navidad, como en otros contextos, las herraduras son un amuleto para atraer la buena fortuna.

❖ **¿Qué representan las estrellas?**

Por ser fuente inagotable de luz, en general simbolizan la eternidad y, en particular, el astro que condujo a los Reyes Magos hasta el pesebre de Belén. Las estrellas se asocian también con la esperanza y la buena suerte, así como con los ideales de una vida mejor. Las estrellas anuncian los designios de Dios y, según se narra en la Biblia, cada estrella tiene un ángel que vela por ella, creencia que apoya la antigua idea de que cada una de las que pueblan el firmamento es en sí misma un ángel.

❖ **¿Por qué algunos adornos tienen forma de bastones de dulce?**

Los bastones de dulce representan los cayados de los pastores que tras el anuncio del ángel fueron a adorar al Niño Jesús en el pesebre.

ROSCA DE Reyes

Ingredientes:

450 g de harina
200 g de mantequilla
115 g de azúcar granulada
115 g de azúcar
15 g de levadura
3 huevos
2 huevos para embetunar
7 yemas
2 cucharadas de agua de azahar
2 naranjas cubiertas
2 acitrones
2 muñequitos
Una pizca de sal
Raspaduras de limón

Preparación:

1) Deshacer la levadura en 8 cucharadas de agua tibia. Agregar la harina necesaria hasta formar una masa con la que se hará una bola, que se dejará cerca del calor hasta que se doble su volumen.

2) Hacer una fuente con la demás harina. Colocar los huevos enteros, el azúcar y la sal en el centro. Mezclar con las yemas, el agua de azahar, las raspaduras de limón, la masa ya fermentada y, por último, con la mantequilla.

3) Colocar la mezcla en un trasto engrasado y dejar que repose 12 horas a temperatura natural o 6 en un lugar tibio.

4) Volver a amasar y formar dos roscas sobre latas engrasadas. Meter en cada rosca un muñequito. Dejar cerca del calor durante 1 hora.

5) Embetunar las roscas de huevo y decorarlas con cuadritos de acitrón y tiras de naranja. En los intermedios de las frutas, hacer unos cortes con tijera y poner allí el azúcar. Hornear.

Los colores de los bastones están muy relacionados con el espíritu de la Navidad, es decir, el blanco refleja la inocencia y el rojo se interpreta como el amor.

❖ ¿Qué representa la rosca de Reyes?

Como los anillos y otros objetos circulares, la rosca es una representación de lo eterno desde tiempos inmemoriales. El muñequito que se esconde en la rosca es la imagen del Niño Dios, y encontrarlo es un gran honor, pues a quien lo descubre se le encomienda simbólicamente la misión de presentarlo en la iglesia el 2 de febrero. En otros tiempos y en distintas culturas, las figuras introducidas han variado en su forma y significado; por ejemplo, durante algún tiempo se escondía un haba, que representaba la realeza, y quien la encontraba se convertía en rey de la fiesta; también se solían esconder un anillo y un dedal que anunciaban, a quienes los hallaban, matrimonio inminente o soltería por un año, respectivamente. La rosca se adorna con frutas secas como membrillos, higos y cerezas, que representan los obsequios ofrendados por los Reyes Magos al Niño Jesús: oro, incienso y mirra *(ver págs. 48 y 171)*.

126

❖ ¿Qué simbolizan las campanas navideñas?

Las campanas son una muestra del júbilo navideño y se vinculan a los ángeles, que las tocan para anunciar las buenas nuevas. También se piensa que ahuyentan a los malos espíritus. Para los cristianos están muy relacionadas con la oración y el recogimiento *(ver pág. 153)*.

❖ ¿Por qué se coloca "pelo de ángel" en el árbol?

Este hilo de fibra de vidrio llamado "pelo de ángel" se coloca con el fin de representar un halo de protección angelical en torno al árbol *(ver pág. 157)*.

❖ ¿Qué significado tienen las luces de Bengala?

Por su intensidad y fugacidad, las luces de Bengala representan a la estrella de Belén.

❖ ¿Qué simboliza el heno?

El heno, que en varios países de América se usa como decorado navideño, es una planta epifita gris, que en épocas frías se encuentra colgando de las ramas de los pinos, los robles y los encinos. Representa la sencillez y la humildad y por eso se coloca en el pesebre del nacimiento, así como en el árbol.

❖ ¿Cómo surgió la tradición de las tarjetas de Navidad?

Nació a mediados del siglo XIX; algunos dicen que surgió en Inglaterra, otros la ubican en Barcelona. Al parecer, el primero en enviarlas fue sir Henry Cole, y el diseño lo hizo el pintor John Callcott Horsley. Las tarjetas suelen expresar un saludo y buenos deseos para la Navidad y el Año Nuevo *(ver págs. 29 y 103)*.

❖ ¿Qué es un nacimiento?

El nacimiento, también conocido como pesebre o belén, es la representación de la escena de la Natividad. Su invención se atribuye a San Francisco de Asís, en 1223. En su forma tradicional, el nacimiento incluye a varios personajes, en distintos planos. En el pesebre, que simboliza la humanidad de Cristo y su humilde nacimiento, se sitúan la Virgen, San José y el Niño, acompañados de un asno y un buey. De manera recurrente, en el fondo aparece un ángel que cuida a Jesús. En otro plano, más alejado, se encuentran los pastores y todos los animales que han ido a adorar al Niño tras escuchar al ángel anunciar su nacimiento. A una distancia un poco mayor, con el gesto de quienes apenas están llegando, figuran los Reyes Magos, a veces con sus animales y su séquito, lo que indica que arribaron un poco después. Y finalmente, en algunas tradiciones, muy alejado de esta escena se suele poner a Satanás, por lo general en actitud iracunda, que simboliza la derrota del mal *(ver págs. 23 y 66)*.

❖ ¿Qué representan las figuras del asno y el buey en el nacimiento?

En el mundo antiguo se consideraba que el asno representaba el "segundo sol", es decir, representaba a Saturno, por lo cual se dibujaba un sol circular entre sus orejas; el buey era un rasgo con el que se identificaba a los animales que eran sacrificados en honor de los dioses. En el caso del nacimiento, se consideran más como símbolos de humildad, paciencia y sumisión, sacrificio y trabajo *(ver pág. 24)*.

LAS ABARCAS
desiertas

Por el cinco de enero,
cada enero ponía
mi calzado cabrero
a la ventana fría.
Y encontraban los días,
que derriban las puertas,
mis abarcas vacías,
mis abarcas desiertas.

Nunca tuve zapatos,
ni trajes, ni palabras:
siempre tuve regatos,
siempre penas y cabras.
Me vistió la pobreza,
me lamió el cuerpo el río,
y del pie a la cabeza
pasto fui del rocío.

Por el cinco de enero,
para el seis, yo quería
que fuera el mundo entero
una juguetería.
Y al andar la alborada
removiendo las huertas,
mis abarcas sin nada,
mis abarcas desiertas.

Ningún rey coronado
tuvo pie, tuvo gana
para ver el calzado
de mi pobre ventana.
Toda gente de trono,
toda gente de botas
se rió con encono
de mis abarcas rotas.
Rabié de llanto, hasta
cubrir de sal mi piel,
por un mundo de pasta
y unos hombres de miel.

Por el cinco de enero,
de la majada mía
mi calzado cabrero
a la escarcha salía.
Y hacia el seis, mis miradas
hallaban en sus puertas
mis abarcas heladas,
mis abarcas desiertas.

Miguel Hernández, poeta español
(1910–1942)

❖ **¿Qué representan las pastorelas?**
Las pastorelas son una alegoría de la lucha entre el bien y mal y una representación viviente del nacimiento de Jesucristo. En sus orígenes, las pastorelas tenían un fin básicamente didáctico, porque, valiéndose del diálogo, la música, los cantos, las escenas graciosas, la farsa y otros recursos teatrales, los frailes buscaban la evangelización de los pueblos indígenas. Más adelante, las pastorelas se consolidaron como parte de la celebración tradicional de la Navidad, debido, en buena medida, a la sencillez de su estructura dramática, a su carácter divertido y popular.

❖ **¿Por qué se deja un zapato junto al árbol o al nacimiento para recibir regalos de los Santos Reyes?**
En algunas culturas se considera que el zapato es símbolo de los viajeros, de manera que probablemente se haya pensado que el dueño del zapato se podía dirigir a los Reyes Magos, patrones de los viajeros, dejándoles esta señal.

✤ ¿Cómo intervino la estrella de Belén en la Epifanía?

La estrella de Belén es uno de los elementos más representativos de la Navidad, ya que su luz guió a todos aquellos que fueron a adorar al Niño Dios. La tradición cristiana dice que la estrella precedía a los Reyes Magos que venían de Oriente, hasta que se detuvo en el lugar donde estaba Jesús; cuando se representa a los Reyes en su viaje, siempre aparece la estrella acompañándolos.

✤ ¿Por qué los Reyes Magos ofrecieron oro, incienso y mirra?

Los regalos eran pequeños, pero de muy preciado valor, y en los tres casos tenían por objeto expresar a Jesús el reconocimiento de su naturaleza divina. El oro era el regalo que se ofrendaba a reyes y dioses y simbolizaba al Sol y, por ende, la inteligencia divina; se relacionaba también con la nobleza, la riqueza y el poder. El incienso se usaba en la veneración de los dioses y en la oración y, por su calidad intangible, se asociaba directamente con la purificación del espíritu y las buenas obras. La mirra, una resina rojiza y perfumada, se consideraba un bálsamo de gran valor asociado a la muerte y la resurrección (ver pág. 171).

LOS PECES
en el río

*Pero mira cómo beben los peces
en el río.
Pero mira cómo beben, por ver
al Dios nacido.
Beben y beben y vuelven a
beber,
los peces en el río por ver a Dios
nacer.
La Virgen está lavando
y tendiendo en el romero.
Los pajaritos cantando
y el romero floreciendo.
Pero mira cómo beben los peces
en el río.
Pero mira cómo beben, por ver
al Dios nacido.
Beben y beben y vuelven a
beber,
los peces en el río por ver a Dios
nacer.
La Virgen se está peinando,
entre cortina y cortina,
los cabellos son de oro
y el peine de plata fina.
Pero mira cómo beben los peces
en el río.
Pero mira cómo beben, por ver
al Dios nacido.
Beben y beben y vuelven a
beber,
los peces en el río por ver a Dios
nacer.*

Villancico popular

✤ ¿De dónde surgió el personaje de Santa Claus?

La figura de Santa Claus nació en la tradición anglosajona y se relaciona con la de un gnomo generoso, la de Papá Noel y la de San Nicolás. La imagen del gnomo vestido de pieles que se colaba por las chimeneas para dejar regalos se fue modificando y se mezcló con la de San Nicolás. Se cuenta que San Nicolás fue originalmente un obispo bondadoso, generoso y de buen humor a quien le gustaba hacer regalos a los niños más necesitados y ayudar a los pobres en situaciones difíciles. En alguna ocasión arrojó sacos de oro por la chimenea de la casa de una familia en apuros, para salvar a las jóvenes hijas de ser entregadas al acreedor. Fue encarcelado por no haber renegado de su fe cristiana y, cuando salió de la cárcel, había encanecido, tenía muy crecida la barba y portaba aún su vestimenta roja de obispo. Con estos elementos se recreó la figura en el siglo XIX, y luego de varias transformaciones, hoy día luce como un viejito gordinflón, simpático y risueño que encarna el espíritu de la Navidad *(ver pág. 28)*.

❖ ¿Por qué es la flor de Nochebuena tradicional de la temporada navideña?
Esta planta, conocida también como Poinsetia, flor de Pascua y cuetlaxóchitl, debe a los colores de sus hojas (rojo y verde) y a su floración decembrina el haber sido adoptada como la flor tradicional de la Navidad en algunos países.

❖ ¿Qué representan el muérdago y el acebo en la Navidad?
El muérdago, por su permanente verdor, simboliza la prosperidad divina, la fecundidad y la suerte. En muchos lugares, los decorados incluyen ramas de muérdago que se colocan sobre los marcos de puertas y ventanas o en los techos, para atraer la buena fortuna y las bendiciones. En varios países de Europa, existe una tradición que sostiene que la joven que reciba un beso estando bajo el muérdago en Nochebuena tendrá el amor que busca o conservará el que ya posee. La pareja, además, obtendrá el don de la fertilidad.

Se dice que el acebo, por su parte, lleva los colores de la vida, porque también es una hoja siempre verde y con un llamativo fruto rojo. Las bayas rojas representan el nacimiento y el verde simboliza la tierra y el renacimiento de la vida. Se dice que, como el muérdago, el acebo reina en la época fría y oscura del año *(ver pág. 259)*.

❖ ¿Existe algún tipo de ave que se identifique con la Navidad?
En algunos países del hemisferio norte, el petirrojo *(Erithacus rubecula)* es el pájaro que tradicionalmente se asocia a la Navidad. Se lo identifica con la época invernal y específicamente con el muérdago, a cuyo ciclo vital contribuye, pues come sus bayas y evacua las semillas que, si llegan a caer en una rama, pueden germinar. Los petirrojos cantan todo el año y se aparean en el invierno, cerca de la Navidad, motivo por el cual son especialmente visibles en esa época del año.

CITAS Y refranes

Una familia feliz no es sino un paraíso anticipado.
Sir John Bowring (1792–1872), filósofo y político inglés

Los tres centavos

Por Emilio Carballido

Aunque era un barrio viejo y pobre, las gentes se veían contentas, cargaban bultos con regalos, se reían y hacían bromas. La Nochebuena había llegado pronto, pues oscurecía más temprano, por el frío. Muchos tenían dinero de alcancía y comprarían algo de siete pesos o de veinte. A nadie le resulta posible la cantidad de tres centavos; no hay mucho que se pueda comprar con tres centavos; con cinco, tal vez: perejil, caramelitos y algunas otras minucias. Con tres centavos, nada.

Así eran los que cargaba Tiberio, regalo de un joven al que dio grasa: pagó el precio y agregó, como propina, esos tres centavos que le daban vueltas en la bolsa desde hacía bastante tiempo. Tiberio medio se alegró: después de todo, eran propina que le iba a durar mucho.

Sonaban tenuemente ahora que entraba despacio al templo de la Crucifixión donde hacía menos frío que en la calle; y por eso había entrado muy quedito, para sentarse un rato, ver las naves vacías y pobres, los vidrios rotos, las imágenes de santos nuevecitas y sin carácter. La Dolorosa era mejor: su traje lucía ofrendas pequeñas, de gratitud; de sus ojos brotaban lágrimas congeladas y ella veía hacia arriba, hacia el sitio del monte donde crucificaron a su hijo. Cuatro o cinco mujeres rezaban solas, quién sabe a quién. Se irían después a preparar la cena, que sería pobre pero con disimulo… y con pasteles; habría una sidra o dos. Por algo era Nochebuena.

Tiberio veía todo, luego se levantó y recorrió los rincones porque sí, viendo capillas abandonadas con instrumentos viejos de albañilería olvidados ahí y santos cuya identidad exacta uno ya no sabía. Había también una alcancía, muy curiosa de ver. La ilustraba un grupo de almas tristes entre las llamas, deseosas de cambiar de sitio, y abajo había un letrerito que decía "ayude usted a las ánimas". Debajo, estaban las tres rendijas: una decía "Padre", al otro extremo decía "Hijo" y en el centro decía "Espíritu Santo".

Tiberio lo contempló. Se quedó pensando en su propia vida.

Su madre era muy alegre, una mujer de poca edad que había tenido muy temprano a Tiberio. No sabía bien su apellido, llevaba el nombre de ella, Rodríguez, después lo antecedió con el de un señor que pasó por allí un rato; se llamó entonces Arévalo. Pero luego llegó otro, muy simpático: Tiberio se apellidó González. Ya caminaba cuando cambió de nombre nuevamente: se apellidó Medel hasta los tres años en que su apellido cambió a Garza y al fin la madre tuvo flojera: Garza Rodríguez quedó llamándose y eso era hoy. La madre no lo cuidaba mucho, se divertía bebiendo y se entristecía bebiendo; él no tenía que ver con eso. Perdió una vez su flamante caja de dar grasa. Limpió entonces vidrios de coches hasta que juntó la cantidad para pagar otra más vieja pero buena, que le vendieron los que le habían robado la primera. Aquí estaba todavía, aquí en la iglesia.

Rita, su madre, lloraba después, más que alegrarse. No se sentía feliz, quién sabe por qué. Los hombres no duraban y, por irse corriendo detrás del último, un camión le ganó. Su hijo alcanzó a ver cómo se la llevaban, pero no supo a dónde y se quedó sin casa, porque donde vivía era del señor; dormía entonces en zaguanes o adentro de cajas viejas cuando hacía mucho frío. Ahí estaba la alcancía y él se acercó a mirar las caras de las almas.

—No, ninguna se parece a mamá.

Y pensó: estará entre las llamas. Esas mujeres estaban tristes y resignadas, veían al cielo, sepa Dios qué esperarían.

—Qué feo ha de ser el purgatorio, puras llamas.

Pues no: en la zona que le correspondió a Rita todo era vapor. Surgían bancas, aparecían camas y luego se borraban y quedaba el vapor, eterno, sin principio ni fin. Las almas no estaban llorando ni gimiendo: ambulaban de un punto a otro, se olvidaban de por qué, se sentaban largas eternidades en la banca o se tendían en las camas y el vapor las envolvía. Rita vestía aún el traje del accidente; era feíto con pretensiones, dorados y plateados por acá y por allá y una falda más bien corta. No había tragos, pero no se le antojaban. Se sentaba a pensar en esos hombres, en su hijo, vagamente, y se peleaba con otras almas, de mujeres y de hombres, hasta que rachas de vapor la envolvían y la llevaban más lejos y se olvidaba de eso y de otras cosas, se sentaba en la banca a ver las incesantes nubes de niebla.

Tiberio recordó sus tres centavos, ésos que no podía gastar en nada y pensó que estaba bien. Los tomó con cuidado, los contó y puso uno para el Padre, otro para el Hijo y al final, en el centro, para el Espíritu Santo.

Fue un espacio muy breve, media respiración tal vez, y después de pronto sonaron tres campanas, se iluminó la iglesia de una manera distinta, los santos casi encarnados viendo a Tiberio con luces de colores que duraban un parpadeo de ojos. Hubo de pronto una presencia frente a él y él tuvo el impulso de gritar algo y lo gritó y las luces duraron aún, naranja, rojo, azul, amarillo, verde y él supo y vio cosas y de repente todo estaba igual y no entendía lo que había pasado, salvo que le corrían dos hilos de lágrimas.

Así son las cosas que no se pueden contar. El tiempo de Tiberio era uno, el tiempo de milagros era otro. Empieza así: los tres centavos caen por las ranuras y un estruendo inmenso se eleva muy poco a poco.

Allá en el purgatorio está Rita viendo nubes y de pronto se cae, siente un hoyo bajo sus pies y se cae y va por una resbaladiza rampa y se detiene, y de pronto ella está en un templo.

Todo irradia luces y no hay nadie; sí hay alguien, un niño, es Tiberio y lo ve y no lo cree. Está más grande, muy hambriento, muy mal vestido. ¿Y ella qué le dio? No recuerda nada. Le dio la vida, claro, ¿pero ahora? ¿No le dio nada más? Y la respuesta es "no", y algo entiende, no sabe qué y se le rompe el alma. Empieza a llorar y a llorar, ¿Qué le va a dar? … porque no tiene nada, ni él parece verla; aunque de pronto grita "mamá" y ella lo escucha, y llora más. No sabe qué hacer, ¿qué hacer?, ¿a quién pedir algo? Y empezó a murmurar y le vino el nombre del Espíritu Santo.

—Señor de los señores, óyeme por favor, Espíritu Santito, no sé cómo pedirte ni cómo hablarte. Ayúdame a Tiberio, que alguien lo adopte, que alguien lo quiera, que ya no ruede solo por las calles, que sea quien sea pero que lo trate bien y sea bueno. Espíritu Santísimo, tú te encargas de todo, ¿por qué yo, por qué?

Y bendijo a su hijo.

Algo pareció sonar en el aire: un gran acorde de música o un órgano o un canto, no supo qué pero entendió que era concedido. En esa respuesta entraba la visión de un panadero bueno que aceptaba a aquel niño, lo enseñaba a hornear y él crecía contento, y había después una muchacha y algo más vio, ahí estaba su hijo, era un regalo bueno y siguió viéndolo sin darse cuenta de que lo veía más lejos, más pequeño y ella iba ascendiendo. Su ropa había cambiado: cubierta estaba ahora por una especie de gasa que cambiaba de color y luego el cielo se abrió y ya no fue al purgatorio.

Tiberio quedó confuso. Vio todo igual, se limpió las lágrimas.

—Bueno, dijo, en algo había que gastarlos ¿no? Los tres centavos no compran gran cosa.

Y salió hacia la calle. "Mañana es Navidad", pensó. Y también que había más gente que le diera propina. "Algo mejor que tres centavos que no sirven para mucho", pero eso no era cierto. Debió pensar: "los tres centavos compran cosas, enormes, compran milagros, cambian las vidas, cambian todo".

Así son los tres centavos.

NUESTRAS
tradiciones

La Navidad, que llegó junto con las embarcaciones españolas, adquirió un sello distintivo en México. La flor de Nochebuena, las pastorelas y las posadas se combinaron con las piñatas, los villancicos y la rosca de Reyes para crear así un festejo único. De esta forma, cada año, a partir del 16 de diciembre —día en que empiezan las posadas—, en las casas de las ciudades y los pueblos de todo el país se ponen los nacimientos y arbolitos y se abren las puertas para que la Navidad entre con su mensaje de paz, esperanza, alegría y reconciliación.

✳ ¿Cuándo llegó la Navidad a México?

En el siglo XVI, junto con los conquistadores españoles que desembarcaron en el actual territorio mexicano, arribaron frailes cuya misión consistía en difundir la religión católica en las tierras recién descubiertas. La enseñanza de la religión llevaba aparejada la celebración de sus principales fiestas, dentro de las cuales, naturalmente, se incluía la Navidad. Así pues, se puede afirmar que la Navidad llegó a México al mismo tiempo que Hernán Cortés y sus hombres.

✳ ¿Qué tan difícil resultó para los frailes evangelizadores inculcar la celebración de la Navidad a los indígenas?

Muchos frailes se preocuparon por conocer las culturas prehispánicas con el objetivo de que la enseñanza del catolicismo fuera más sencilla. De este modo, una vez familiarizados con las creencias y la cultura de los indígenas, los frailes sabrían cuál sería el mejor método para evangelizarlos y la manera de relacionar la religión católica con las creencias que entonces prevalecían.

La celebración de la Navidad coincidía con una fiesta mexica dedicada al dios Huitzilopochtli; que coincidan las fechas no es casual, ya que muchas culturas del mundo celebraban —y aún lo hacen— ceremonias importantes el 25 de diciembre, pues justamente ese día tiene lugar el

CANTAR la Navidad

Se sabe que los indígenas y los españoles celebraron juntos la primera Navidad en México cantando. Esta bella anécdota llega hasta nuestros días gracias a fray Pedro de Gante (1479–1572), quien fue el misionero responsable de organizar dicha celebración, tal y como él mismo relata en el siguiente texto:

Mas por la gracia de Dios empecéles a conocer y entender sus condiciones y quilates, y cómo me había de haber con ellos, y es que toda su adoración de ellos a sus dioses era cantar y bailar delante dellos, porque cuando había que sacrificar algunos por alguna cosa, así como para alcanzar victoria de sus enemigos, o por temporales necesidades, antes de que los matasen, habían de cantar delante del ídolo; y como yo vi esto y que todos sus cantares eran dedicados a sus dioses compuse metros muy solemnes sobre la Ley de Dios, y de la Fe, y cómo Dios se hizo hombre para librar al linaje humano, y cómo nació de la Virgen María, quedando pura y sin mácula; y también diles libreas para pintar en sus mantas, para bailar con ellas porque así se usaban entre ellos, conforme a los bailes y los cantares así se vestían de alegría o de luto o de victoria; y luego, cuando se acercaba la Pascua, solsticio de invierno *(ver pág. 13).* El que los mexicas celebraran una ceremonia en honor de su deidad más importante el mismo día en que se celebra la Navidad hizo que la aceptaran más fácilmente y ello, a la postre, contribuyó a que los indígenas adoptaran las demás ceremonias católicas.

✴ **¿En qué consistía el festejo que los indígenas acostumbraban celebrar el 25 de diciembre?**

Esta fiesta, denominada *Panquetzaliztli,* era la culminación de un periodo sagrado de 40 días, tiempo durante el cual los sacerdotes ayunaban y llevaban a cabo diversas penitencias, tales como llevar a medianoche, sin ninguna protección contra el frío, ramos de flores a los montes. A lo largo del día más importante se entonaban cantos y se practicaban danzas ceremoniales. Además, practicaban sacrificios humanos para saciar la sed de sangre de Huitzilopochtli, el dios de la guerra.

✴ **¿Cuál es la primera noticia que se tiene sobre la celebración de la Navidad en México?**

El *Códice franciscano,* escrito por fray Pedro de Gante, refiere que él mismo fue quien —en el año de 1528, apenas siete años después de la caída de México-Tenochtitlán—

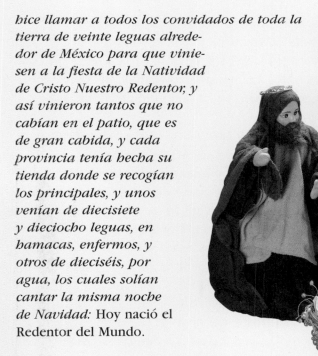

hice llamar a todos los convidados de toda la tierra de veinte leguas alrededor de México para que viniesen a la fiesta de la Natividad de Cristo Nuestro Redentor; y así vinieron tantos que no cabían en el patio, que es de gran cabida, y cada provincia tenía hecha su tienda donde se recogían los principales, y unos venían de diecisiete y dieciocho leguas, en hamacas, enfermos, y otros de dieciséis, por agua, los cuales solían cantar la misma noche de Navidad: Hoy nació el Redentor del Mundo.

organizó un coro indígena con el propósito de que entonara el himno religioso *Ha nacido el Redentor*.

Naturalmente, el acontecimiento se llevó a cabo el 25 de diciembre, y es probable que el espacio elegido por el religioso haya sido la capilla de San José de los Naturales. Dicha capilla, construida también por fray Pedro de Gante, formaba parte de lo que fue el primer convento edificado en la Nueva España y donde se estableció el Colegio de los Naturales de la Ciudad de México, que albergaba una escuela de artes y oficios. El edificio se empezó a construir en 1524, en el terreno que apenas tres años antes fuera el zoológico del emperador Moctezuma y donde hoy en día sólo queda el Templo de San Francisco, en la calle de Madero, en el Centro Histórico de la Ciudad de México.

* **¿Desde cuándo empezó a usarse un alumbrado especial en la Ciudad de México con motivo de la llegada de la Navidad?**
Uno de los primeros cronistas e historiadores de México, fray Toribio de Benavente (1485–1569), mejor conocido como Motolinía, refiere en su libro *Historia de los indios de Nueva España* que, durante la Navidad, todas las azoteas de la Ciudad de México se iluminaban con hogueras encendidas para conmemorar el nacimiento del Niño Dios. Motolinía inició la redacción de su obra cuando era el encargado del convento de Tlaxcala en 1532, por lo cual se especula que para ese año la Navidad ya era una fiesta extendida y aceptada por la mayoría de los pobladores de la capital.

* **¿Cómo se celebra el Adviento en México?**
Aunque es una tradición que va perdiendo terreno, quienes celebran el Adviento se reúnen los cuatro domingos previos a la Navidad en sus casas o en iglesias y hacen lecturas bíblicas, oran y cantan. El verdadero propósito de estos rituales es la preparación espiritual para la llegada de Jesús *(ver pág. 112)*.

* **¿Dónde se coloca la corona de Adviento?**
La corona de Adviento, junto con las cuatro velas que la acompañan, por lo general se coloca en el centro del comedor de las casas. Algunas personas la utilizan como adorno navideño y la cuelgan en las puertas o en las ventanas.

* **¿Desde cuándo se ponen adornos navideños en el exterior de las casas mexicanas?**
Se ignora quién introdujo esta tradición, pero se sabe que, durante las navidades del siglo XVII, los vecinos de la Ciudad de México solían colocar fuera de sus casas lienzos con figuras que representaban a los personajes de la Navidad; éstos eran adornados con muchas luces, lo que daba un aspecto festivo a la ciudad, normalmente oscura.

* **¿Qué ceremonias religiosas se llevaban a cabo el 24 de diciembre durante la Colonia?**
Como hoy en día, la principal ceremonia religiosa era la misa de gallo, que se oficiaba en todas las iglesias de la Nueva

UN BANQUETE
navideño de otro siglo

El escritor mexicano Guillermo Prieto (1818-1897) dejó importantes testimonios acerca de la realidad cotidiana que se vivía en el México de mediados del siglo XIX. Consecuentemente, la Navidad encontró un lugar entre sus escritos, en los que describe nuestras costumbres y tradiciones.

La cena de Nochebuena [...] nos revive aquella amplia cocina con sus hornillas encendidas, sembradas de metates, con afanosas molenderas; aquellas cazuelas en secciones para los romeritos, los pescados y para esas ensaladas alegres, enciclopédicas, casi artísticas que no se ven ni se saborean más que en esta noche; aquellos grupos de chicos que parten piñones y pelan cacahuates; aquella hacendosa anciana que hace repicar el almirez para hacer polvo las rajas de canela; aquellas parientes pobres, pero muy curiosas, que hacen de la hoja de jícama una estrella, de una aceituna un conejo y de un rábano una joya de filigrana; aquellos cazos para el almíbar de las torrejas; y aquellos mil gritos y risas, y ruidos que no tienen traducción y es imposible trasladar al papel. En el comedor y despensa se desarrollaba otra escena: era la postura de la mesa para las personas, las mesitas para los chicos y solemne distribución de colación en tompeatitos pequeños, pero con sus dulces cubiertos, sus cacahuates y tejocotes, su plátano pasado y su diluvio de anises, confites y canelones. En la sala, una especie de grave aislamiento, la aristocracia de la familia, con el sacerdote de la casa disponiendo el nacimiento. La posada, el rorro, el nacimiento, el baile, y si venía a cuento, la misa de gallo, y duraba el fervor hasta saludar la aurora tomando leche al pie de la vaca.

España a las 12 de la noche del 24 de diciembre (o cero horas del 25), ya que es exactamente a esta hora cuando, según la tradición, el Niño Dios nació. No obstante, en el transcurso del 24 de diciembre, gente de todas las razas y estratos sociales se agrupaba en los atrios de las iglesias para rezar el rosario, en lo que es una añeja tradición de la que aún quedan vestigios en algunas ciudades de la provincia mexicana.

✴ **¿Cómo se veía la Plaza Mayor durante las navidades del siglo XIX?**
En los días precedentes a la Navidad, la Plaza Mayor (el actual Zócalo de la Ciudad de México) se llenaba de vendedores que ofrecían adornos, como ramas de pino, con heno, moho y flores; juguetes de todo tipo para obsequiar junto con la colación que se repartía entre los asistentes a las posadas; dulces, como canelones, confites y frutas cristalizadas; farolas de papeles multicolores; piñatas elaboradas con ollas de barro que habrían de rellenarse con frutas y dulces, y que representaban toda clase de figuras, gracias a la habilidad con la que los artesanos manejaban el cartón y el papel de China, y, por último, esculturas y figurillas

LAS POSADAS DEL siglo XIX

La señora Frances Erskine Inglis (1806–1882), mejor conocida como la marquesa Calderón de la Barca, emprendió un viaje a México en el año de 1839, pues su esposo fue designado como ministro plenipotenciario de España en nuestro país. Fruto de ese viaje fue la publicación de su libro *La vida en México;* en él narra diversos sucesos acerca de sus vivencias en este país. La marquesa dedica algunas páginas a describir las posadas; de ahí procede el siguiente fragmento:

Ésta es la última noche de las llamadas Posadas, curiosa mezcla de devoción y esparcimiento, pero un cuadro muy tierno. Esta peregrinación de la Sagrada Familia se representa por ocho días, y parece más bien que se hace a la intención de los niños que con fines de seriedad.

Un ejército de niños vestidos como ángeles se unió a la procesión; sus vestidos eran de plumas blancas, profusión de diamantes, de gasa y zapatos de raso blanco bordados de oro; jóvenes vestidos de pastores y un magnífico nacimiento. Regresamos a la sala, ángeles, pastores y demás invitados, y hubo baile hasta la hora de cenar.

de barro, madera y popotillo que representaban a los Santos Peregrinos, a los pastores, a las mulas, los bueyes y los borregos, así como a los personajes principales del nacimiento. Todos los puestos se ubicaban en los portales de Mercaderes, de las Flores y de la Diputación.

✳ ¿De cuándo datan las primeras posadas?

Las posadas son una de las costumbres decembrinas más arraigadas y características entre los mexicanos. Su antecedente se puede rastrear en el siglo XVI, en las misas de aguinaldo, llamadas así porque se consideraban un obsequio de Navidad. Estas misas formaban parte de las festividades del Adviento, se acompañaban con el canto de villancicos alusivos al nacimiento de Jesús y fueron concebidas con el objeto de que los fieles se prepararan para la llegada de la Navidad.

La primera vez que se celebraron dichas misas fue en 1587, en el convento de San Agustín de Acolman, en el actual Estado de México. La idea de las misas de aguinaldo se debe al prior del convento de San Agustín, fray Diego de Soria, quien obtuvo una bula del papa Sixto V, que le otorgaba el permiso de celebrar tal liturgia como recurso para la evangelización en las tierras recién conquistadas.

Con el paso del tiempo, la celebración de la misa se complementó con bailes tradicionales y, en vista de su sorprendente popularidad, se desplazó del interior de los templos a las casas particulares. La misa fue perdiendo terreno paulatinamente para dar paso a la fiesta, hasta que en el siglo XIX se realizaron las posadas tal y como las conocemos en la actualidad. Las misas de aguinaldo todavía se celebraban en algunos poblados del interior del país en los albores del siglo XX; lamentablemente, hoy en día es una más de nuestras tradiciones perdidas.

✳ **¿Alguna vez se han prohibido determinadas costumbres relacionadas con la Navidad?**

Los indígenas solían acompañar sus festividades con danzas, música y representaciones teatrales. Cuando adoptaron las fiestas católicas, conservaron sus costumbres en cuanto a cantar y bailar para adorar a Dios. Sin embargo, esta forma de devoción no resultó del agrado de muchos religiosos españoles, quienes, en la época colonial, llegaron incluso a prohibir los cantos y los bailes durante ciertas celebraciones litúrgicas, tales como las misas de aguinaldo o las de gallo. Fue por esta razón, en parte, que las de aguinaldo comenzaron a celebrarse en casas particulares, lo cual constituye un antecedente de las posadas como se conocen hoy en día.

LAS posadas prohibidas

Tal y como sucede en nuestros días, en el siglo XIX las posadas eran sólo una excusa para organizar fiestas que no tenían nada que ver con la religión. Por tal motivo, a menudo fueron prohibidas tanto por las autoridades religiosas como por las civiles. He aquí un ejemplo:

D. José Juan de Fagoaga, alcalde ordinario de primer voto de esta N.C. y presidente de su junta de policía.

Hago saber al público de esta capital que el Exmo. Sr. D. Pedro de Garibay, Mariscal de Campo de los Reales Ejércitos, Virrey Gobernador y capitán general de esta N.E. con superior oficio del nueve del presente, me ha dirigido para que se publique en rotulones y tenga su cumplimiento la minuta que a la letra dice así:

"El Ilmo. Sr. Arzobispo encarga que se eviten los coloquios, y las jornadas o funciones que en estos días se tienen por las noches en casas particulares con cuyo pretexto hay desórdenes, bailes y otras diversiones incompatibles con la veneración que exigen los santos misterios del presente tiempo".
En debida ejecución de esta superior orden y para que tenga todo el verificativo que exige su justificación, se publica por el presente.

México y diciembre 13 de 1808.
José Juan de Fagoaga. Por su mandato,
Francisco Xavier de Benítez

UNA bella pastorcita

*Vamos, pastorcitos,
vamos a Belén,
a ver a la Virgen
y al Niño también.*

*Vamos, pastorcitos,
vamos a adorar
al Rey de los cielos
que ha nacido ya.*

Villancico popular
que se canta en las posadas

Por otro lado, en dichas misas llegaron a incluirse episodios dramáticos de carácter jocoso, lo que molestó a las autoridades religiosas más conservadoras, que de inmediato los censuraron.

El gusto por las pastorelas estaba muy extendido en algunas regiones de la provincia de la Nueva España. Sin embargo, como éstas fueron introducidas por los jesuitas, su representación se prohibió y la Santa Inquisición empezó a perseguir a quienes contravinieran la norma a partir de que esta orden religiosa fuera expulsada de la Nueva España en el año de 1767.

✳ ¿Cuáles son los pasos que sigue una posada tradicional?

En primer lugar, las posadas se llaman así porque evocan la solicitud de albergue que se vieron obligados a realizar María y José cuando llegaron a Belén y encontraron todos los mesones saturados. Por este motivo, la parte esencial de las posadas es la representación de esta solicitud mediante el tradicional canto *(ver recuadro, pág. 143)*.

El festejo inicia con la representación, que engloba la lectura de pasajes evangélicos, el canto de las letanías, la procesión, la solicitud y el otorgamiento de posada. Luego, se truenan cohetes, buscapiés y brujitas; se encienden luces de Bengala y fuegos artificiales. Después, viene la parte preferida por los niños: se cuelga y rompe la piñata, de preferencia con forma de estrella de siete picos *(ver pág. 118)*, y se reparte la colación. Por último, se da paso a la cena y a la fiesta en sí: los anfitriones ofrecen comida tradicional, se cantan villancicos y se baila.

✳ ¿Cuál es el objetivo de las posadas?

Las posadas tienen por objetivo preparar a los feligreses para la llegada de la Navidad y despertar la expectación que genera el inminente nacimiento del Mesías. En este sentido, el objetivo de las posadas es semejante al del Adviento, y en parte han ocupado su lugar. Este hecho se explica porque las posadas son mucho más alegres y variadas que el Adviento, cuyo carácter es estrictamente religioso *(ver pág. 117)*.

✳ ¿Qué son las letanías?

Son oraciones religiosas dirigidas a la Virgen. Para recitarlas, los fieles se dividen en dos grupos; uno de ellos invoca a la Virgen en sus diferentes nombres o advocaciones, mientras que el otro se encarga de pedirle que ruegue por nosotros.

✳ ¿En qué consiste la procesión?

La procesión consiste en un grupo de personas que al caminar rememoran el trayecto que siguieron San José y la Virgen María para llegar a Belén. La procesión va encabezada

PARA PEDIR
y dar posada

Afuera

En el nombre del cielo
os pido posada,
pues no puede andar,
mi esposa amada.

No sean inhumanos,
tengan caridad,
que el Dios de los cielos
se los premiará.

Venimos rendidos
desde Nazaret,
yo soy carpintero,
de nombre José.

Posada te pide,
amado casero,
por sólo una noche
la Reina del Cielo.

Mi esposa es María,
es Reina del Cielo
pues madre va a ser
del Divino Verbo.

Adentro

Aquí no es mesón,
sigan adelante
Yo no debo abrir,
no sea algún tunante.

Ya se pueden ir
y no molestar
porque si me enfado
los voy a apalear.

No me importa el nombre,
déjenme dormir,
porque ya les dije
que no hemos de abrir.

Pues si es una reina
quien lo solicita,
¿cómo es que de noche
anda tan solita?

¿Eres tú, José?
¿Tu esposa es María?
Entren, peregrinos,
no los conocía.

❖ **Todos** ❖

Entren, Santos Peregrinos,
reciban este rincón,
que aunque es pobre la morada,
os la doy de corazón.

Oh, peregrina agraciada,
oh, bellísima María,
yo te ofrezco el alma mía
para que tengáis posada.

Humildes peregrinos,
Jesús, María y José,
el alma doy por ellos,
mi corazón también.

Cantemos con alegría
todos al considerar
que Jesús, José y María
nos vinieron a honrar.

Canción popular mexicana que se canta en las posadas

por una pareja, generalmente los anfitriones de la posada, quienes cargan un templete en el que se encuentran las figuras de San José y la Virgen; detrás de ellos van los invitados, quienes llevan velas y luces de Bengala encendidas.

⭐ **¿Cuántas posadas se celebran y en qué fechas?**

Según la tradición, se deben celebrar nueve posadas; la primera se lleva a cabo el 16 de diciembre, y la última, el mismo 24, antes de la cena. En el siglo XIX, al finalizar la novena posada, se invitaba a los asistentes a pasar al comedor para saborear una suculenta cena (la cena de Navidad), la cual consistía en sopa de espárragos, pavo relleno de castañas, ensalada de Nochebuena, galantina (carne de ave preparada con su propia gelatina), pudín a la inglesa, turrones, peladillas y castañas glaseadas. En seguida se colocaba al Niño Dios en el pesebre, se rezaba y, poco antes de la medianoche, todos partían a la iglesia más cercana para asistir a la misa de gallo.

⭐ **¿Qué palabras se deben pronunciar al comenzar una posada?**

Las posadas son fiestas de carácter religioso. En las más ortodoxas, todos los asistentes se persignan al inicio y el anfitrión pronuncia las siguientes palabras: "Nos hemos reunido esta noche para celebrar nuestras posadas, con las que nos vamos a preparar para la Navidad, que es la fiesta de la venida de Dios entre nosotros."

⭐ **¿Se realiza alguna lectura durante las posadas?**

La tradición católica en México marca una lectura en voz alta para cada posada, tras la cual los asistentes reflexionan e intercambian opiniones sobre su significado. Todas las lecturas son pasajes bíblicos tomados de los Evangelios de San Lucas y San Mateo, y referentes al nacimiento de Jesús.

⭐ **¿Quién se encarga de organizar las posadas?**

La respuesta es muy relativa, ya que las posadas pueden estar a cargo de una sola familia, de un grupo de amigos o vecinos, de un barrio entero o, en comunidades no muy grandes, de toda la población. En este caso, se divide el poblado en nueve diferentes secciones o barrios, y cada uno de ellos se encarga de organizar una de las nueve posadas. Esta costumbre aún subsiste en algunas zonas de Puebla, Oaxaca, Michoacán y el Estado de México.

⭐ **¿De dónde proviene la costumbre de hacer posadas?**

Existen dos versiones. La primera de ellas afirma que se trata de una costumbre puramente mexicana, y la prueba de esto es que en ninguna otra parte del mundo se celebran las posadas —o fiestas equivalentes—, además de que las fechas en que se llevan a cabo las nueve posadas (y en las que siglos atrás se oficiaban las misas de aguinaldo) coinciden con las fechas en que los esclavos que habrían de ser sacrificados en la ceremonia en honor a Huitzilopochtli debían ser sometidos a un periodo de purificación. La segunda versión afirma que esta tradición procede de Andalucía, y que llegó a la Nueva España a través de los soldados españoles, muchos de los cuales eran originarios de esta región del sur de España.

✳ ¿Qué es la colación?

La colación —también conocida como "aguinaldo"— es un dulce o varios dulces confitados y rellenos de almendra, cacahuate, cáscara de naranja o caramelo, que se reparte en canastas diminutas después de romper la piñata. El propósito de otorgar este regalo es que nadie se quede sin disfrutar de los obsequios contenidos en la piñata. Anteriormente, en la colación se incluían pequeños juguetes, tradición que aún conservan algunas familias mexicanas *(ver pág. 120).*

✳ ¿Quién debe ser el primero en intentar romper la piñata?

El niño más pequeño de toda la fiesta será el primer elegido para que trate de romper la piñata. Las siguientes tentativas las realizan sucesivamente los niños más grandes hasta llegar a los adultos. A cada cual se le brindan tres oportunidades de quebrarla.

✳ ¿Se les debe vendar los ojos a todas las personas que intentan romper la piñata?

Aunque la tradición así lo indica, las familias suelen liberar de esta costumbre a los niños pequeños, pues aun cuando den en el blanco con el palo, es muy poco probable que consigan romper la piñata. Esto también es válido para la costumbre de darles vueltas sobre su propio eje, para desorientarlos, antes de que se dispongan a tratar de romperla.

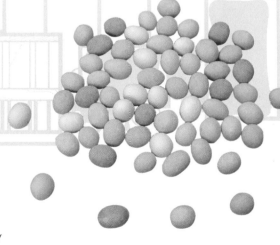

✳ ¿Qué canción se entona al romper la piñata?

Todos los asistentes a la posada animan a quienes intentan romper la piñata coreando este canto: *Dale, dale, dale / no pierdas el tino, / porque si lo pierdes, / pierdes el camino. / Dale, dale, dale / no pierdas el tino,/ mide la distancia / que hay en el camino. / Dale, dale, dale, / dale y no le dio, / pónganme la venda / porque sigo yo.*

146

PONCHE DE
frutas

Ingredientes:

2 kg de caña

1 kg de ciruela pasa

1 1/2 kg de tejocotes

1 1/2 kg de peras

1 1/2 kg de guayabas

1 1/2 kg de azúcar

3 rajas de canela

1 cáscara de naranja (en rectángulos
   pequeños)

2 clavos de olor

30 flores de jamaica secas

6 litros de agua

Ron al gusto

Preparación:

1) Colocar los tejocotes en una cacerola con agua hirviendo. Al soltar el primer hervor, retirarlos del fuego. Luego, quitarles la cáscara, las barbas y los huesos.

2) Poner agua en una olla de barro, a fuego alto. Mientras, pelar las cañas y cortarlas en trozos pequeños.

3) Cuando hierva el agua, poner los tejocotes y los trozos de caña y dejarlos hervir a fuego medio durante unos 45 minutos.

4) Retirar el corazón a las peras y cortarlas en octavos. Pelar las guayabas y partirlas en cuartos. Añadir todo esto a la olla.

5) Después de media hora, agregar el azúcar. Cuando suelte el hervor, agregar la cáscara de naranja, la canela, las ciruelas pasas, la jamaica y los clavos. Antes de servir, añadir ron al gusto. Servir bien caliente.

✳ **¿Existe alguna decoración especial para las posadas?**

Las posadas son una fiesta de luz y color. Aunque tengan un significado religioso, las veladoras que sostienen los peregrinos son parte esencial de la decoración. Las luces de Bengala, los fuegos artificiales y otros materiales pirotécnicos constituyen un verdadero espectáculo luminoso que alegra las noches decembrinas. Además, el papel picado —que también se utiliza para el día de muertos— es un elemento decorativo fundamental para los patios y jardines donde se hacen las posadas. Las flores de Nochebuena, emblema mexicano de la Navidad, tampoco pueden faltar.

✳ **¿Qué alimentos y bebidas se consumen durante las posadas?**

La cena y los bocadillos que se ofrecen a los invitados durante las posadas varían mucho de una región a otra, e incluso de una familia a otra; algunos alimentos típicos son los tamales, el atole, los buñuelos, el pozole y los pambazos. Pero, independientemente de la comida, la costumbre dicta que se debe ofrecer ponche a los invitados.

✳ **¿Qué es el ponche?**

Es la bebida navideña de México por excelencia. Se prepara con frutas de la temporada invernal, como la guayaba, el tejocote, la piña, la caña, la jícama y la ciruela, que se cuecen y mezclan con azúcar y canela. Algunas personas lo suelen servir "con piquete", es decir, le añaden un poco de ron, sidra o aguardiente.

LA piñata

✻ ¿Cuándo surgen las piñatas en México?

Las piñatas, lo mismo que muchas costumbres navideñas, llegaron junto con los conquistadores españoles. No obstante, con el tiempo, el pueblo de México se encargaría de transformar estos objetos y de darles un uso específico, generalmente ligado a las posadas, lo que les daría un carácter original.

Los españoles adoptaron esta costumbre de los italianos, quienes a su vez la copiaron de los chinos. En España, las piñatas se rompían durante el primer domingo de Cuaresma, que también era conocido como "Domingo de piñata"; además, en esta fecha se bailaba la llamada *Danza de la piñata*. Al principio, las piñatas —que originalmente tenían la forma de piñas, de ahí su nombre— también se rompían en la Nueva España, en el primer domingo de Cuaresma. Se ignora por completo cuándo y por qué se trasladó la costumbre a la Navidad.

En algunos poblados de México, especialmente en los estados del Sureste como Yucatán y Chiapas, se ha conservado la tradición de romper piñatas al principio de la Cuaresma *(ver pág. 118)*.

✻ ¿En qué parte de la Nueva España se rompió la primera piñata?

La primera piñata de la Nueva España se hizo y quebró en Iztacalco, que en el siglo XVI era un poblado en las afueras de la ciudad. Este hecho se conoce gracias al artista Juan Rodríguez Juárez (1675–1728), quien lo plasmó en una pintura, en la que se aprecian dos piñatas

---

Gente menuda en infernal mitotote
interrumpe los cantos decembrinos,
más tardan en soltar los peregrinos
que en traer el pañuelo y el garrote.

Nace en esa ocasión más de un chipote;
se despiertan los ímpetus felinos
y en los labios resecos y ladinos
se anticipa el sabor del tejocote.

De pronto, en el creciente escandalazo,
se escucha percutir en la piñata
el impacto triunfal del garrotazo...
y en medio de un alud de cacahuates,
raspones y moquetes, se desata
un bárbaro llover de tepalcates.

Francisco Newman Lara,
poeta mexicano

No quiero oro

No quiero oro,
ni quiero plata,
yo lo que quiero
es romper la piñata.

Echen confites
y canelones
a los muchachos
que son muy tragones.

Y que les sirvan
ponches calientes
a las viejitas
que no tienen dientes.

Ándale niña,
sal otra vez
con la botella
del vino jerez.

Ándale, Juana,
no te dilates,
con la canasta
de los cacahuates.

Ándale, Chucha,
sal del rincón
con la charola
de la colación.

De los cerritos
y los cerrotes,
saltan y brincan
los tejocotes.

Canción popular mexicana
que se interpreta durante
las posadas

sostenidas en el techo de una iglesia por dos indígenas, mientras que algunos más, sonrientes y vendados, trastabillaban alrededor de ellas.

✶ ¿Qué contienen las piñatas?

Por lo general, las piñatas se rellenan con dulces, frutas y juguetes. Sin embargo, se hacen algunas piñatas "de broma", cuyo interior contiene agua, confeti, harina o zapotes negros. Esta clase de piñatas no son una novedad, sino que existen desde la época colonial *(ver pág. 120).*

✶ ¿Qué figuras representan las piñatas?

La figura más tradicional de las piñatas, —en especial de las navideñas— es la estrella *(ver pág. 118).* Se pueden encontrar otras figuras, como flores, frutas y animales. En realidad, los únicos límites que existen para las representaciones son los dictados por la imaginación de los artesanos, quienes no dudan en elaborar piñatas con figuras de personajes fantásticos y cinematográficos.

✶ ¿De qué están hechas las piñatas?

Las piñatas solían hacerse con ollas de barro forradas con cartón y papel de China. Sin embargo, este modo de fabricarlas se ha sustituido en gran parte por las piñatas de cartón y engrudo. Además de resultar más económicas, los pedazos de cartón, al contrario de los de barro, no representan ningún peligro en caso de caer sobre los invitados.

✶ ¿Es posible elaborar una piñata en casa?

¡Por supuesto! De hecho es muy sencillo y divertido. Se usa una olla de barro (o un globo gigante) y se forra con varias capas de papel periódico y engrudo, dándole la forma deseada; para una estrella, por ejemplo, los picos se harán con cucuruchos de cartón o de cartulina forrados con papel brillante. Después se deja secar muy bien (puede tomar un día) y, por último, se decora con papel de colores fulgurantes.

✳ ¿Qué son los villancicos?

Son breves composiciones poéticas de origen español, que pueden ser musicalizadas y que tienen un estribillo, en general de contenido religioso. Pese a que en un inicio existían villancicos que trataban diversas temáticas, en las últimas décadas éstos se asocian exclusivamente con la Navidad. El hecho de que los villancicos no siempre hayan sido religiosos permitió que conservaran un elemento jocoso y juguetón, sin el cual no hubieran podido resistir el paso del tiempo *(ver pág. 31)*.

IGLESIAS REPLETAS, corazones satisfechos

Motolinía (1485–1569) relata que no fueron necesarios muchos años para que los indígenas adoptaran la Navidad como una fiesta suya. Además de celebrarla con cantos y bailes, aprovechaban la ocasión para rezar y para oír misa.

Los indios señores y principales, ataviados y vestidos de sus camisas blancas y mantas labradas con plumajes, y con piñas de rosas en las manos, bailan y dicen cantares en su lengua, de las fiestas que celebran, que los frailes se los han traducido, y los maestros de sus cantares las han puesto a su modo de manera de metro, que son graciosos y bien entonados; y estos bailes y cantos comienzan a medianoche en muchas partes, y tienen muchas lumbres en sus patios que en esta tierra los patios son muy grandes y muy gentiles porque la gente es mucha y no caben en las iglesias y por esto tienen su capilla fuera en los patios, porque todos hayan misa todos los domingos y fiestas, y las iglesias sirven para entre semana; y después también cantan mucha parte del día sin hacer mucho trabajo ni pesadumbre. Todo el camino que tiene de andar la procesión tiene enramado de una parte y de otra, aunque hay de ir un tiro y dos ballestas, y el suelo cubierto de espadaña y juncia y de hojas de árboles y rosas de muchas maneras y a trechos puestos sus altares muy bien aderezados. La noche de Navidad ponen muchas lumbres en los patios de las iglesias y en los terrados de sus casas, y como son muchas las casas de azotea, y van las casas una legua, y dos, y más, parecen de noche un cielo estrellado; y generalmente cantan y tañen atabales y campanas, que ya en esta tierra han hecho muchas. Ponen mucha devoción y dan alegría a todo el pueblo, y a los españoles mucho más. Los indios en esta noche vienen a los oficios divinos y oyen sus tres misas, y los que no caben en la iglesia por eso no se van, sino delante de la puerta y en el patio rezan y hacen lo mismo que si estuviesen dentro.

✳ ¿Cuál es la estructura tradicional de un villancico?

El villancico, en su forma más tradicional, es un poema compuesto por una cancioncilla inicial, la cual constituye el villancico propiamente dicho. Después de esta introducción siguen una o varias estrofas más largas denominadas mudanzas, que culminan con un verso llamado "de enlace" y con otro verso denominado "de vuelta", el cual rima con el villancico inicial, lo que permite que éste se repita total o parcialmente.

✳ ¿Cuál fue el primer villancico que se cantó en México?

Aun cuando no es posible afirmarlo con seguridad, se cree que el primer villancico que se cantó en México fue el que concluía un auto sacramental que se representó en la ciudad de Tlaxcala, en el año de 1532. La letra del villancico ha llegado hasta nuestros días gracias a la transcripción que hizo Motolinía: *Para qué comió / la primer casada. / Para qué comió / la fruta vedada. / La primer casada, / ella y su marido / a Dios han traído / en pobre posada, / por haber comido / la fruta vedada.*

✳ ¿Quiénes fueron los primeros compositores de villancicos en México?

Los frailes franciscanos trajeron los villancicos a México. Como era de esperarse, los misioneros solamente enseñaron villancicos religiosos, lo que no impidió que los indígenas, cuando aprendieron la mecánica para compo-

AL nacimiento

El mal se destierra,
ya vino el consuelo:
Dios está en la tierra,
ya la tierra es cielo.

Ya el mundo es trasunto
del eterno bien,
pues está en Belén
todo el cielo junto.
No fallece punto
de ser gloria el suelo:
Dios está en la tierra
ya la tierra es cielo.

Ya baja a ser hombre
porque subáys vos,
ya están hombre y Dios
debajo de un nombre.
Ya no havrá más guerra
entre cielo y suelo:
Dios está en la tierra,
ya la tierra es cielo.

Fernán González de Eslava
(1534–1601), poeta mexicano

VILLANCICO náhuatl

En la casa de plumas de quetzal,
en la orilla del camino,
allí estás tú,
tú, la doncella Santa María.

Allí tú diste a luz
al hijito de Dios.
¡Adórnate con los más variados
collares!
Hay que hacer invocación.

Villancico escrito originalmente en
náhuatl en el siglo XVI

ROMANCE A
San José

Escuche qué cosa y cosa
tan maravillosa, aquésta:
un Marido sin mujer,
y una casada Doncella.

Un padre, que no ha
engendrado
a un Hijo a quien Otro
engendra;
un Hijo mayor que el Padre,
y un Casado con pureza.

Un hombre que da alimentos
al mismo que lo alimenta;
cría al que lo crió, y al mismo
que lo sustenta, sustenta.

Manda a su propio Señor,
y a su hijo Dios respeta;
tiene por Ama una Esclava,
y por Esposa una Reina.

Celos tuvo y confianza,
seguridad y sospechas,
riesgos y seguridades,
necesidad y riquezas.

Tuvo, en fin, todas las cosas
que pueden pensarse buenas;
y es, en fin, de María esposo,
y de Dios, Padre en la tierra.

Sor Juana Inés
de la Cruz
(1646 o
1651-1695),
poeta mexicana

nerlos, lo hicieran tratando también temas amatorios y jocosos.

Desde la época colonial existen villancicos tanto de corte popular como culto. Los primeros fueron escritos por compositores anónimos, cuya mayor recompensa ha sido que el pueblo conozca, propague y modifique sus creaciones. Los segundos fueron obra de algunos de los más connotados escritores novohispanos, como Sor Juana Inés de la Cruz, Pedro de Trejo y Fernán González de Eslava.

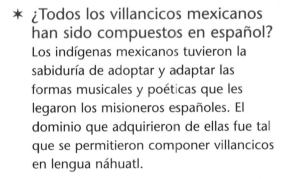

✶ **¿Todos los villancicos mexicanos han sido compuestos en español?**
Los indígenas mexicanos tuvieron la sabiduría de adoptar y adaptar las formas musicales y poéticas que les legaron los misioneros españoles. El dominio que adquirieron de ellas fue tal que se permitieron componer villancicos en lengua náhuatl.

✶ **¿La totalidad de los villancicos de Sor Juana han sido inspirados por la Navidad?**
Se cree que la extraordinaria poeta compuso sus villancicos por encargo, para ser cantados durante ceremonias religiosas de cierta importancia. Si bien, todos sus villancicos son de carácter religioso, no todos están inspirados por el nacimiento del Niño Dios: muchos de ellos están dedicados a los apóstoles, y otros, a la Anunciación de la Virgen.

✶ **¿Sor Juana escribió villancicos en otra lengua además del español?**
Ella fue una poeta culta que también tiene una faceta popular por lo que intentó incorporar diferentes aspectos del

mundo de los indígenas y negros en su literatura. Un ejemplo son los *tocotines,* villancicos compuestos en náhuatl o que usaban expresiones propias de los esclavos negros.

✴ **¿Todavía se interpretan villancicos en México?**

Los villancicos son una tradición que se renueva año con año en nuestro país. Prueba de ello es que se interpretan durante las pastorelas, las misas y las posadas. La televisión y la radio han ayudado a preservar esta tradición. Uno de los mayores peligros que enfrentan los villancicos es que sean sustituidos por las canciones navideñas de origen inglés, conocidas como *carols.*

✴ **¿Quiénes hicieron de la Nochebuena una flor típica de Navidad?**

Los frailes franciscanos, tan afectos a la Navidad y en especial a los nacimientos *(ver pág. 126),* se dieron cuenta de que la flor de Nochebuena, o *cuetlaxóchitl,* desempeñaba una función ritual en el mundo prehispánico. La flor se utilizaba especialmente en las ceremonias a Huitzilopochtli, efectuadas en la misma fecha que la Navidad.

No habían pasado muchos años desde su llegada cuando los franciscanos incorporaron a sus nacimientos la flor de Nochebuena —originaria de Cuestlaxochitlán, un pueblo hoy desaparecido cercano a Taxco— como elemento ornamental. Además de que brindaba vida y color a los nacimientos, la flor allanó el camino para que los indígenas asimilaran el Nacimiento como parte de su mundo, reconociendo en éstos el espíritu sagrado que les confería la flor.

En el siglo XIX, Joel Poinsett, el primer embajador estadounidense en México, llevó la flor a su país, donde rápidamente se extendió por todos los estados de la Unión Americana y se sumó a los elementos navideños. De Estados Unidos pasó al resto del mundo, que también la aceptó con facilidad.

NACIMIENTOS opulentos

Las figuras de los nacimientos llegaron a ser verdaderas obras de arte cuyo valor representaba importantes sumas de dinero, tal y como lo muestra este inventario perteneciente al testamento de la condesa de Xala, fechado en el año de 1786.

El Paso de los Santos Reyes, compuesto de 17 figuras, adornadas de sus vestidos de tela y arneses de plata.
6 príncipes de cerca de tres cuartas, muy bien adornados de varias piezas de plata, y vestidos de tela.
12 pastoras de más de tercia, adornadas y vestidas.
18 pastores, ídem.
El Ángel de la cabaña, adornado y vestido, de media vara.
Una india de cerca de media vara, muy bien adornada en el vestuario.
Un indio, de más de tercia, adornado y vestido.

La flor de Nochebuena es un ejemplo del mestizaje cultural que se vivió y aún se vive en México, pues la tradición cristiana la tomó de la cultura prehispánica y no dudó en incorporarla a sus propios rituales.

★ **¿Con qué otros nombres se le conoce a la flor de Nochebuena?**

A esta flor emblemática de la Navidad también se le llama flor de fuego, flor bandera, flor de Santa Catarina, flor de Pascua, *poinsettia* —en honor del embajador estadounidense en México quien se encargó de llevarla a su tierra natal— y *cuetlaxóchitl*, que significa "flor que se marchita". En algunas regiones de México el nombre de la flor varía de acuerdo con su color, ya que existen flores de Nochebuena rojas, blancas y rosadas.

★ **¿Dónde se acostumbra poner las flores de Nochebuena durante la época decembrina?**

El árbol de la flor de Nochebuena florea en diciembre, por lo que es posible verlo en todo su esplendor en muchos jardines del país. Una tradición navideña muy arraigada en México es regalar una maceta con una flor de Nochebuena; quien la recibe la utilizará para adornar su casa u oficina. En diversos hogares se acostumbra colocar como centro de mesa un arreglo de estas coloridas flores.

★ **¿Cuándo se colocaron los primeros nacimientos en México?**

Debido a que se atribuye a San Francisco de Asís la creación de los nacimientos, fueron precisamente los religiosos franciscanos quienes siguieron y popularizaron esta tradición. En la Nueva España, fray Pedro de Gante —pieza clave para la introducción de la Navidad en México—

Un buey y una mula.
34 ovejas de diferentes tamaños.
16 vacas, de más de cuarta.
Un anciano, de a cuarta, estirando un caballo ensillado con sus
  atavíos del campo.
Un caballo ensillado y enfrenado, de cerca de la tercia.
36 animalitos de zumpantle con el cadáver de un buey y de una mula.
15 ovejitas de zumpantle.
Una cabaña, y en ella, una vieja de cera, dando de comer a sus pollitos.
Un jacalito de cera, y cuatro casitas de cartón.
12 árboles, de dos tercias.
18 nichos con frutas.
Suma este inventario la cantidad total de mil setenta y siete pesos.

enseñó a los indígenas en la Escuela de Artes y Oficios, inaugurada por él mismo, a elaborar las figuras del Nacimiento para colocarlas en las iglesias y llevarlas a cuestas durante las procesiones.

Por otra parte, en el siglo XVI, en Tlajomulco (poblado del actual estado de Jalisco) se llevaba a cabo una representación en vivo de la Natividad. En ella aparecían los miembros de la Sagrada Familia, junto con el buey, la mula, los pastores, Herodes, los Reyes Magos y un coro de ángeles. Todos los personajes se recostaban bajo una enramada y se arrullaban con los cantos bíblicos entonados por los indígenas *(ver pág. 24)*.

✳ ¿Cuáles son los nacimientos mexicanos más antiguos que han llegado hasta nuestros días?

No sólo debe entenderse por nacimientos los montados con figuras o estatuillas, sino que esta expresión engloba cualquier manifestación artística que represente el natalicio de Jesús. Desde los primeros años de la Colonia, los pintores novohispanos representaron en sus lienzos escenas asociadas con la Natividad. Algunos de ellos han sobrevivido al paso del tiempo y pueden admirarse en el Museo de San Carlos de la Ciudad de México. Además, existen dos retablos de finales del siglo XVI que muestran de un lado, la adoración de los pastores, y del otro, la adoración de los Reyes Magos. Dichos retablos se encuentran en el convento de San Miguel Arcángel, en Huejotzingo, Puebla, y en la iglesia de San Bernardino de Siena, en Xochimilco. El primero es obra de Simón Pereyns (?–1589) y el segundo, de Echave el Viejo (1540–1620).

✳ ¿De qué material se elaboraban los nacimientos durante la Colonia?

Las figuras de los nacimientos se podían elaborar con porcelana y marfil; dichas piezas, destinadas a los nacimientos de los palacios, se importaban de las Filipinas o de China y llegaban a la Nueva España a bordo de la célebre Nao de China o Galeón de Manila. Estas piezas se adquirían en el puerto de Acapulco si se deseaba comprarlas directamente a los importadores, o bien, en el mercado del Parián de la Ciudad de México. Otros nacimientos costosos eran los elaborados con maderas finas, cuyo tamaño era suficientemente grande para que las jóvenes novohispanas los vistieran con ropas finas procedentes de España y encajes de Bélgica y Holanda.

Sin embargo, la mayor parte de la población no contaba con recursos suficientes para adquirir estas magníficas piezas, por lo que los nacimientos más comunes eran los elaborados con zumpantle —un tipo de madera muy ligero y fácil de labrar—, que se cubría con yeso y se pintaba. Estas graciosas figuras se colocaban en escenografías hechas a base de cartón o de papel.

✳ ¿Cambiaron los materiales con que se fabricaban las figuras de los nacimientos en el siglo XIX?

Al interrumpirse el comercio con Oriente, los artesanos mexicanos buscaron nuevas formas de satisfacer la demanda de nacimientos lujosos de las clases más altas de la sociedad. En los estados del Bajío se empezaron a fabricar nacimientos de

Nada hay mejor que el cielo, de donde cuelgan ángeles y juguetes para los niños.

Alfonso Reyes (1889-1959), escritor mexicano

cera. Si se quería algo más lujoso, en las ciudades mineras se elaboraban nacimientos de plata que eran vendidos en las ciudades más ricas del país, como Puebla, Guadalajara y la Ciudad de México.

Los nacimientos de las casas humildes lucían figuras de barro y de madera cromada. Algunas de las técnicas para la creación de estas figuras aún se utilizan hoy en día.

✶ ¿En qué se diferencian las figuras de los nacimientos mexicanos de las del resto del mundo?

Uno de los rasgos fundamentales de la cultura mexicana es el mestizaje, el cual también se aprecia en los nacimientos. Las figuras que se utilizan en la actualidad son el resultado del amalgamamiento entre el arte europeo (los misioneros españoles e italianos fueron quienes trajeron los primeros nacimientos), el arte indígena (desde los primeros años de la Colonia, los indígenas se encargaron de dotar a las figuras de su sello distintivo) y el arte asiático (los artesanos mexicanos no tardaron en recibir la influencia de las lujosas figuras que se importaban en el Galeón de Manila provenientes de las Filipinas y de China).

La particularidad de los nacimientos mexicanos no sólo se observa en las figuras, sino también en la escenografía en la que éstas se montan, la cual incluye animales de todas las especies y procedentes de todos los lugares del mundo, casas de diversos estilos, iglesitas barrocas y góticas, puentes, túneles, pozos, lagos y ríos elaborados con cristal o papel aluminio, cascadas de agua, nubes de pelo de ángel *(ver. pág. 126)* y escenas campiranas propias del país, que por igual integran nopales y palmeras al supuesto paisaje de Belén.

Existen nacimientos mexicanos que incorporan figuras propias de la cotidianidad actual del país al paisaje bíblico. Así, detrás de los pastores y sus ovejas, es posible encontrar globeros, inditos e incluso mariachis que a su modo alaban al Niño Dios.

La mayor parte de los nacimientos utilizan musgo y heno como telón de fondo para los personajes.

✶ ¿Qué materiales se utilizan en la actualidad para la elaboración de las figuras del nacimiento?

Los materiales son de tipo muy variado; para dar una idea de esta inmensa diversidad se pueden mencionar las figuras de yeso, marfil, barro, hoja de maíz, cerillos, palma, cartón, hojalata, papel amate, plata, *pewter,* madera, migajón, papel maché, cristal, pan, cera, hueso, chicle, obsidiana, alambre y plastilina.

PASTORELAS
sin diabluras

El célebre escritor mexicano José Joaquín Fernández de Lizardi (1776–1827) fue quien inauguró las llamadas pastorelas cultas, como una reacción al humor vulgar y el olvido de la religiosidad en que habían caído las obras del género. En este texto presenta sus motivos:

Pastorelas y Coloquios más celebrados tienen su diablo como uno de los actos más principales, y algunas no sólo tienen su diablo, sino sus diablos, pues suelen tener hasta siete. Esto quiere decir que las mejores Pastorelas y Coloquios son endiabladas, llenas de impropiedades violentas, arrastrando en su estilo faltas de invención —y por lo mismo— dignas de excluirse de todo teatro público, pues pugnan contra el gusto. Yo las he visto delatables y quemables. Pudiera citar una —a cuyos ensayos asistí— en la que corregí no menos que una herejía que se cantaba y se escuchaba, no maliciosamente, sino ignorantemente en buena paz...

Aunque estas obras no tienen muchas similitudes con las pastorelas, el simple hecho de que compartan la temática religiosa las convierte en el precedente de estas últimas.

* **¿Quiénes fueron los principales impulsores de las pastorelas?**
Este género dramático, al que en un principio se le llamó coloquio, se debe a los jesuitas, quienes llegaron a la Nueva España en el año de 1572. Tan sólo seis años más tarde, se escenificó la primera pastorela en Zapotlán, en la entonces provincia de la Nueva Galicia y actual estado de Jalisco. En la obra, interpretada por los indígenas, se observaba la forma en que San Miguel vencía a Lucifer.
Algunos años después, en 1596, se representó en San Felipe, Sinaloa, el *Coloquio de los pastores*. Se sabe que la escenificación fue acompañada de danzas y de villancicos cantados tanto en lenguas indígenas como en español.

* **¿Cómo evolucionaron los coloquios hasta convertirse en las pastorelas tal y como las conocemos hoy en día?**
Se cree que la escenificación de las pastorelas era común tanto en la capital como en las provincias de la Nueva España. En el siglo XVII se incorporaron de manera definitiva los personajes que representan a los demonios, así como Bato y Bras, un par de pastores con características propias de los campesinos mexicanos y dueños de un humor eficaz y popular.
Un siglo después, en el año de 1750, se representó en el Colegio de San Miguel de Belén de la Ciudad de México un coloquio escrito por el religioso Cayetano Javier de Cabrera y Quintero. En el coloquio aparece por primera vez la pastora Gila, cuya característica principal es su habilidad para

Esto, la costumbre que hay de hacer tales representaciones por el tiempo de Navidad y la insolencia con que he visto representar estos despilfarros, me animaron a escribir la pastorela La noche más venturosa *que presento al público, si no libre de defectos, a lo menos purgada de lo más grosero que he notado en otras. Supongamos: mi diablo es un diablo cristiano, nada blasfemo ni atrevido, no tiene que tratarse de tú por tú con San Gabriel ni otro de los santos ángeles. Él es medio verónico y se deja engañar de los pastores, pero no les hace travesuras ridículas ni muy pesadas. Mis pastores son sencillos y a veces tontos, pero no obscenos ni blasfemos. En fin, la pastorela presente tiene sus impropiedades como todas; pero no escandalosa ni impasable como las más, y yo me contentaré con que logre igual indulgencia que sus antepasados.*

versificar con ingenio diversas situaciones con alusiones y connotaciones sexuales. Este hecho muestra que poco a poco los coloquios habían pasado de desempeñar una función meramente catequizadora a la de pretender divertir al público, al tiempo que se reforzaban ciertos valores cristianos.

El mismo año en que los jesuitas fueron expulsados de la Nueva España, la Santa Inquisición prohibió la escenificación de los coloquios por considerarlos vulgares y ajenos a los principios religiosos. Los coloquios ya no se escenificaron en los templos, pero no se pudo evitar su permanencia en los corrales de comedias e incluso en las casas particulares. Las puestas en escena solían empezar a las nueve de la noche y terminar hasta las doce o una de la mañana. Estos coloquios ya contaban con la mayor parte de las características que poseen las pastorelas de ahora.

✳ **¿En qué provincias de la Nueva España se siguieron representando las pastorelas a pesar de la prohibición de la Santa Inquisición?**
La mayor parte de denuncias que señalaban la continuación de las pastorelas se presentaron en los actuales estados de Puebla, Guanajuato, Oaxaca, Querétaro y Michoacán. Resulta curioso que estos estados sean en la actualidad muy afectos a las pastorelas, lo que muestra la forma en que las costumbres se conservan, en gran parte, por la tradición oral transmitida de padres a hijos.

✳ **¿Cuándo se levantó la prohibición de escenificar las pastorelas?**
En plena Guerra de Independencia, en el año de 1814, el papa Pío VII restableció a la Compañía de Jesús; por este motivo, los jesuitas pudieron regresar a la Nueva España, y las pastorelas se volvieron a representar libremente. Tras haber sobrevivido a la censura, se consolidaron como una expresión teatral mexicana que perdura hasta el presente.

Magias de Navidad

Por Cristina Pacheco

Crecí en el pueblo de Tacuba. La vecindad estaba en una calle larga, estrecha, desolada. Nuestro único paisaje lo formaban las dos hileras de construcciones bajas y elementales, apenas algo más que cuartos redondos. Por sus ventanas asomaba sin pudores la vida familiar; encima de sus puertas se escribían, con arreglos florales, o lazos negros, los momentos de dicha o de infelicidad.

Aunque pobre y ajena a todo afán modernizador, la calle adquiría diferentes matices en el transcurso del año. La renovación no era producto de la magia sino consecuencia del respeto a las festividades señaladas en el calendario. En mayo nuestra callejuela se teñía con el púrpura de los corazones de papel obsequiados a las madres; en septiembre, con los colores patrios; en noviembre con el amarillo del zempaxóchitl, la flor de los muertos; en diciembre con el rojo de las nochebuenas y de la incertidumbre.

Noches oscuras

La mayoría de las familias, sostenidas por comerciantes y obreros, llegaban al fin de año con el lastre dejado por once meses de contraer deudas. Donde no había dinero para ropa de abrigo era lógico que menos lo hubiese para festejar la Nochebuena.

Mientras que en las calles vecinas, desde principios de diciembre, los adultos se organizaban para las posadas y la Navidad, en la nuestra ningún indicio de celebración alteraba la vida cotidiana: era como si el mes de diciembre no figurara en nuestro calendario.

A mediados de diciembre, mi madre se mostraba particularmente inquieta por mi salud. Con el pretexto de que las tardes ya eran heladas me prohibía salir a la calle; por las noches, bajo la misma excusa, me ordenaba acostarme. Pasó mucho tiempo antes de que yo entendiera que su autoritarismo significaba un callado acto de amor: mi madre quería impedir que viera desde lejos, como una golosina tras un cristal, las fiestas a las que no estaba invitada.

Por la mañana, mis amigos me contaban que a ellos también les habían exigido permanecer en la casa y dormirse muy pronto. Entonces brotaba en nosotros el deseo de venganza. Íbamos a la cuadra de los afortunados y en cuanto pasábamos frente de un grupo de niños ricos decíamos en el tono más alto posible: "Nosotros les escribimos a los Santos Reyes y no a Santa Claus. Ese viejo gordo nos cae mal y desde temprano apagamos la luz para que no encuentre nuestra casa."

La verdad era otra: no había la más remota posibilidad de que nos visitara Santa Claus. Pasábamos las noches ocultando nuestra frustración y nuestras lágrimas bajo la oscuridad de las sábanas.

Dale, dale, dale...

Sin embargo, siempre a última hora ocurría el milagro. La desolación infantil acababa por fracturar la indiferencia de quienes eran poseedores de "un guardadito" y al final accedían a facilitarnos algún dinero para las compras más indispensables.

Con el mínimo capital y nuestras habilidades para la improvisación, el mundo cotidiano experimentaba otra de esas transformaciones que acabaron por convencerme de que nuestra vecindad era mágica.

Hacia el atardecer del 24 de diciembre largos festones se tendían de una azotea a otra, formando una red luminosa y colorida; estrellas de diamantina ocultaban las grietas en las paredes; una densa alfombra de confeti suavizaba la aspereza del terraplén; los focos, encapuchados con faroles de colores, abrillantaban su luz; una olla de barro, embadurnada de engrudo y malvestida de papel de China, se convertía en piñata.

Mientras los hombres compraban las cervezas y el ron, las mujeres distribuían toda clase de platillos sobre las mesas alineadas contra la pared. Dueños otra vez de nuestra libertad, los niños salíamos a la calle para quemar cohetes, chinampinas y las mágicas luces de Bengala.

El viento helado mezclaba el olor de la pólvora con los deliciosos aromas del ponche que hervía en anafres chisporroteantes. Nos estaba prohibido acercarnos a ellos hasta que no escucháramos la única voz recibida con gusto: "Niños, ¡vengan a romper la piñata!"

Mercedes, enfermera a domicilio, se encargaba de formarnos por estaturas; Claudio, hijo de un policía, desempeñaba varias funciones: vendarnos los ojos, darnos varias vueltas y, ya mareados, poner en nuestras manos el palo de la escoba con que intentábamos romper la piñata.

Los esfuerzos y saltos del atacante eran recibidos con aplausos y carcajadas. Indicaban cuán cerca habíamos estado de realizar nuestro propósito: quebrar la olla de barro. Conseguirlo no era fácil: los comisionados para tensar el mecate jalaban con fuerza para mantener la piñata fuera de nuestro alcance y prolongar así la diversión. Por fin alguno de nosotros asestaba el golpe certero. Entonces el contenido de la piñata —cacahuates, dulces, frutas— caía de las alturas como un regalo de Dios.

Sin miramientos nos lanzábamos a disputarnos el tesoro. Salíamos con algunos raspones, un puñado de tejocotes y dulces que ponían a prueba nuestra dentadura. Indiferentes a la cena, devorábamos nuestro precario botín hasta que el cansancio nos obligaba a tendernos en la alfombra de confeti para contar las estrellas.

A esas horas no faltaba quien sacara un tocadiscos RCA Victor y pusiera boleros y danzones. Los hombres —envalentonados por las cervezas y el ron— se acercaban a invitar a las mujeres. Ellas se resistían pero, ante la insistencia de los galanes y las burlas de sus amigas, acababan por quitarse el delantal y entregarse a la mágica ceremonia del baile.

Al ritmo de la música y conforme se aproximaba el amanecer, otra Nochebuena en la Navidad se convertía en un hermoso recuerdo.

NAVIDAD EN EL
mundo

El sentido de la Navidad es el mismo en todo el mundo, pero la forma de celebrarla varía de un país a otro e incluso de una región a otra. Una parte de la esencia y la identidad de los pueblos que habitan la Tierra se ve reflejada en la forma en que festejan la Navidad, lo que la convierte en una fiesta todavía más rica. Además de su inmensa importancia religiosa y espiritual, la celebración navideña adquiere un valor cultural inapreciable. Todos los países que han hecho de la Navidad un festejo propio han devuelto al mundo entero, a cambio, una forma más de alegrarse por la llegada de la Buena Nueva.

✣ ¿Cómo son los festejos navideños en Alemania?

Los alemanes empiezan con los preparativos el 6 de diciembre, día de San Nicolás, fecha en que se suelen hornear las galletas especiales de Navidad y algunos bizcochos de especias hechos con *Christbaumgeback,* una masa horneada que se puede moldear en un sinfín de formas e incluso usarse como decoración del árbol de Navidad. Por estas fechas se confeccionan arreglos navideños para adornar las casas y se elaboran muñecos de frutas y las famosas "casas de jengibre", a las que se llama *Lebkuchen Häuser.* Los niños acostumbran dejar sus cartas en las ventanas y las decoran con azúcar o algún otro material semejante para que brillen; todas estas cartas van dirigidas a *Christkind.* Un elemento típico navideño de Alemania son los pequeños mercados que se abren en las calles durante la temporada. El árbol de Navidad constituye una sorpresa para los niños, pues no se les permite verlo antes de la Nochebuena *(ver pág. 64).*

✣ ¿Cuál es el menú tradicional para una típica cena de Nochebuena alemana?

En una cena tradicional germana no pueden faltar la sopa de chícharos, el pavo aderezado con mantequilla, especias y acompañado de papas y col, sin olvidar las manzanas, que suelen consumirse durante el invierno y hasta la primavera. Durante esta temporada, es posible encontrar manzanas frescas, pero sobre todo en conserva o en dulces, como la jalea con almendras a la que los alemanes llaman *Apfelgelee mit Mandeln,* o mazapanes, que se conocen como *Marzipan.* Por supuesto, para acompañar la cena están los excelentes vinos alemanes o su cerveza, aunque muchas familias consideran mejor opción la sidra de *Sachsenhausen,* a la que denominan *Ebbelwoi.* Otra posibilidad en el menú es el lechón al horno con ensalada. El 25 de diciembre se organiza una comida de Navidad en la que se come pato o ganso al horno, además del *Christ Stollen* —un delicioso pan con relleno de nueces, pasas, limón y otros frutos secos— y el *Dresden Stollen,* otro pan relleno de frutas.

✣ ¿Cómo se festeja la Navidad en Austria?

Se empieza a celebrar con el periodo de Adviento, cuatro semanas antes de Navidad, cuando en cada hogar se coloca la corona y se encienden, una a una, las cuatro velas tradicionales. En la ciudad se instalan pequeños puestos que venden adornos para el árbol, como esferas de colores muy brillantes, estrellas de paja o escarcha, luces, artesanías tirolesas y todo lo necesario para dar lustre a estas fiestas. En Viena, parte de la tradición consiste en que cada familia elabore sus propios adornos, por lo que el gobierno de la ciudad acostumbra organizar talleres durante toda esta temporada, además de montar un gran árbol. Austria es un país mayoritariamente católico, motivo por el cual, ahí se considera que es el Niño Jesús, representado como un niño fornido, de rubios cabellos rizados y que baja del cielo acompañado de ángeles en cada Nochebuena, quien el 24 de diciembre trae concordia, amor y algunos regalos especiales para los niños y los mayores. En Austria, la temporada navideña también es una época de

STRUDEL DE
manzana

Ingredientes:

400 g de rodajas de manzanas

150 g de harina

50 g de pasas

50 g de pepitas

25 g de mantequilla fundida

100 ml de agua tibia

3 cucharadas de pan rallado y tostado

2 cucharaditas de aceite

1 cucharadita de canela molida

1/2 huevo batido

Azúcar glas

Sal

Preparación:

1) Elaborar un volcán con la harina. Añadir el huevo, el aceite, la sal y las dos cucharaditas de agua.

2) Formar una masa blanda y trabajarla con las manos hasta que ésta quede perfectamente uniforme. En seguida, dejarla reposar durante 15 minutos. Mezclar muy bien las manzanas y las pasas con la canela y una cucharada de pan rallado.

3) Extender la masa sobre la mesa hasta que tenga 1 cm de espesor, y volverla a extender sobre un paño de cocina bien enharinado. Dejar reposar la masa durante 8 minutos.

4) En seguida, extender la masa hasta que ésta quede muy fina y tenga la forma deseada. Barnizarla con la mantequilla fundida y espolvorearla con el resto del pan rallado.

5) Acomodar la fruta en la masa y enrollar esta última como si fuera un brazo de gitano. Poner todo sobre una placa del horno, darle forma de herradura y barnizar la superficie con la mantequilla restante.

6) Hornear a una temperatura de 180 a 200 ºC durante 20 o 25 minutos hasta que la masa quede dorada. Espolvorear con azúcar glas.

7) Servir tibio y cortar en rodajas.

intensa actividad musical, pues se organizan una gran cantidad de conciertos de música de orquesta, popular y religiosa en distintos foros como plazas abiertas, salas de conciertos, castillos e iglesias. Los austriacos suelen poner en su casa el árbol de Navidad y nacimientos con hermosas figuras talladas en madera.

✣ ¿Cómo es la cena navideña austriaca?

La cena de Navidad, en Austria como en muchos otros lugares del mundo, tiene como platillo principal el pavo, que suele hornearse a la mantequilla, con tocino y especias; no obstante, todavía hoy en día en algunas familias se acostumbra cenar pescado acompañado de un pan de la más alta calidad. Los postres son una parte importante de la tradición culinaria de Austria, y en estas fechas es típico comer galletas, pasteles o panecillos, como el *Strudel* de manzana o *Apfelstrudel,* entre otros dulces. La zona geográfica donde se sitúa Austria cuenta con una larga tradición vitivinícola, y los licores austriacos son la mejor forma de finalizar una rica cena de Nochebuena; no pueden faltar las deliciosas tazas de café o de ponche, que, en definitiva, se considera la bebida idónea para esta época; también se consumen castañas asadas y dulces de azúcar.

Instinto

A la escritora y periodista Emilia Pardo Bazán (1851–1921) le gustaba la Navidad; prueba de ello son los diversos cuentos y artículos que escribió sobre el tema. En esta narración describe con lujo de detalles un nacimiento cuyo aspecto no era muy diferente a los que adornan las casas mexicanas al final de todos los años.

Aquel año, las monjitas de la Santa Espina se habían excedido a sí mismas en arreglar el nacimiento. En el fondo de una celda vacía, enorme, jamás habitada, del patio alto, armaron amplia mesa, y la revistieron de percalina verde. Guirnaldas de chillonas flores artificiales, obra de las mismas monjas, la festoneaban. Sobre la mesa se alzaba el belén. Rocas de cartón afelpadas de musgo, cumbres nevadas a fuerza de papelitos picados y deshilachado algodón, riachuelos de talco, un molino cuya rueda daba vueltas, una fuentecilla que manaba verdadera agua, y los mil accidentes del paisaje animados por figuras: una vieja pasando un puente, sobre un pollino; un cazador apuntando a un ciervo, enhiesto sobre un monte; un elefante bajando por un sendero, seguido de una jirafa; varias mozas sacando agua de la fuente; un gallo, con sus gallinas, del mismo tamaño de las mozas, y por último, novedad sorprendente y modernista: un automóvil, que se hunde en un túnel, y vuelve a salir y a entrar a cada minuto…

Pero lo mejor, allá en lo alto, era el portal, especie de cueva tapizada de papel dorado, con el pesebre de plata lleno de pajuelitas de oro, y en él, de un grandor desproporcionado al resto de las figuras, el niño echado y con la manita alzada para bendecir a unos pastores mucho más pequeños que él, que le traían, en ofrenda, borregos diminutos…

❖ **¿En qué consisten los festejos navideños en Bélgica?**
La Navidad se celebra básicamente con una cena cuya figura central es el pavo relleno acompañado de cerveza, que es una de las bebidas más tradicionales de Bélgica: en esta nación existen más de cien variedades. En algunas familias también es costumbre servir un buen vino francés, quesos de primera calidad, sobre todo las variedades de quesos untables como el *Camembert* o el *Brie*. Como postre se suele servir *La bûche de Noël,* que es un pastel hecho con crema o chocolate. Durante la celebración de la Navidad, se suelen intercambiar regalos entre los miembros de la familia, los cuales se colocan bajo el árbol o en medias colgadas en el dintel de la chimenea. Para el almuerzo de Navidad, el día 25 de diciembre, se suele servir un pan dulce llamado *cougnolle* con la forma del Niño Jesús.

❖ **¿Qué otras celebraciones navideñas se realizan en Bélgica?**
El 6 de diciembre, día de San Nicolás, es la fecha en que los niños reciben los regalos pedidos a este personaje equivalente de Santa Claus.

✦ ¿Cómo se festeja la Navidad en Dinamarca?

La celebración navideña danesa se inicia con el primer domingo de Adviento, último de noviembre; los daneses acostumbran seguir la tradición de encender una vela que se coloca en un adorno de ramas de pino cada domingo hasta que llega la Navidad.

La mayoría de los pinos naturales que se usan para la Navidad crecen en Dinamarca, que es el principal exportador de árboles de Navidad a toda Europa; entre los daneses, el decorado del árbol se hace el mismo 24 de diciembre o, cuando mucho, un par de días antes. Es una tradición adornar el árbol usando velas reales, las cuales se encenderán al finalizar la cena, y con una estrella en la punta que simboliza a la estrella de Belén. Todavía existe la costumbre de usar, en el decorado, caramelos, manzanas y galletas para que los niños y la familia en general puedan comerlas durante esos días.

✦ ¿Cuál es el menú típico de una cena navideña danesa?

En la cena de Navidad normalmente se incluye jamón de cerdo, y algo típico es el *Flæskesteg med Svær* que, al hornearse, forma una corteza crujiente y dorada. Desde luego, no puede faltar una buena variedad de *Smørrebrød* o bocadillos preparados sobre una rebanada de pan, acompañados de una cerveza, bebida tradicional desde la época de los vikingos. Para finalizar, los panes dulces con masa de hojaldre son una de las especialidades de la cocina danesa. A este pan de fiesta se le llama *Kransekage;* se suele elaborar con panecillos en forma de anillos y masa de mazapán, los cuales se hornean y, estando aún calientes, se decoran con azúcar y se acomodan a manera de torre. En algunos hogares también es práctica común elaborar un pudín de arroz con leche y almendras.

✦ ¿Quién es *Julemanden?*

En Dinamarca, una vez que termina la cena, todos los miembros de la familia se reúnen en torno al árbol para encender las velas y cantar algunas canciones típicas de la temporada; todos caminan alrededor del árbol y finalizan con un intercambio de regalos. El personaje que trae regalos a los niños es *Julemanden,* también conocido como *Juul Nisse,* quien lleva un gran saco y un trineo tirado por renos. Se cree que tanto él como sus duendes ayudantes vienen del Ártico; los niños suelen poner en la ventana del ático platos con leche y pudín de Navidad para que *Julemanden* lo coma y a cambio les deje regalos.

CITAS Y
refranes

Un corazón grande se llena con poco.
Antonio Porchia, poeta argentino (1886–1968)

✧ **¿Cuándo empiezan las celebraciones navideñas en España?**

"La Navidad" es el nombre con el que muchos españoles se refieren a todo diciembre y no sólo al día 25, aunque se considera que las fiestas navideñas inician propiamente el día 22 con el tradicional y famoso "Sorteo de Navidad". En las plazas o lugares concurridos se suelen organizar festividades que conmemoran la Navidad mediante cantos en los que se muestra la capacidad poética del pueblo, así como con bailes que se organizan al sonido de la guitarra.

✧ **¿A qué llaman "belén" los españoles?**

En las casas españolas, además del árbol, es tradicional poner un nacimiento al que se conoce como "belén" o "pesebre". El belén se monta poniendo musgo, tierra, arena, ramitas de laurel y un gran número de figuritas; contiene también pequeñas casas hechas de corteza que simulan una aldea, para crear así un ambiente nocturno de montañas y cubierto por un blanco manto de nieve. Se considera que esta tradición llegó de la mano del monarca Carlos III, quien la importó de la ciudad de Nápoles en el siglo XVIII. Siendo España un país en su mayoría católico, antes de la cena muchas familias se reúnen para hacer una oración, mientras los niños más pequeños de la casa salen a pedir "aguinaldos" a cambio de cantar villancicos al ritmo de la pandereta y las zambombas; es común que algunos niños se las ingenien para fabricar un instrumento con una botella o algún otro material de desecho.

TRONCO DE Navidad

Ingredientes:

400 g de chocolate para fundir
250 g de mantequilla
80 g de azúcar (para el pan)
150 g de azúcar (para decorarlo)
80 g de harina
8 cerezas
4 huevos enteros
2 yemas
1 cucharada de ron
Ralladura de 1/2 limón

Preparación:

1) Batir las yemas con el azúcar y el limón hasta obtener una mezcla cremosa. Añadir la harina. Batir las claras a punto de nieve y mezclar todo con cuidado.

2) Cubrir perfectamente la bandeja del horno con papel aluminio y esparcir la masa. Darle forma rectangular y hornearla durante 15 minutos a 200 °C. Retirar el papel aluminio y enrollar la masa de bizcocho usando un paño; después, dejarla enfriar.

3) Luego, fundir el chocolate a baño María. Batir la mantequilla con la demás azúcar, añadir el ron y mezclar con el chocolate.

4) Desenrollar el bizcocho y cubrirlo con la crema de chocolate, reservando un poco para la decoración. Volver a enrollarlo y cubrirlo con una capa de chocolate; diseñar adornos con un tenedor y colocar las cerezas.

5) Introducir en el refrigerador hasta el momento de servir.

✦ **¿Qué alimentos y bebidas se suelen consumir en la cena de Nochebuena en España?**

Para la cena de Nochebuena, los españoles suelen preparar carne, costumbre adoptada ya desde hace muchos años y que se reconoce como símbolo de prestigio social y abundancia. Algunos de los platillos que con mayor frecuencia se preparan son el cordero y la carne de ternera, los cuales se condimentan cuidadosamente con hierbas aromáticas, además de frutas, y se cocinan a fuego lento en un horno de barro. Por supuesto que también se prepara el pavo; de hecho, en algunos hogares lo acompañan con jamón ibérico, chorizo, aceitunas, alcaparras y queso castellano, además del pan de trigo, blando y suave. En algunas regiones se prefiere preparar bacalao, acompañado de otros platos típicos. Para beber nunca falta un buen vino español, aunque también ocasionalmente se suele servir jerez o "cava", que es un vino catalán espumoso elaborado con el método de la champaña, de origen francés, que es uno de los favoritos de estas celebraciones. Para finalizar, como postre, se sirven frutas, higos y pasas, o las nueces y castañas asadas; existen asimismo otras opciones en los dulces típicos como el turrón y los mazapanes, y en algunas casas se prepara un "tronco", que es una especie de pan dulce enrollado y cubierto de chocolate.

✦ **¿Cuándo reciben los niños españoles sus regalos de Navidad?**

Los juguetes para los niños, que son traídos por los Reyes Magos, no llegan sino hasta la noche del 5 al 6 de enero, después de que las familias han asistido a la Cabalgata de los Reyes Magos, un desfile muy vistoso que se celebra por las calles de las ciudades y que goza de gran popularidad. Luego, los niños vuelven a sus hogares y dejan sus zapatos muy limpios en un lugar visible de la casa o en el balcón, y se retiran a dormir con la ilusión de despertar y descubrir los regalos que les han dejado Melchor, Gaspar y Baltasar. Para el desayuno se suele comer el dulce típico de este día, que es el roscón de Reyes, el cual se prepara con una masa dulce, se le da la forma circular y, por último, se adorna con trozos de frutas escarchadas. Es una tradición muy extendida esconder una pequeña sorpresa en su interior, que puede tratarse de un anillo, un dedal o un muñeco; el que la encuentre será coronado rey de la casa (ver pág. 170).

✦ **¿A qué se le llama "tronco" o "leño de Navidad"?**

El "tronco" o "leño de Navidad" es una tradición poco conocida que pervive en muchos lugares de España, Francia, Inglaterra, en el norte de Italia y en otros países eslavos. La antigua costumbre consistía en echar a arder un tronco con un fragmento de su predecesor, esto es, del tronco encendido en la Navidad anterior, el cual se guardaba durante todo el año para que protegiera la vivienda contra el demonio, los rayos y los incendios. En la actualidad se ha convertido en una fiesta infantil, ya que los niños tratan al tronco como si fuera un animal vivo fabuloso al que los padres han ayudado a alimentar y cuidar.

LA CONVERSACIÓN DE
Navidad

Apegado como era a las tradiciones de su tierra natal, Gales, Gran Bretaña, el poeta Dylan Thomas (1914-1953) no podía dejar de rememorar, en una narración, las Navidades de su infancia. El recuerdo se presenta en la forma de un diálogo entre un adulto y un niño.

Niño: ¿Y qué comíais el día de Navidad?

Yo: Pavo y budín caliente.

Niño: ¿Estaba bueno?

Yo: No era cosa de este mundo.

Niño: ¿Y qué hacíais después de comer?

Yo: Los tíos se sentaban frente a la chimenea, se quitaban el cuello de la camisa, se desabrochaban, trenzaban las manos con la cadena del reloj, daban un ronquidito y se dormían. Las madres, las tías y las hermanas andaban de acá para allá llevando y trayendo loza. El perro se ponía malo. La tía Beattie tenía que tomarse tres aspirinas, y la tía Hannah, que adoraba el oporto, se salía al centro del jardín lleno de nieve a cantar como un zorzal en primavera. Yo me ponía a hinchar globos para ver hasta dónde resistían, y cuando explotaban, cosa que siempre acababa por suceder, los tíos se sobresaltaban y resoplaban fuertemente. En aquellas largas sobremesas, mientras los tíos roncaban como delfines y la nieve caía, yo me iba a sentar al cuarto de delante entre adornos y colgaduras chinas, mordisqueando un dátil y trataba de hacer uno de los modelos guerreros siguiendo las instrucciones del meccano y andaba por salirme una cosa que más parecía un tranvía de vapor. Luego, a la hora del té, los tíos, ya recuperados, se sentaban a merendar tan contentos. Y en el centro de la mesa resplandecía con tono de marmórea tumba un gran bizcocho helado. Era el único día del año en que la tía Hannah le echaba ron al té. Y después de merendar teníamos música. Uno de los tíos tocaba el violín, uno de los primos cantaba Cerezo en flor *y otro entonaba* El tambor de Drake. *La casa estaba muy*

a los malos espíritus y atrae la buena fortuna. El envío de tarjetas de Navidad a amigos y familiares es una práctica muy viva en Inglaterra. El festejo principal se lleva a cabo el 25 de diciembre, cuando las familias se reúnen para la comida de Navidad; pero suele haber otra reunión al día siguiente, por la celebración del *Boxing Day.*

❖ ¿Qué es el *plum pudding*?

Como parte de los preparativos, en muchos hogares ingleses se acostumbra "revolver el *Christmas pudding*", también conocido como *plum pudding,* un pastel de frutas que se empieza a preparar el primer domingo de Adviento con la participación de todos los miembros de la familia, pues cada uno tendrá su turno para *caliente. La tía Hannah, que se había calentado con una copita de aguardiente, cantaba una canción en la que desfilaban un amor imposible, corazones desangrándose y mucha muerte, y luego otra en que decía que su corazón era como un nido. Y entonces todo el mundo se echaba a reír y yo me iba a la cama. Y a través de la ventana del dormitorio, al resplandor de la luna, y de aquella interminable nieve cenicienta, podía ver las luces de las ventanas de todas las otras casas de nuestra calle y oír un murmullo de música que, saliendo de todas ellas, poblaba el inminente anochecer. Cerraba el gas y me metía en la cama. Le decía algunas palabras a la próxima y sagrada oscuridad y por fin me dormía.*

Niño: *Pero todo eso parece una Navidad normal y corriente.*

Yo: *En efecto lo era.*

Niño: *Entonces las Navidades de cuando tú eras pequeño eran como las de ahora.*

Yo: *Diferentes sí lo eran, sí que lo eran.*

Niño: *¿Y en qué eran diferentes?*

Yo: *Eso no te lo debo decir.*

Niño*: ¿Por qué no me lo debes decir? ¿Por qué para mí las Navidades son diferentes?*

Yo: *No debo decírtelo.*

Niño: *¿Por qué no pueden ser las Navidades para mí igual que eran para ti cuando eras pequeño?*

Yo: *No te lo debo decir. No debo. Porque estamos en Navidad.*

remover el postre y pedir un deseo. Antes de hornearlo se esconde una moneda de plata, que será para el que la encuentre; al momento de servirlo se le rocía brandy y se flamea.

✧ ¿Cuál es la historia de los *mince pies?*

El *mince pie* es otro postre navideño típico, considerado uno de los más antiguos de las tierras inglesas. En un principio era de forma rectangular y se rellenaba con carne desmenuzada y condimentada y frutos secos; con el regreso de los cruzados se le dio un significado religioso y se comenzó a servir durante el periodo navideño. Sin embargo, en 1552, Oliverio Cromwell y los puritanos prohibieron el consumo de varios productos, tanto paganos como cristianos, de modo que quedó prohibido hacer *mince pies*. Más o menos un siglo después, en 1660, cuando Carlos II subió al trono se restablecieron las festivi-

El portal de Belén

La Virgen y San José
iban a una romería;
la Virgen va tan cansada
que caminar no podía.

Cuando llegan a Belén
toda la gente dormía.
—Abre las puertas, portero,
a San José y a María.

—Estas puertas no se abren
hasta que amanezca el día.

Se fueron a guarecer
a un portalico que había,
y entre la mula y el buey
nació el Hijo de María.

Tan pobre estaba la Virgen
que ni aun pañales tenía.
Se quitó la toca blanca
que sus cabellos cubría;
la hizo cuatro pedazos
y al Niñito envolvía.

Bajara un ángel del cielo,
ricos pañales traía;
los unos eran de hilo,
los otros de holanda fina.

Volvió el ángel al cielo
cantando el Ave María.

Romance popular

dades y los *mince pies* se comenzaron a elaborar ya con la forma redonda que ahora tienen, rellenos con una mezcla agridulce de carne, especias, frutos secos, azúcar y brandy; algunos los sirven con almendras picadas, crema o jugo de limón.

❖ **¿Por qué el pavo horneado es el preferido de los ingleses en Navidad?**

Dentro de la sabiduría popular inglesa, se dice que para la cena de Navidad la mejor cocina está en el campo, donde se elaboran las especialidades clásicas. En la antigüedad, la comida festiva más apreciada era el jabalí, cuya cabeza era coronada con ramas de laurel; hoy en día es el pavo *(turkey,* en inglés) del Nuevo Mundo lo que se acostumbra preparar en el horno, pues, como dice el dicho inglés: *Turkey boiled is turkey spoiled /and turkey roast is turkey lost. / But turkey braised / the Lord be praised!* La traducción en español es: Pavo hervido es pavo perdido / y pavo asado es pavo tirado. / Pero por el pavo horneado, / ¡Dios sea loado!

❖ **¿Cómo se le conoce a Santa Claus en Inglaterra?**

Father Christmas, o Padre Navidad, es como se le conoce a Santa Claus en Inglaterra. Los niños, poco antes de la cena, le escriben su lista de peticiones, la cual tiran después al fuego de la chimenea, ya que tienen la creencia de que si una ráfaga de viento lleva la carta hacia arriba, sus deseos se cumplirán. Los regalos que deja *Father Christmas* en el árbol se abren en la tarde del Día de Navidad. El 26 de diciembre es conocido como *Boxing Day,* fecha en la que se abren las cajas de caridad de las parroquias para que su contenido se distribuya entre las familias pobres *(ver pág. 73).*

CITAS Y refranes

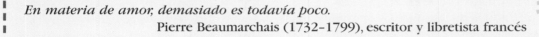

En materia de amor, demasiado es todavía poco.
Pierre Beaumarchais (1732–1799), escritor y libretista francés

✥ ¿Cómo acontecen las festividades navideñas en Irlanda?

En Irlanda, las costumbres cristianas están muy arraigadas, de modo que la Navidad tiene un profundo sentido religioso. Las fiestas decembrinas se inician con el Adviento, ceremonia en la que suelen encender cuatro velas rojas colocadas en las ventanas, para iluminar el camino de la Virgen María y San José en su peregrinaje.

Las mujeres hornean un bizcocho especial para cada miembro de la familia; por ejemplo, el tradicional *potato apple cake* o el *boxty pancake,* o el *boxty bread.* También preparan budines que se comen en Navidad, en la celebración de Año Nuevo y en la fiesta de Epifanía, conocida como la Duodécima Noche. Para la cena de Nochebuena se prepara el pavo, o el tradicional *Irish stew* o bien el típico *Irish fry.*

✥ ¿A qué se refiere el dicho italiano *"Natale con i tuoi e Pascua con chi vuoi"*?

El pueblo italiano es, por naturaleza, festivo, alegre y profundamente religioso, de modo que en estas fechas las iglesias se llenan. En ellas es casi una norma colocar un nacimiento con figuras de barro, pues Italia es el país donde se originó esta tradición. San Francisco de Asís, en 1223, fue quien concibió la idea de representar el nacimiento de Cristo junto al altar. La mayoría de los italianos son de religión católica y por ello acuden a la misa de gallo. Para las celebraciones navideñas, las casas se engalanan y, apegándose a la tradición de que la cena de Navidad es una fiesta eminentemente familiar, incluso aquellos que están lejos vuelven a sus hogares; esto confirma el viejo refrán: *"Natale con i tuoi e Pascua con chi vuoi"*, cuyo significado es "Navidad con los tuyos y Pascua con quien quieras" *(ver pág. 44).*

✥ ¿Cómo celebran la Navidad en Italia?

Las familias, por lo común muy numerosas, se reúnen el 24 de diciembre, que se considera la fecha más importante y se conoce como la noche de la *nascita del Bambín Gesú* (nacimiento del Niño Jesús), para el *cenone,* una cena larga y sobria. En Italia, también se suele colocar el tradicional árbol navideño adornado y se intercambian regalos, por lo que todos reciben algún presente. Los obsequios para los niños pequeños los trae *Babbo Natale,* como se llama en Italia a Santa Claus, que, según se cree, desde el norte de Europa llega a todos los rincones del mundo *(ver pág. 230).*

✤ **¿Cuál es el repertorio gastronómico de una típica cena navideña italiana?**
La cena típica de muchos hogares comienza con los *antipasti,* entremeses a los que siguen los espaguetis o las pastas con almejas; se suele servir pescado como plato principal, acompañado con verduras o ensalada; y se termina con la fruta fresca y el turrón, en alguna de sus múltiples presentaciones. Sin embargo, hay quienes elaboran un verdadero banquete, y entre los platillos más típicos están los *tortellini in brodo,* que es una pasta rellena de carne o espinaca en salsa. En épocas recientes, muchas familias han empezado a incluir pavo relleno o adobado con salsas y especias, para servirlo como plato principal, en lugar del tradicional pescado; de guarnición se sirve ensalada con aceite de oliva. Como bebida no puede faltar un buen vino y, para finalizar, se come *caldarroste,* compuesto de fruta seca, nueces, almendras y castañas asadas. Por supuesto, entre todo este panorama gastronómico está también *il panettone,* el pan de Navidad, que se elabora con anticipación, pues la masa necesita de 10 a 20 horas para fermentar correctamente y lograr así que su consistencia final sea muy esponjosa.

✤ **¿Con qué antigua fiesta coincide la Navidad en Noruega?**
Para los noruegos, las fiestas de la Navidad coinciden con la antigua celebración de la luz, la cual marca el paso de la oscuridad del invierno a la naciente primavera y el verano. De este modo, el solsticio de invierno y la Navidad se asocian con una fiesta de agradecimiento por las cosechas, la fecundidad y la fuerza vital.

La tradición de colocar el árbol de Navidad no llegó a Noruega sino hasta principios del siglo XIX, procedente de Alemania, y ocupa en la actualidad un lugar central en las celebraciones navideñas. Se acostumbra decorarlo con adornos, ya sea comprados o elaborados por cada familia, y no se ilumina sino hasta la llegada de la Nochebuena. Debido a que Noruega cuenta con una buena extensión de bosques, gran parte de la producción anual de árboles navideños se suele exportar a otras partes del mundo.

✤ **¿Cómo son las celebraciones de los días 24 y 25 de diciembre en Noruega?**
El 24 de diciembre, la fiesta empieza por la tarde, alrededor de las cinco, cuando todas las iglesias tocan al unísono sus campanas y reciben a todos los que acuden para cele-

Citas y
refranes

La gratitud, como ciertas flores, no se da en la altura y mejor reverdece en la tierra buena de los humildes.

José Martí (1853-1895), escritor y político cubano

LA ADORACIÓN
de los Reyes

El famoso autor de *Tirano Banderas*, Ramón del Valle Inclán (1866–1936) también se dio el tiempo de escribir sobre la Navidad. En este cuento el escritor español se da el lujo de recontar la conocida historia de los tres Reyes Magos.

—*Pasad.*

Y aquellos tres Reyes, que llegaban de Oriente en sus camellos blancos, volvieron a inclinar las frentes coronadas y arrastrando sus mantos de púrpura y cruzadas las manos sobre el pecho, penetraron en el establo. Sus sandalias bordadas de oro producían un armonioso rumor. El Niño, que dormía en el pesebre sobre rubia paja centena, sonrió en sueños. A su lado hallábase la Madre, que le contemplaba de rodillas con las manos juntas. Su ropaje parecía de nubes, sus arracadas parecían de fuego, y como en el lago azul de Genezaret rielaban en el manto los luceros de la aureola. Un ángel tendía sobre la cuna sus alas de luz, y las pestañas del Niño temblaban como mariposas rubias, y los tres Reyes se postraron para adorarle y luego besaron los pies del Niño. Para que no se despertase, con las manos apartaban las luengas barbas que eran graves y solemnes como oraciones. Después se levantaron, y volviéndose a sus camellos le trajeron sus dones: oro, incienso, mirra.

brar la misa de Navidad. Al salir, cada familia se dirige a su casa para la cena de Nochebuena, la cual es un verdadero banquete y muchas veces se prolonga hasta el día siguiente. Los pescados suelen ser el platillo principal: el favorito de la mayoría es el salmón, que se puede marinar con mostaza, preparar a la parrilla o escalfar con hierbas finas; también se guisa el bacalao, ya sea fresco o seco, en las formas preferidas, que son horneado o a la parrilla; otra costumbre es aderezar cualquier clase de pescado con una salsa de mantequilla y servirlo acompañado de una guarnición de zanahorias y ensalada de pepinos. Algo que vale la pena recordar es que el bacalao es la principal contribución de Noruega a las festividades navideñas de todo el mundo. Por la gran calidad del bacalao que se pesca en este país, es el más preciado durante la temporada navideña y constituye un producto de consumo en varias regiones de Europa y del continente americano.

En algunos hogares noruegos se prepara el *får i kål,* un estofado de cordero y col, al cual, en algunas regiones, se añaden papas y zanahorias, pues en general se considera que la carne sólo se debe cocer con col. Este guisado ha sido nombrado, oficialmente, el platillo nacional de Noruega. La bebida típica es el *Akevitt,* que literalmente significa "agua de vida", y no es sino un aguardiente. El *Akevitt* se madura en barcos que viajan al ecuador para añejarlo en barriles

CITAS Y
refranes

La felicidad no es el objetivo de la vida, sino el medio para vivirla.
Paul Claudel (1868–1955), poeta francés

donde previamente se había añejado jerez; esto hace que adquiera un sabor muy especial y que sea un aguardiente ligeramente aromatizado y con un sutil sabor a cominos y madera. Existe la costumbre de anotar, en la etiqueta, la ruta que siguió el barco en el que se maduró el licor. Las reuniones finalizan cuando se sirven el *dravle*, una sopa hecha de avena con leche, o el *rømmegrøt*, como se llama a esa misma sopa cuando se rocía con mantequilla derretida.

¿Cómo se celebra la cena de Navidad en tierras portuguesas?

La cena se abre con la degustación de *petiscos* y *salgados*, que son pastelillos picantes rellenos de carne, pescado o verduras. El plato principal para la cena de Navidad es el bacalao cocido con papas, hortalizas, cebolla y huevo, aderezado con un buen aceite de oliva, que se suele acompañar con vino verde. Otra forma de prepararlo es como "bacalao con nata", el cual se cocina con papas y se baña con una salsa hecha a base de leche, mantequilla, harina y laurel. Los llamados buñuelos de bacalao se elaboran con una harina de bacalao, puré de papa, hierbas finas, huevo y nuez moscada; se fríen en aceite de oliva y se sirven calientes con una guarnición de verduras, ensalada, queso y un trozo de *pão*, que es el pan portugués. Para cerrar, como postre, se acostumbran los pastelillos dulces, de cuya elaboración los portugueses han hecho un verdadero arte, pues confeccionan figuras de mazapán, o dulces de almendras que suelen acompañar con un buen vino de oporto.

Al final de la cena, los niños se van a dormir, pero antes dejan sus respectivas medias en la chimenea para que *Papá Noël* coloque sus regalos; los adultos, por su parte, acuden a la tradicional misa de gallo. Al día siguiente, los niños abren sus regalos y en la comida de mediodía, con toda la familia reunida, es común almorzar el pavo relleno.

¿Con qué festividades da inicio la temporada navideña en Suecia?

En Suecia, la Navidad se conoce como *Jul* y se inicia con dos festividades: el Adviento y la fiesta de Santa Lucía. Para el Adviento se elabora, en lugar de corona, una caja con cuatro bases para las velas, adornada con musgo y ramitas de arándanos rojos. Se encienden las velas, pero el objetivo es que se vayan quemando por partes y en orden, es decir, el primer domingo de Adviento se

enciende la primera vela, que se deja arder sólo en una cuarta parte; al domingo siguiente se vuelve a encender esa misma candela y se deja arder otra cuarta parte, mientras se enciende otra nueva, que se quemará también en una cuarta parte; el procedimiento continúa el tercer domingo, agregando una tercera vela, hasta llegar al cuarto, cuando se encienden las cuatro velas y se deja que se consuman por completo. En Suecia también existe la tradición del *julkalender* o calendario de Adviento o Navidad, que se elabora con cartón; se cortan las ventanitas que irán numeradas desde el día 1 hasta el 24 de diciembre. Al abrirlas, una por día, se verá una pequeña imagen a modo de sorpresa con un motivo alusivo a la Navidad.

Cuento de Navidad

El escritor por excelencia de ciencia ficción, Ray Bradbury (1920), imagina un futuro en que la presencia de los cohetes y de los viajes interplanetarios no excluye la celebración de la Navidad. En este cuento, a una pareja le son decomisados en la aduana interplanetaria el regalo y el árbol de Navidad que planeaban llevarle a su hijo, a bordo de un cohete, justo a la medianoche. Llegado el momento temido, pues los padres no tienen nada que obsequiarle al pequeño, el papá se las ingenia para ofrecerle lo que, sin lugar a dudas, fue un regalo extraordinario.

Se detuvieron los tres frente a una puerta cerrada que daba a una cabina. El padre llamó tres veces y luego dos, empleando un código. La puerta se abrió, llegó luz desde la cabina, y se oyó un murmullo de voces.

—Entra, hijo —dijo el padre.

—Está oscuro.

—No tengas miedo, te llevaré de la mano. Entra, mamá.

Entraron en el cuarto y la puerta se cerró; el cuarto realmente estaba muy oscuro. Ante ellos se abría un inmenso ojo de vidrio, el ojo de buey, una ventana de metro y medio de alto por dos de ancho, por la cual podían ver el espacio. El niño se quedó sin aliento, maravillado. Detrás, el padre y la madre contemplaron el espectáculo, y entonces, en la oscuridad del cuarto, varias personas se pusieron a cantar.

—Feliz Navidad, hijo —le deseó el padre. Resonaron los viejos y familiares villancicos; el niño avanzó lentamente y aplastó la nariz contra el frío vidrio del ojo de buey. Y allí se quedó largo rato, simplemente mirando el espacio, la noche profunda y el resplandor; el resplandor de cien mil millones de maravillosas velas blancas.

LA NAVIDAD
en los Andes

En el libro *Panki y el Guerrero*, del escritor peruano Ciro Alegría (1909–1967), se lee un pasaje en que el narrador describe la forma en que pasaba las navidades durante su infancia. Dicho pasaje ha llegado a conocerse como "La Navidad en los Andes".

Mi padre comenzaba pronto a preparar el nacimiento. En la habitación más espaciosa de la casona, levantaba un armazón de cajones y tablas, ayudado por un carpintero al que decían Gamboyao y nosotros los chicuelos, a quienes la oportunidad de clavar o serruchar nos parecía un privilegio. De hecho lo era, porque ni papá ni Gamboyao tenían mucha confianza en nuestra destreza.

Después, mi padre encaminábase hacia alguna zona boscosa, siempre seguido de nosotros los pequeños, que hechos una vocinglera turba, poníamos en fuga a perdices, torcaces, conejos silvestres y otros espantadizos animales del campo. Del monte traíamos musgo, manojos de unas plantas parásitas que crecían como barbas en los troncos, unas pencas llamadas achupallas, ciertas carnosas siemprevivas de la región, ramas de hojas olorosas y extrañas flores granates y anaranjadas. Todo ese mundillo vegetal capturado tenía la característica de no marchitarse pronto y debía cubrir la armazón de madera. Cumplido el propósito, la amplia habitación olía a bosque recién cortado.

Las figuras del nacimiento eran sacadas entonces de un armario y colocadas en el centro de la armazón cubierta de ramas, plantas y flores. San José, la Virgen y el Niño, con la mula y el buey, no parecían estar en un establo, salvo por el puñado de paja que amarilleaba en el lecho del Niño. Quedaban en medio de una síntesis de selva. Tal se acostumbraba tradicionalmente en Marcabal Grande y toda la región. Ante las imágenes relucía una plataforma de madera desnuda, que oportunamente era cubierta con un mantel bordado, y cuyo objeto ya se verá.

En medio de los preparativos, mamá solía decir a mi padre, sonriendo de modo tierno y jubiloso:

❖ **¿Qué otra fiesta marca el inicio de la temporada navideña en Suecia?**
La procesión de la luz en la celebración de Santa Lucía, que se conmemora el 13 de diciembre. Los suecos consideran que esta fiesta es importante por el cambio en la luz y la duración de los días a partir de ese momento del año, pues poco a poco se irán haciendo más largos. El 13 es el más corto del año, y por ello creen que necesita fuego adicional que lo alimente. Todos participan en la ceremonia; la costumbre es que las niñas y las jovencitas se vistan con una túnica blanca y una cinta roja a modo de cinturón, y que lleven en la cabeza una corona con velas. Ataviadas de esta manera, se les llama "princesas de la luz"; detrás de ellas desfilan unos cuantos niños que llevan un cucurucho de cartulina en la cabeza y en las manos un cetro en forma de estrella.

—*José, pero si tú eres ateo...*

—*Déjame, déjame, Herminia* —replicaba mi padre con buen humor— *no me recuerdes eso ahora y... a los chicos les gusta la Navidad...*

Un ateo no quería herir el alma de los niños. Toda la gente de la región, que hasta ahora lo recuerda, sabía por experiencia que mi padre era un cristiano por las obras y cotidianamente.

Por esos días llegaban los indios y cholos colonos a la casa, llevando obsequios, a nosotros los pequeños, a mis padres, a mi abuela Juana, a mis tíos, a quien quisieran elegir entre los patrones. Más regalos recibía mamá. Obsequiábannos gallinas y pavos, lechones y cabritos, frutas y tejidos y cuantas cosillas consideraban buenas. Retornábaseles la atención con telas, pañuelos, rondines, machetes, cuchillas, sal, azúcar... Cierta vez, un indio regalome un venado de meses que me tuvo deslumbrado durante todas las vacaciones...

Servíase la cena en un comedor tan grande que hacía eco, sobre una larga mesa iluminada por cuatro lámparas que dejaban pasar una suave luz a través de pantallas de cristal esmerilado. Recuerdo el rostro emocionadamente dulce de mi madre, junto a una apacible lámpara. Había en la cena un alegre recogimiento aumentado por la inmensa noche, de grandes estrellas, que comenzaba junto a nuestras puertas. Como que rezaba el viento. Al suave aroma de las flores que cubrían las mesas, se mezclaba la áspera fragancia de los eucaliptos cercanos.

Después de la cena pasábamos a la habitación del nacimiento. Las mujeres se arrodillaban frente al altar y rezaban. Los hombres conversaban a media voz, sentados en gruesas sillas adosadas a las paredes. Los niños, según la orden de cada mamá, rezábamos o conversábamos. No era raro que a un chicuelo demasiado alborotador se lo llamara a rezar como castigo. Así iba pasando el tiempo.

Todos juntos forman un coro que canta villancicos mientras recorren las calles.

✧ ¿Cuál es el menú de los suecos para la cena de Nochebuena?

Para la cena navideña se unen platillos muy antiguos con alimentos, como el pavo, que se han incorporado a la fiesta hace relativamente poco tiempo. Parte de la tradición consiste en tener preparada en su totalidad tanto la cena como la casa, ya que durante la celebra-

ción no se permite hacer nada, excepto avivar el fuego de la chimenea y complementar algún pequeño detalle para la cena. Dentro del menú, lo más común y tradicional es preparar pescado o carne de cerdo, ya sea en trozos o molida para formar el *Köttbullar*, que es algo parecido a unas albóndigas de carne. En Suecia, como en otros países, hay quienes preparan verdaderas delicias con carnes y pescados gratinados al horno y acompañados de papas. Una de las especialidades de la cocina sueca es el marinado, y para estas fiestas no puede faltar el arenque marinado con verduras, especias, mostaza, jengibre, al que llaman *Glasmästaresill,* o con eneldo, al que llaman *Dillsill.* Asimismo, es costumbre servir embutidos de primera calidad, entre los que destacan el paté de hígado, la salchicha ahumada, las albóndigas fritas y un gratinado de papas y anchoas al que se conoce como *Jansson's Frestelse* o "tentación de Jansson", en honor de un predicador puritano del siglo XIX, que fue sorprendido entregado al placer, mientras disfrutaba de este delicioso y sencillo platillo.

¿Qué bebidas y postres acompañan las cenas navideñas en Suecia?

La bebida que tradicionalmente está presente en todas las celebraciones es el ponche, al que suelen llamar *glogg,* y que se elabora con vino de importación mezclado con frutas; sin embargo, hay quienes prefieren acudir a los *systemet,* que son comercios donde se vende aguardiente y vino elaborados en Suecia de manera artesanal por una única compañía, la *Vin & Spritcentraler Aktiebolag.* Los postres más tradicionales son la *Ostkaka,* tarta de queso, y la *Vinbärskräm med Vaniljsås,* que no es sino una jalea de grosellas con salsa de vainilla similar al *pudding.* Durante la temporada navideña se preparan galletas de jengibre o con especias, conocidas como *pepparkakor,* las cuales tienen forma de corazón. Otro postre tradicional es el arroz dulce con canela, en el que se introduce una almendra, con la idea tradicional de que quien la encuentre se casará al año siguiente o tendrá buena fortuna.

¿Cómo termina la temporada navideña en Suecia?

Las celebraciones de Navidad terminan el 14 de enero con la fiesta de los *Knuts,* día en que se desmonta el árbol, se le retiran los adornos y se guardan; en esa fecha, los niños disfrazados de *Knuts,* o duendes, juegan, bromean y arrastran el árbol por la nieve.

¿Por qué en Ucrania la Navidad es la fiesta sagrada más importante?

Para los ucranianos, la Navidad se celebra del 25 de diciembre al 7 de enero, y en ella se unen la solemnidad y la alegría; por eso es la fiesta sagrada más grande del año. Algunas tradiciones locales, como la festividad del solsticio de invierno y de la fertilidad, terminaron incorporándose a las celebraciones cristianas. La cena navideña se conoce con el nombre de *Sviata Vecheria*; para ella se preparan platillos especiales y se cubre la mesa con dos manteles, uno por los antepasados y otro por los vivos, puesto que en Ucrania se considera que los antepasados son espíritus benévolos que traen buena fortuna a sus parientes. Debajo de la mesa y bajo los manteles se coloca paja, la cual sirve para recordar que el Niño Dios nació en un pesebre; también se deja un espacio en la mesa para el alma de los muertos que, según las creencias, vienen durante la cena de Navidad para compartir los alimentos. Los ucranianos confeccionan un *didukh* (que quiere decir "abuelo") con tallos de trigo torcidos o de otros granos, que se coloca en las puertas de las casas. En Ucrania, ésta es una tradición navideña importante, porque los tallos representan a todos los antepasados y esto significa que ellos estarán presentes en las fiestas de Navidad.

✥ **¿Qué alimentos se consumen en la cena de Navidad en Ucrania?**

Para la cena de Nochebuena se hornea el *kolach o didukh,* un pan de Navidad que se pone al centro de la mesa, elaborado con tres roscas, embrocadas una encima de la otra y con una vela prendida al centro; esto simboliza que cada pan es un anillo y los tres juntos representan a la Divina Trinidad, y cada círculo es el signo de la eternidad. Una vez puesto el pan, se acostumbra que el padre de familia coloque un recipiente con *kutia,* una preparación de trigo hervido con semillas y miel. El *kutia* es el alimento más importante en la cena de Navidad —de hecho se le conoce como "el alimento de los dioses"— y se acompaña con una ensalada de fruta cuyo nombre es *uzvar,* que quiere decir "bebida de los dioses".

Cuando todo se ha preparado, el padre da a cada miembro de la familia un pedazo en pan con miel, previamente bendito en la iglesia; la cena termina con una oración y con la felicitación del padre a todos los asistentes: *"Khrystos Razhdaietsia",* que significa "Cristo ha nacido".

Después, toda la familia se sienta a cenar, pero el menú no incluye carne, porque se considera que la Navidad es un tiempo de abstinencia y sacrificio para los dioses. En la mesa se suelen colocar 12 platos extras que representan a los 12 apóstoles en la fe cristiana y que, en tiempos antiguos, representaban las 12 lunas llenas del año. El primer plato se considera el principal y es el *kutia;* le sigue el *borshch,* una sopa de granos con *vushka* (cebada), hongos y cebollas picadas. Se continúa con varios pescados fritos, marinados, cocidos, horneados, o preparados de alguna otra manera, que se acompañan de una ensalada de col y papas, granos de trigo y ciruelas a la que se denomina *varenyk.* En algunas poblaciones, después de la cena, la gente vela hasta la madrugada, pues, para ellos, lograr ver la primera estrella que sale en la mañana es como mirar la estrella que se apareció en Belén.

ORACIÓN por la paz

Roguemos a Dios por paz,
pues que d'Él sólo se espera,
qu'Él es la paz verdadera.
Él que vino desde el cielo
a ser la paz en la tierra.

Él quiera ser d'esta guerra
nuestra paz en este suelo,
Él nos dé paz y consuelo,
pues que d'Él sólo se espera,
qu'Él es la paz verdadera.

Mucha paz nos quiera dar
el que a los cielos da gloria,
Él nos quiera dar victoria
si es forzado guerrear,
mas si se puede excusar,
denos paz muy placentera,
que es la paz verdadera.

Juan del Encina (1469–1529)

202

LA NAVIDAD
en las montañas

Quizá la novela mexicana más famosa que toca el tema de la Navidad es *La Navidad en las montañas* del escritor y político Ignacio Manuel Altamirano (1834-1893). El célebre liberal mexicano cuenta una tierna historia navideña al tiempo que se da la oportunidad de exponer sus ideas políticas. La historia empieza con los recuerdos navideños del personaje, quien de esta forma establece el tono que predominará en todo el libro.

La noche se acercaba tranquila y hermosa: era el 24 de diciembre, es decir, que pronto la noche de Navidad cubriría nuestro hemisferio con su sombra sagrada y animaría a los pueblos con sus alegrías íntimas. ¿Quién que ha nacido cristiano y que ha oído renovar cada año, en su infancia, la poética leyenda del nacimiento de Jesús, no siente en semejante noche avivarse los más tiernos recuerdos de los primeros días de la vida?...

Recordaba mi pueblo, mi pueblo querido, cuyos alegres habitantes celebraban a porfía con bailes, cantos y modestos banquetes la Nochebuena. Parecíame ver aquellas pobres casas adornadas con sus nacimientos y animadas por la alegría de la familia; recordaba la pequeña iglesia iluminada, dejando ver desde el pórtico el precioso Belén, curiosamente levantado en el altar mayor; parecíame oír los armoniosos repiques que resonaban en el campanario, medio derruido, convocando a los fieles a la misa de gallo, y aún escuchaba, con el corazón palpitante, la dulce voz de mi pobre y virtuoso padre, excitándonos a mis hermanos y a mí a arreglarnos pronto para dirigirnos a la iglesia, a fin de llegar a tiempo; y aún sentía la mano de mi buena y santa madre tomar la mía para conducirme al oficio.

Después me parecía llegar, penetrar por entre el gentío que se precipitaba en la humilde nave, avanzar hasta el pie del presbiterio, y allí arrodillarme, admi-

✤ **¿Por qué son diferentes las celebraciones navideñas en Argentina?**

Es probable que la característica que más llame la atención a la gente del hemisferio norte sea el clima, ya que, en la parte opuesta del mundo, las fiestas decembrinas se desarrollan en pleno verano. En Argentina, el ambiente navideño se vive preferentemente en las playas. Los hogares suelen decorarse con guirnaldas de colores rojo y blanco, que simbolizan tanto la nieve como el espíritu de paz que se espera que reine en estas fechas. En las casas se acostumbra colocar el tradicional árbol de Navidad con sus luces, esferas, escarcha y una estrella en la punta del pino que representa la estrella de Belén. El decorado incluye a veces palomitas de maíz que intentan hacer las veces de copos de nieve de la temporada invernal, así como adornos

rando la hermosura de las imágenes, el portal resplandeciente con la escarcha, el semblante risueño de los pastores, el lujo deslumbrador de los Reyes Magos y la iluminación espléndida del altar. Aspiraba con delicia el fresco y sabroso aroma de las ramas de pino, y el heno que se enreda en ellas, que cubría el barandal del presbiterio y que ocultaba el pie de los blandones. Veía después aparecer al sacerdote revestido con su alba bordada, con su casulla de brocado y seguido de los acólitos, vestidos de rojo con sobrepellices blanquísimas...

Y después de un momento en que consagraba mi alma al culto absoluto de mis recuerdos de niño, por una transición lenta y penosa me trasladaba a México, al lugar depositario de mis muchas impresiones de joven.

Aquel era un cuadro diverso. Ya no era la familia; estaba entre extraños; pero extraños que eran mis amigos: la bella joven por quien sentí la vez primera palpitar mi corazón enamorado, la familia dulce y buena que procuró con su cariño atenuar la ausencia de la mía.

Eran las posadas con sus inocentes placeres y con su devoción mundana y bulliciosa; era la cena de Navidad con sus manjares tradicionales y con sus sabrosas golosinas; era México, en fin, con su gente cantadora y entusiasmada, que hormiguea esa noche en las calles corriendo gallo; en su Plaza de Armas llena de puestos de dulces, con sus portales resplandecientes; con sus dulcerías francesas, que muestran en los aparadores iluminados con gas, un mundo de juguetes y de confituras preciosas; eran los suntuosos palacios derramando por sus ventanas torrentes de luz y de armonía. Era una fiesta que aún me causaba vértigo.

artesanales de la región, en los que aparecen ángeles con trompetas, campanas, coronas, etc. La tradición de montar un nacimiento con la Sagrada Familia, un ángel y los Reyes Magos también se cultiva en Argentina; sin embargo, para representar a los pastores es muy común, como en el resto de Hispanoamérica, dar rienda suelta a la imaginación y colocar pastores o campesinos con atuendos típicos de la región y hasta fauna local, por lo que no es nada raro encontrar, en algunos nacimientos, a los pingüinos típicos de la Patagonia.

En la víspera de Navidad, los niños redactan sus cartas de deseos para "Papá Noel". Los juguetes y regalos para ellos aparecen, como por arte de magia, al pie del árbol de Navidad; es una tradición que todos abran sus regalos a las 12 de la noche, ni antes ni después. A las 12 de la noche se lanzan fuegos artificiales para la celebración del nacimiento de Cristo, mientras las familias y los amigos brindan y se felicitan con abrazos y besos.

❖ ¿Cómo celebran los bolivianos la cena de Nochebuena?

Después de haber recostado al Niño Dios, las familias festejan con un brindis, en el cual desean paz y amor a todos. En la cena no puede faltar el platillo típico conocido como "picana", que es una especie de sopa o guisado caldoso con algo dulce y algo picante, rasgo que le da un sabor exótico. A ese plato se le añade "choclo", es decir, trozos de elote o elote desgranado, que es símbolo de riqueza y abundancia para los bolivianos; también se le añaden trozos de carne de res y pollo, y verduras, como zanahoria, cebolla, tomate y papas. Los alimentos se suelen acompañar con un buen vino seco. Como postre se ofrecen dulces típicos y tradicionales de esta fecha, como los buñuelos, junto con una buena taza de café. Después de cenar se abren los regalos de Navidad y, una vez abiertos, cada miembro de la familia menciona a los demás sus buenos propósitos para contribuir a la unión, el amor y la paz del hogar.

❖ ¿Cómo se manifiesta la música popular boliviana en la Navidad?

Una costumbre muy arraigada entre el pueblo de Bolivia es asistir a la misa de gallo a las 12 de la noche con el fin de celebrar el nacimiento del Niño Jesús, y participar en la procesión que se hace al final de la misa para sacar a pasear al recién nacido y que éste les dé su bendición. Con la flauta de pan, la quena, el charango, la mandolina y el tambor, entre otros instrumentos tradicionales de la música boliviana, en las casas se baila y se cantan villancicos al pie del nacimiento para dar alegría al Niño hasta el amanecer.

❖ ¿A qué le llaman los esquimales de Canadá el *Sinck Tuck?*

En Canadá, la celebración de la Navidad reúne y combina aspectos tanto religiosos como seculares que han llegado de muy diversas partes del mundo. En la Navidad se funden tradiciones inglesas, francesas, holandesas y hasta ucranianas, las cuales se pueden ver, vivir y disfrutar durante esta temporada. Es en esta época del año cuando los esquimales celebran un gran festival de invierno al que llaman *Sinck Tuck,* en el que cenan, bailan y entregan los regalos. Otra tradición en la península del Labrador es la de guardar nabos en el verano, para colocarles una vela y obsequiárselos a los niños.

❖ ¿Cómo se celebra la Navidad en Canadá?

Como en la mayoría de los países occidentales, en Canadá se colocan enormes árboles de Navidad ricamente adornados con luces de colores, esferas y cajas de regalos al pie. A veces también se decoran árboles de Navidad que simbolizan la unión de la familia; de ellos se cuelgan figuras de renos elaborados, con ramas u otros materiales, y que graciosamente llevan bufanda y gorro. También es muy típico que en los jardines de las casas, los niños elaboren muñecos de nieve, y que en las calles se organicen pequeños coros que entonan villancicos. Muchas personas suelen asistir a la iglesia para después reunirse con su familia a celebrar la cena de Nochebuena. Para dicha cena, lo más tradicional es el pavo horneado, que se acompaña de papas, nabos, zanahorias, y que se rellena con una mezcla de carne y frutas secas. Se acostumbra servirlo con puré de frutas o salsa de ciruela y se acompa-

Pan de Pascua

Ingredientes:

1 kg de harina
1/2 kg de azúcar glas
1/2 kg de margarina
200 g de frutas confitadas
6 huevos
1 taza de nueces picadas
1 taza de pasas
3 cucharadas de polvo Royal
2 cucharadas de ron
2 cucharadas de vinagre blanco
2 cucharadas de anís
1 cucharadita de canela molida
1 cucharadita de clavo
   de olor molido
1 cucharadita
   de bicarbonato
1 pizca de nuez moscada

Preparación:

1) Mezclar el azúcar glas con la margarina y agregar las seis yemas.
2) Unir el ron, el anís y el vinagre en un vaso aparte y agregar las frutas, las nueces, las pasas, la canela, el clavo y la nuez moscada. Incorporar todo a la mezcla.
3) Batir las claras a punto de nieve, agregarlas a la mezcla y revolverla.
4) Añadir el bicarbonato disuelto en tres cucharadas de agua.
5) Colocar la mezcla en moldes profundos, previamente enharinados.
6) Hornear a fuego medio durante una hora.
7) Dejar enfriar y envolver en papel celofán.

ña con vino; como postre es muy gustado el pan de fruta. En muchos hogares se elaboran platillos tradicionales como la torta de carne, el cordero o el cerdo en salsa agridulce o asado; como postre se pueden servir el dulce de picadillo de fruta o los pudines de ciruela.

En algunas familias es común intercambiar los regalos después de la cena de Nochebuena; pero lo tradicional es abrirlos el día de Navidad, es decir, a la mañana siguiente de que Santa Claus los haya dejado en el árbol, junto con dulces que introduce en las medias que cuelgan de la chimenea.

❖ **¿Qué celebraciones realizan los chilenos con motivo de la Navidad?**
Como en otros países de Hispanoamérica, los chilenos acostumbran acudir a la misa de gallo y celebrar así el nacimiento de Jesús; al día siguiente, los niños salen a las plazas y a los parques para divertirse con los regalos que les entregó "Papá Noel", mejor conocido en Chile como "el Viejito Vascuero", que sería el equivalente de Santa Claus *(ver pág. 79).* También se pone el árbol de Navidad a principios de diciembre y se monta un nacimiento o pesebre.

❖ **¿Qué alimentos son típicos de la Navidad en Chile?**
En la víspera de la Navidad, es decir, en la Nochebuena, las familias se reúnen a celebrar con una cena para la cual se prepara carne asada, roja o blanca, que se acompaña con diferentes tipos de ensaladas, verduras cocidas o frescas. También se come pavo o pollo relleno de elote y se brinda por la Nochebuena. Para los festejos de estos días se

206

ROMANCILLO DEL día de la Epifanía

*Atabales tocan
en Belén, pastor;
trompeticas suenan,
alégreme el son.*

*De donde la aurora
abre su balcón
y sale risueña
en brazos del sol,
vienen Baltasar,
Gaspar y Melchor,
preguntando alegres
por el Dios del amor.
Todos traen presentes
de rico valor;
oro, incienso y mirra,
al Rey, Hombre y Dios.*

*Atabales tocan
en Belén, pastor.*

*La virginal Madre,
para la visita,
de fiesta salió;
de estrellas se puso
un apretador,
y un manto de lustre
con puntas de sol;
para los chapines,
que bordados son,
virillas de plata
la luna le dio.*

*Trompeticas suenan,
alégreme el son.*

José de Valdivielso
(1560–1638),
poeta y dramaturgo
español

acostumbra hornear "el pan de Pascua", una especie de bizcocho dulce con pasas y frutas confitadas; y la bebida típica de la temporada es "la cola de mono", que se prepara con pisco (bebida típica), café, leche, azúcar y canela.

❖ **¿En qué consiste la novena de aguinaldos en Colombia?**

En Bogotá, como en la mayor parte del país, se acostumbra organizar la novena de aguinaldos, del 16 al 24 de diciembre, y ésta es probablemente la celebración navideña típica. Los aguinaldos son una serie de reuniones para orar cuya finalidad es recordar la historia del nacimiento de Jesús tal y como lo narra la Biblia. Durante esos nueve días se rememora esta historia desde la Anunciación a la Virgen hasta el nacimiento de Cristo en Belén. Para celebrar este acontecimiento es típico preparar natillas y buñuelos.

❖ **¿Cuáles son los rasgos distintivos de las festividades navideñas colombianas?**

El 24 de diciembre se reúnen las familias para festejar la Navidad y los hogares se adornan colocando árboles navideños con sus luces, esferas y escarcha, la estrella de Belén en la punta y otros adornos artesanales típicos de la región. Muy cerca del árbol se monta un pesebre con el nacimiento; también es común que, por la casa o en el árbol, se cuelguen botas de Navidad.

Para la cena, los platillos típicos son el "ajiaco santafereño", o los "tama-

les". Se acostumbra cenar antes de la medianoche para que, cuando el reloj marque las 12, se repartan los regalos que están bajo el árbol. Sin embargo, los niños deben acostarse temprano y esperar a que sea el Niño Dios quien les deje los regalos al pie del árbol en el transcurso de la noche; ellos suelen encontrarlos al día siguiente, muy temprano en la mañana.

✣ ¿Cómo son las festividades navideñas en Costa Rica?

Entre las tradiciones para celebrar estas fechas está la fiesta brava en Zapote, una localidad cercana al centro de San José, donde se instala una feria con juegos mecánicos, los "chimamos", y puestos de comida. Pero lo más destacado de esta feria son las corridas de toros, en las cuales se mezclan las exhibiciones típicas con las pamplonadas. Se suele montar un ruedo de aproximadamente 50 metros de diámetro en el que unos 200 toreros espontáneos y valientes corretean a un toro que, en más de una ocasión, les da un buen susto. Para el 25 de diciembre se efectúan dos corridas, una a las tres de la tarde y otra a las nueve de la noche. Es costumbre que, en la jornada vespertina, toreros novatos o principiantes prueben su suerte a la usanza de la tradición española y, para la corrida nocturna, que se considera de gala y a la que acuden toreros experimentados, se hagan estallar fuegos artificiales de diferentes colores y con múltiples formas. Finalmente, como parte de todos estos festejos, se organiza el certamen Tica Linda, un concurso de belleza en el cual se elige a la señorita que preside las corridas de toros y representa el espíritu de las celebraciones; asimismo, se lleva a cabo el festival Grano de Oro, que es una competencia cultural en la cual se premia a cantantes, grupos artísticos y teatrales de Costa Rica.

✣ ¿Qué otras fiestas se hacen después del 25 de diciembre en Costa Rica?

Como los festejos de la Navidad continúan hasta el 26 de diciembre, en esta fecha suele efectuarse el llamado "Tope", desfile de caballos y carrozas en el que se exhiben los mejores ejemplares equinos. Durante la noche, en la municipalidad de San José se lleva a cabo el Festival de la Luz, desfile nocturno en el que se iluminan las carrozas y que sirve de antesala para el carnaval del día 27, cuando desfilan carrozas adornadas, comparsas, payasos, automóviles antiguos, malabaristas y carros alegóricos por las calles de Costa Rica.

✣ ¿Cómo se desarrollan las fiestas decembrinas en Cuba?

Luego de la Revolución de 1959, se establecieron en Cuba diversas restricciones políticas, merced a las cuales se prohibió casi cualquier tipo de celebración religiosa, entre ellas, la Navidad. Sin embargo, tras la ruptura con el bloque soviético, el gobierno cubano ha ido permitiendo paulatinamente la conmemoración de ciertas fechas. La cena de Nochebuena se realiza el día 24 de diciembre y los alimentos típicos son el lechón, la yuca cocida y aderezada con aceite de oliva, el arroz con frijoles, los famosos "moros con cristianos", y, como postre, turrones. La cena se acompaña de cerveza. Pero la celebración popular en la que la gente de la Isla se vuelca a las calles como en carnaval es el 6 de enero, día de los Reyes Magos.

✣ ¿Cómo se celebran las fiestas navideñas en Ecuador?

Los ecuatorianos empiezan las festividades decorando un árbol de Navidad y montando el nacimiento. El árbol se adorna con esferas, luces y nieve falsa que imitan usando copitos de algodón o algún spray; para el nacimiento usan musgo, tierra, fuentes de agua y, en muchos casos, figuritas de madera con los trajes típicos de Ecuador. La costumbre es cenar antes de la medianoche, para poder abrir los regalos, hacer un brindis y felicitarse a las 12 en punto. La comida típica para la ocasión suele ser el pavo relleno de frutas y carne, que se sirve luego de saborear el consomé de pavo. El postre tradicional es "el prístino con miel de raspadura" y, como en toda celebración, se prepara el canelazo quiteño, una bebida caliente de canela con azúcar, clavo de olor y anís.

✣ ¿Cómo celebran la Navidad en Estados Unidos?

En Estados Unidos, las tradiciones navideñas pueden variar de un estado a otro, dependiendo del tipo de población inmigrante que los conforme, así como de la vertiente de la fe cristiana que en el lugar predomine. Por ejemplo, en Pensilvania se estila construir un paisaje debajo del árbol de Navidad al que se conoce como *puts*. En los estados del sur se dispara al aire para saludar a los vecinos distantes. En Alaska, existe la tradición de que algunos pasen de casa en casa con una estrella ensartada en un palo, mientras que otros, simulando ser los hombres de Herodes, los siguen para capturarla. Entre tanto, en las puertas de las casas coloniales se suele poner una piña, como símbolo de hospitalidad.

✣ ¿Qué es el *eggnog* que en Estados Unidos se ingiere en Navidad?

El *eggnog* es una bebida de color pálido y consistencia viscosa semejante a la mezcla que se hace para elaborar crepas. El *eggnog* se prepara con crema o leche, azúcar, canela, nuez moscada y toneladas de huevos en su estado natural. El *nog* que forma parte del *eggnog* es una bebida espirituosa, generalmente se trata de ron, bourbon o whisky.

✣ ¿Cómo son las festividades decembrinas en Guatemala?

La celebración de la Navidad suele comenzar el 7 de diciembre con la llamada "quema del diablo". Esta curiosa tradición consiste en buscar en casa los materiales que ya no se utilizan para armar con ellos una fogata. Así es como los guatemaltecos "sacan" al maligno de su casa; el ritual se complementa con la participación de los más jóvenes, que van en busca de árboles secos, llamados "chiriviscos", para alimentar el fuego. Esta celebración sirve de antesala a la fiesta de la Virgen de la Concepción, que se celebra el 8 de diciembre. Algunos creen que la "quema del diablo" tuvo su origen en las fogatas que se encendían para alumbrar el sendero en la procesión de la Virgen, y que con el tiempo esta práctica se convirtió, junto con las pastorelas, en una representación de la derrota del diablo ante las fuerzas divinas.

Las festividades continúan con los conciertos de villancicos, que se organizan en plazas, escuelas y calles, o en otros lugares concurridos; sin embargo, lo más típico es cantar "bombas", esto es, coplas que se

CITAS Y
refranes

Lo que es creado por el espíritu está más vivo que la materia.
Charles Baudelaire (1821–1867), poeta francés

improvisan al son de la música. El 12 de diciembre, día en que se celebra a la Virgen de Guadalupe, es costumbre vestir a los niños con trajes típicos para presentarlos en el templo. Como parte de este ambiente festivo, entre los días 10 y 11, se comienzan a colocar los adornos navideños en las ventanas de las casas y se montan tianguis y mercados en las calles y en las plazas, con puestos que venden todo tipo de artículos navideños; estas ventas se intensifican el día 16 de diciembre, fecha en que se inician las posadas. Todas las casas deben estar ya adornadas para dar inicio a las celebraciones de Navidad, sobre todo aquellas que recibirán la primera posada.

✤ **¿Existen otras tradiciones en Guatemala relacionadas con la Navidad?**
Vinculada al montaje del nacimiento, en Guatemala existe la tradición de rezar novenas; una de éstas se conoce como la "sentada del Niño", en la que la figurilla del Niño Dios se coloca sentada, en vez de acostada; otra es el llamado "robo de Jesús Infante" o "el robo del Niño", la cual consiste en que un familiar o amigo extraiga la figurilla del Niño Jesús del nacimiento de una casa y "se la robe". Cuando el propietario de la figurilla se percata del hurto, debe esperar a que el "ladrón" se la devuelva, y ofrecer una fiesta para celebrar la aparición del Niño; este festejo se conoce como "fiesta de devolución del Niño".

Otro novenario de gran importancia es el que comienza el 25 de enero —el 6 de enero o Epifanía de los Reyes no es una fecha muy celebrada, dado que los obsequios para los niños se entregan el 24 o el 25 de diciembre— y culmina el 2 de febrero, día de la fiesta de la Candelaria. En estas novenas se reza y se canta; después de los oficios religiosos, la gente sale a la calle a quemar cohetes y a departir en una cena que incluye tamales, pan dulce y chocolate.

✤ **¿Qué celebraciones de Navidad se llevan a cabo en Haití?**
En Haití, la gente acostumbra montar el árbol de Navidad en casa; el 24 de diciembre, que se celebra la cena de Nochebuena, asiste a la misa de gallo. En algunos hogares se cena carne de puerco, gallina de Guinea adobada, arroz con leche de coco y frijoles o macarrones al horno; en otros se prefiere el

pollo a la haitiana y arroz con frijoles. Después de cenar suele haber un intercambio de regalos; se bebe ron o cerveza nacional, y muchos acostumbran continuar la celebración en clubes o locales de fiesta, donde la celebración sigue con bailes y sones.

❖ ¿Cómo son las festividades navideñas en Nicaragua?

El 24 de diciembre, la mayoría de las actividades gira en torno a la cena de Nochebuena, en cuyos preparativos participan todos los miembros de la familia: unos decorando la casa con adornos, otros montando el nacimiento, otros cocinando. Como parte del menú para la cena, en muchos hogares se sirve el arroz a la valenciana, que es la versión local adaptada de la paella española. Otro platillo típico es el tradicional "nacatamal"; se trata de un tamal muy grande elaborado con harina de maíz, que se rellena con pollo, arroz, papas, cebollas y menta, y se envuelve en hoja de plátano para cocerlo durante horas. Como complemento, se acostumbra beber ponche con ron y, de postre, comer bizcochos.

❖ ¿Cómo se efectúan las llamadas "posadas", previas a la Navidad, en Panamá?

Las festividades navideñas se inician cuando se monta el tradicional nacimiento llamado "belén" o "pesebre"; el arbolito de Navidad con luces es relativamente reciente. Una tradición muy viva es la de las posadas, a las que se considera una evolución de los villancicos españoles. En las posadas se unen tanto la cultura indígena como la criolla, y son celebraciones que tienen lugar durante un ciclo de nueve días que van del 16 al 24 de diciembre. Se acostumbra que cada barrio organice las posadas, para lo cual se escogen previamente nueve casas —una para cada día—; cada una debe contar con un nacimiento y una figura del Niño Jesús, al que se le ofrecerán cánticos y oraciones. Cada anfitrión recibe a los músicos, quienes son acompañados por un coro que entona cantos siempre referentes al nacimiento del Niño Jesús. Una vez terminado el concierto, la casa que organiza la posada acostumbra ofrecer bebidas de fruta y dulces.

❖ ¿Cuáles son los rasgos distintivos de la cena de Navidad panameña?

La celebración de Nochebuena se inicia con la asistencia a la misa de gallo y continúa con la cena familiar. En algunos hogares, la costumbre es cenar pavo, jamón, tamales, ensaladas de papas, rosca de huevo y frutas; otros prefieren preparar diferentes variedades de pescados y mariscos, el sancocho, arroz con coco (guandú) o arroz con frijol. La piña colada se sirve, pero sin alcohol; y el postre favorito de los panameños en Navidad es el arroz dulce con piña. Otra opción son los alimentos más autóctonos, como el "pernil" de cerdo y las papas con pollo o camarón; pero una de las especialidades navideñas indiscutibles es la versión nacional de la hallaca venezolana, que se conoce como "tamal de Navidad".

La tradición en este país dicta que, al finalizar la cena, se repartan y abran los obsequios; en el caso de los niños, es el Niño Dios quien se los trae. Por milagro y a pesar de que los pequeños estén despiertos en casa, el Niño hace que los regalos aparezcan después de la medianoche, junto al Nacimiento, bajo el árbol y justo un momento antes de que se tengan que abrir. La mayoría de los jóvenes esperan a que pasen las 12 de la noche para salir a bailar.

✣ ¿Cuáles son las principales actividades navideñas en Perú?
Como en otros lugares de América, en Perú, el nacimiento de Cristo está en el centro del espíritu navideño. Exactamente a la medianoche del 24 de diciembre se lanzan cohetes y fuegos artificiales; mientras que en las casas las familias se reúnen y colocan al Niño Jesús en el pesebre, representando el momento de su nacimiento. En algunas casas se le canta alguna canción para arrullarlo y, una vez hecho esto, los familiares intercambian felicitaciones y abrazos por la Navidad; posteriormente se entregan y se abren los regalos. Al finalizar estos rituales, se sirve la cena, en la que por tradición se come pavo al horno o pollo dorado; como postre se prepara panetón, que es un bizcocho de pasas con frutas y acompañado de chocolate caliente.

✣ ¿Cómo se celebra el 24 de diciembre entre las familias paraguayas?
Para la celebración de Navidad, las familias paraguayas acostumbran cenar antes de la medianoche, de modo que puedan asistir a la misa de gallo. La cena de Navidad es netamente familiar y en ella se sirven platillos típicos del país, como el asado de pato, cordero o pavo acompañado de calabaza, ensalada y salsas para aderezar. Después de la cena se realiza el intercambio de regalos y de buenos deseos, y posteriormente se lleva a cabo un brindis con sidra.

✣ ¿Cómo es el menú de una cena navideña en Puerto Rico?
En la Navidad, que se considera una época de unión y felicidad, las familias y los amigos se reúnen para convivir y expresarse buenos deseos. Dado que se trata de un país caribeño, la cena tradicional navideña es fresca y se compone básicamente de platos fríos; aun cuando se trate de carne de pavo horneada, ésta se sirve en rebanadas delgadas, a manera de jamón, y se suele servir con trozos de piña, arroz, verduras y puré de fruta. En muchos hogares se prepara pescado en salsa de coco y se acompaña con arroz con frijoles y verduras. Ya que la temperatura es a menudo muy alta, se prefieren las bebidas muy frías; las bebidas por excelencia son el ron o la cerveza.

EL Pino

A pesar de no ser tan famoso como otros cuentos de Hans Christian Andersen (1805-1875) tales como *La sirenita* o *El soldado de plomo*, *El pino* es un texto cautivador en donde el autor muestra la Navidad desde el punto de vista de un árbol. El pino conoce una noche de gloria, sólo para después pasar sus últimos días arrimado en un ático y, finalmente, morir. Así, el cuento se convierte en una crítica a la fugacidad del espíritu navideño, el cual debería permanecer en los hombres a lo largo de todo el año, y no consumirse en una velada. A continuación está el pasaje en que el arbolito conoce la cúspide de su breve existencia.

Éste es el más bello, voy a llevármelo.

Vinieron, pues, dos sirvientes de elegante uniforme y lo trasladaron a una habitación espléndida. Había retratos alrededor, colgados de todas las paredes, y dos gigantescos jarrones chinos, con leones en las tapas, junto a la enorme chimenea de azulejos. Había sillones, sofás con cubiertas de seda, grandes mesas atestadas de libros de estampas y juguetes que valían cientos de pesos, o al menos así lo creían los niños. Y el árbol fue colocado en un gran barril de arena, que nadie habría reconocido porque estaba envuelto en una tela verde, y puesto sobre una alfombra de colores brillantes.

¡Cómo temblaba el pino! ¿Qué pasaría luego? Tanto los sirvientes como las muchachas se afanaron muy pronto en adornarlo. De sus ramas colgaron bolsitas hechas con papeles de colores, cada una de las cuales estaba llena de dulces. Las manzanas doradas y las nueces pendían en manojos como si hubiesen crecido allí mismo, y cerca de cien velas rojas, azules y blancas quedaron sujetas a las ramas. Unas muñecas que en nada se distinguían de las personas —muñecas como no las había visto antes el pino— tambaleándose entre el verdor; y en lo más alto de todo habían colocado una estrella de hojalata dorada. Era magnífico; jamás se había visto nada semejante.

—Esta noche —decían todos—, esta noche sí que va a centellear. ¡Ya verás!

❖ **¿Qué alimentos consumen las familias dominicanas en la cena de Nochebuena?**

En República Dominicana, uno de los menús favoritos para la cena de Navidad es la gallina de Guinea asada con verduras y acompañada de arroz con coco y frijoles. Otro platillo característico de esta nación es la yuca, que se prepara con aceite de oliva y plátano, y se sirve con pan de casave, que es una especie de pan árabe tostado; también es muy común comer *kibbes*, que se han incorporado total-

"¡Oh, si ya fuese de noche!", pensó el pino. "¡Si ya las velas estuviesen encendidas! ¿Qué pasará entonces? Me pregunto, ¿vendrán a contemplarme los árboles del bosque? ¿Volarán los gorriones hasta los cristales de la ventana? ¿Echaré aquí raíces y conservaré mis adornos en invierno y en verano?"

Esto era todo lo que el pino sabía. De tanta impaciencia, comenzó a dolerle la corteza, lo que es tan malo para un árbol como el dolor de cabeza para nosotros.

Por fin se encendieron las velas y ¡qué deslumbrante fiesta de luces! El pino se echó a temblar con todas sus ramas, hasta que una de las velas prendió fuego a las hojas. ¡Uy, cómo le dolió aquello!

—¡Oh, qué lástima! —exclamaron las muchachas, y apagaron rápidamente el fuego. El árbol no se atrevía a mover una rama; tenía terror de perder alguno de sus adornos y se sentía deslumbrado por todos aquellos esplendores… De pronto se abrieron de golpe las dos puertas corredizas y entró en tropel una bandada de niños que se abalanzaron sobre el pino como si fuesen a derribarlo, mientras las personas mayores los seguían muy pausadamente. Por un momento, los pequeñuelos se estuvieron mudos de asombro, pero sólo por un momento. En seguida sus gritos de alegría llenaron la habitación. Se pusieron a bailar alrededor del pino, y luego le fueron arrancando los regalos uno a uno.

"Pero ¿qué están haciendo?", pensó el pino. "¿Qué va a pasar ahora?"

Las velas fueron consumiéndose hasta las mismas ramas, y en cuanto se apagó la última, dieron permiso a los niños para que desvalijasen al árbol. Precipitáronse todos a una sobre él, haciéndolo crujir en todas y cada una de sus ramas, y si no hubiese estado sujeto del techo por la estrella dorada de la cima se habría venido al suelo sin remedio.

Los niños danzaron a su alrededor con los espléndidos juguetes, y nadie reparó ya en el árbol, a no ser una vieja nodriza que iba escudriñando entre las hojas, aunque sólo para ver si por casualidad quedaban unos higos o alguna manzana rezagada.

mente a la cocina dominicana. En algunos hogares acostumbran cocinar el puerco asado, acompañado de arroz dulce y pasteles en hoja de plátano, similares a las hallacas venezolanas, pero preparados con masa de plátano verde. Durante esta temporada es tradicional el pan de yema de huevo.

❖ ¿En qué consisten las celebraciones navideñas en El Salvador?

En cada casa de este país centroamericano es habitual colocar el árbol de Navidad con muchos adornos, al pie del cual se monta un pesebre o nacimiento. Como es la costumbre en el mundo occidental, se prepara la tradicional cena navideña, que consiste en un pavo en salsa criolla, acompañado con arroz y ensalada fresca. También se sirven los tradicionales tamales de gallina y, como postre, se preparan las clásicas torrejas y el marquesote; en ninguna mesa pueden faltar las uvas y las manzanas. La familia se reúne con amigos y vecinos, y juntos celebran y bailan hasta que dan las 12 de la noche. Todos aguardan para escuchar las campanadas de media-noche, de modo que, cuando el reloj marca la última, se felicitan, se abrazan y se desean las bendiciones del Niño Dios; es en este momento cuando se colo-ca al Niño en el pesebre, después de cantarle y arrullarlo. En algunas familias se acos-tumbra que, antes de acostar al Niño, la persona de mayor edad bendiga a cada uno de sus familiares tocándoles la frente con la figura del Niño. Posteriormente se procede al intercambio de regalos y luego se sirve la cena. Otras familias asisten a la misa de gallo para celebrar el nacimiento de Jesucristo.

✧ ¿Cómo se celebra la cena de Nochebuena en tierras venezolanas?

Para la cena de Nochebuena, víspera de la Navidad, se acostumbra preparar pavo, hallaca, pernil de cerdo, pan de jamón, ensalada de gallina y dulce de lechosa (papa-ya); estos platillos representan la tradición culinaria venezolana decembrina. Los aguinaldos, nombre que por estas latitudes se da a los villancicos, y la gaita zuliana son los ritmos y las can-ciones que acompañan las festividades navideñas. Un rasgo típi-co de los Andes venezolanos es la costumbre de celebrar la "para-dura del Niño", entre los días 24 y 30 de enero; tal como se interpreta en otras partes de América Latina, representa el momento en que el Niño Jesús deja de aparecer acostado y está listo para ser llevado en andas sobre una silla, para su presentación en el templo, el 2 de febrero, día de la Candelaria.

✧ ¿Cómo se festeja la Navidad en Etiopía?

En Etiopía, la Navidad se conoce como *Ganna* y se festeja el 7 de enero. La celebración se realiza dentro de las iglesias, con un ritual en el que se forman tres círculos concén-tricos. Algo importante es mantener a los hombres alejados de las mujeres, mientras que el coro se sitúa en un círculo exterior. Cada persona lleva una vela y todos desfilan cantando hasta rodear la iglesia tres veces; luego entran cantando a escuchar misa de pie, la cual puede durar hasta tres horas. Al salir se reúnen a comer en familia; el alimento típico es el *injera,* parecido a un panqué, que se sirve en un plato hondo sobre el cual se colo-ca el *doro-wat,* que es un cocido de pollo. No se acostumbra realizar nin-gún intercambio de regalos.

CITAS Y refranes

Dar un vaso de agua a cambio de un vaso de agua no es nada; la verdadera grandeza consiste en devolver el bien cuando se recibe el mal.

Mahatma Gandhi (1869–1948),
líder de la independencia de la India y teólogo de la no violencia

❖ ¿Cómo se celebra la Navidad en Chipre?

Para los cristianos ortodoxos, la Navidad, junto con la Semana Santa, son las fiestas más importantes. En la época navideña destacan, en especial, las liturgias y el ayuno; los más tradicionales ayunan 40 días comiendo únicamente verduras y renunciando a las carnes y a las grasas. Es costumbre que el día de Navidad "Papá Noel" llegue con muchos regalos; en especial con ropa nueva. Los niños recorren las calles cantando el *kalanda*, canción de origen bizantino —hay quien considera que es el antecedente de los villancicos—, y en retribución la gente les da dinero o dulces. Para la Navidad es muy común asistir a la iglesia y después compartir un pastel especial o "torta de Navidad".

❖ ¿Cómo se celebra la Navidad en China?

En China, como en muchas otras partes de Asia y Oceanía, el taoísmo y el budismo son las creencias religiosas dominantes, de modo que la Navidad no es una de las principales festividades. Hoy día, debido a la globalización, al auge económico y a la apertura del régimen político, la celebración de la Navidad ha cobrado mayor relevancia. Un dato curioso es que buena parte de los adornos y juguetes que llegan a diferentes hogares del mundo se elaboran precisamente en este país; hasta hace poco, muchos chinos desconocían el significado de las esferas, las series de luz y de otros artículos en cuya fabricación participan. No obstante, hay una pequeña población de chinos cristianos que celebran la Navidad; elaboran árboles artificiales llamados "árboles de luz", y los niños de esta fe acostumbran colgar medias de algodón para que *Don Che Lao Ren* les deje dulces (ver pág. 247).

❖ ¿Cómo celebran la Navidad en Filipinas?

En Filipinas, los sacerdotes españoles introdujeron el catolicismo en el siglo XVI, por lo que la mayoría de los filipinos observan las fechas conmemorativas cristianas, incluida, desde luego, la Navidad. La temporada navideña se inicia con una misa de gallo que se celebra el 16 de diciembre; el día 24 se festeja el *Panunuluyan*, una especie de posada que representa la búsqueda de hospedaje de María y José. No se acostumbra decorar las casas con adornos navideños; más bien, en las fachadas se colocan banderas, flores y faroles de papel.

¿Cómo se organizan las fiestas navideñas en Japón?

Japón es un país mayoritariamente budista; menos del uno por ciento de la población es cristiana. Con todo, por la enorme influencia de la cultura occidental, de los medios de comunicación y la publicidad, y dado que un buen número de japoneses son miembros de comités directivos en muchas compañías trasnacionales de todo el mundo, la Navidad se celebra de una manera no oficial y, más que nada, como preámbulo para las fiestas del Año Nuevo. Así, la mayoría de los japoneses han adoptado la costumbre de decorar sus casas con ramas de hojas perennes e intercambiar regalos. A los niños japoneses les gusta mucho esta festividad, ya que esperan los obsequios de *Santa Kurosu* o *Jiisan;* en algunas regiones se cree que es Hoteiosho, uno de los dioses de la tradición japonesa, quien trae los regalos, pues el rasgo distintivo de este dios es que tiene ojos en la parte posterior de la cabeza y con ellos puede vigilar el comportamiento de los niños *(ver pág. 244).*

¿Qué características tiene la celebración navideña en Rusia?

En Rusia se celebra la Nochebuena el 6 de enero, y se considera que el día de Navidad es el 7 de enero. Esto se debe a que la creencia religiosa predominante en este país es la ortodoxa, que tiene su propio calendario y no ha adoptado el que está vigente en el resto del mundo. Al igual que los griegos, los rusos ayunan durante varios días. La celebración se inicia cuando sale la primera estrella de la noche y se acostumbra servir una secuencia de 12 platos distintos, cada uno de los cuales representa a los 12 discípulos de Cristo; no faltan entre ellos el pan, la miel y el requesón, y la bebida es el vodka *(ver pág. 41).*

¿Se colocan calcetines en las chimeneas en Australia?

Por el calor del verano, no se suele decorar la chimenea con la clásica media. El calcetín se sustituye con "la funda de almohada navideña", la cual tiene estampados típicos de la temporada y lleva el nombre del niño que espera los obsequios. La funda se coloca a los pies de la cama del pequeño, para que Santa Claus la rellene con regalitos y caramelos.

¿Cómo empiezan las celebraciones navideñas australianas?

Es una costumbre que en los días anteriores al 25 de diciembre, aprovechando las noches cálidas del verano, muchas familias acudan con alguna manta y velas a los conciertos de *Carols by Candlelight* ("Villancicos a la luz de las velas"), que se celebran

desde 1937 en Melbourne. En parques, plazas, estadios deportivos y cualquier espacio que lo permita se organizan conciertos de villancicos; uno de los favoritos es *The Three Drovers,* de John Wheeler, que a los australianos les encanta y, por lo tanto, suele encontrarse en casi todos los programas de *Carols by Candlelight.* Otros de los villancicos más cantados son *Six White Boomers* o *Aussie Jingle Bells.* A todos estos conciertos acuden decenas de miles de personas que encienden las velas bajo un hermoso cielo azul.

✢ ¿Qué preparan los australianos para la cena de Navidad?

La cena de Navidad, como sucede en muchos otros lugares del mundo, ha adoptado en buena medida las tradiciones navideñas del hemisferio norte agregando algunos elementos propios. Sin embargo, el calor del verano provoca que la carne asada o al horno no sea lo más apetecible, así que muchas familias, tanto australianas como de turistas, prefieren celebrar con un día de campo o se van a la playa. Bondi Beach, en Sydney, atrae a miles de personas que acuden a festejar el 25 de diciembre junto al mar. Lo más usual es un menú compuesto de platos fríos, como ensaladas, fiambre y carnes frías; y quizá lo más tradicional para el postre sea el *pudding* navideño, o las natillas, cuyas variedades son el *Billy Can Pudding*, el *Christmas Damper*, el *Drover's Plum Pudding* o el *White Christmas*.

✢ ¿Qué significa, para los australianos, celebrar *Christmas in July*?

La costumbre de festejar *Christmas in July* ("Navidad en julio") es relativamente reciente, y se ha adoptado por la sencilla razón de que en julio se encuentran en invierno y el clima permite la celebración de una "Navidad tradicional", con pavo horneado, o carne horneada, calcetines en la chimenea, decoraciones, gorros, villancicos, entre otras tradiciones típicas de las fiestas de Navidad. Así pues, estas fiestas compensan la nostalgia de las "Blancas Navidades" del hemisferio norte.

✢ ¿Cómo festejan la Navidad los aborígenes de Australia?

Los aborígenes australianos, de vida nómada, acostumbran celebrar la renovación de su ciclo de seis estaciones a finales de diciembre; a esta festividad la llaman *Gunumeleng*, que es la sexta y última estación. Los riachuelos empiezan a correr y los pájaros acuáticos se dispersan a medida que el agua de la superficie y los brotes de plantas se van esparciendo. Los peces Barramundi salen de su letargo y se expanden por los estuarios. Entonces los pueblos indígenas levantan el campamento de la llanura, ya que ésta queda expuesta a las inundaciones, para ir a buscar abrigo de las tormentas violentas que azotan durante la estación lluviosa, que se conoce como *Gudjeuk*. Y así, el ciclo comienza de nuevo.

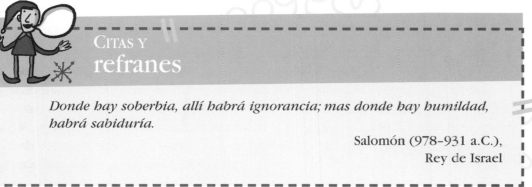

Citas y refranes

Donde hay soberbia, allí habrá ignorancia; mas donde hay humildad, habrá sabiduría.

Salomón (978-931 a.C.),
Rey de Israel

Cartas a Santa Claus

Por Mónica Lavín

Roxana iba en ese avión porque la Nochebuena la tenía sin cuidado y porque el boleto salía muy barato. Era un perfecto tiempo para viajar. Joaquín no tuvo más remedio que salir en esa fecha si quería alcanzar a su amigo que estudiaba en Milán y pasar unos días con él. No encontró boleto en fechas anteriores. La familia Musquiz, papá, mamá, Jerónimo y Lalito, volaba durante la Nochebuena porque la tarifa era la única que permitía al señor Musquiz ir a Europa con su salario y su familia. A Irma Reyes le importaba llegar a pasar la Navidad con su hija y sus nietos que vivían en París. Y a sus sesenta y cinco años las fechas, las celebraciones y las distancias las acomodaba a su gusto. Ocupaban una sección de la parte central del avión. Y siendo tan pocos podían casi escuchar sus conversaciones y mirarse los unos a los otros. Parecía haber menos personal en la tripulación y a ellos los atendía una azafata morena y larga que procuraba ser amable y agradecía continuamente que volaran con la compañía y añadía que esperaba que su vuelo y la Nochebuena a once mil metros de altura resultaran placenteros.

Excepto esos comentarios de la azafata y que en el menú de la cena hubo romeritos o pavo a escoger, el vuelo era como el de cualquier otro día del año y a Roxana le complacía la falta de cursilería celebratoria. Se alegraba de no estar en casa de su tío Agustín oyendo a las tías solteras a quienes había que escuchar todo el tiempo y comiendo el consabido bacalao. Pensaba que ella podía ver a sus parientes cuando quisiera. Qué hipócritas, como si sólo pudieran estar juntos un día del año. Y odiaba poner el arbolito con su mamá y no poder estar con sus amigos esa noche. Pero los niños Musquiz estaban inquietos. El padre los había convencido de trucar la cena y el árbol de Navidad en casa, el amanecer y abrir los regalos por un argumento irrebatible: en el avión estarían más cerca de Santa Claus y sus renos. Seguramente si se asomaban a las ventanillas los verían pasar cargados de regalos, con los cuernos casi rozando el fuselaje. Jerónimo Musquiz pegaba la cara a la ventana y sin distinguir nada en la negrura gritó al cabo de un rato de saltar de lado a lado del avión: yo no veo nada, papá, ni el trineo ni los animales. El padre se sintió un poco apenado y contestó que no gritara, que la gente estaba descansando. Pero Jerónimo insistió en que no veía a Santa Claus y Lalito empezó a llorar. La mamá se puso de pie intentando acallar a sus vástagos que buscaban afanosamente por las ventanillas. Hasta que la señora Irma Reyes, sin desprender los ojos de su tejido, llamó a Jerónimo que estaba al alcance.

¿Qué le pediste a Santa Claus?, preguntó. Jerónimo dijo que una pista de carreras. Y Lalito, entre sollozos, que un Batman de pilas. También un arco con flechas, dijo Jerónimo más aplacado. Hay que estar seguros de que Santa Claus leyó sus cartas. Los niños callaron. Éste es el momento de escribir sus cartas y pegarlas en la ventanilla. Si pasa tan rápido que no lo ven, lo más importante es que él vea sus cartas. Seguros de lo que decía Irma, los niños pidieron hojas a sus padres y éstos a la azafata, que les repartió a todos en esa sección.

A Roxana le gustó el juego, sobre todo ahora que el vinito de la cena había caldeado su ánimo y que el muchacho al otro lado del pasillo le pareció alguien de buen ver. Mucho mejor que el primo Agustín, pensó, y escribió su petición a Santa en el papel. Que me voltee a ver el muchacho de la D 18. La pegó en la ventana y luego miró a Joaquín: él la miró. Funciona, pensó, y dio otro trago a su vino. Jerónimo insistió a la azafata en que ella pidiera sus deseos y como el cese del llanto de Lalito y los gritos de Jerónimo había devuelto la paz al interior del avión, se sentó y escribió en un papel. Así no vale, dijo Jerónimo. Lo tiene que ver Santa. Muy obediente la chica larga y morena lo pegó en la ventanilla. Escuchó el timbrar de algún pasajero de las otras secciones del avión y dijo que volvería. Mientras, los chicos llevaron el escrito de la azafata a Joaquín para que se los leyera, pues el mayor no entendía su letra: "¿Qué dice? ¿Quiere un avión?" Joaquín sonrió mirando a Roxana y les dijo en voz baja: "Bailar con el piloto." Los pequeños y Roxana se rieron, cómplices de Joaquín y de la azafata. Y Roxana aprovechó para acercarse al sitio de Joaquín fingiendo que quería leer la nota. Unos pasajeros cruzaron el pasillo cantando unas canciones navideñas en inglés. Son *carols*, explicó Joaquín a los niños, como nuestros villancicos. Pero los chicos ya no estaban al lado y Joaquín aprovechó para darle un beso a Roxana en el cachete: Feliz Navidad, soy Joaquín Amescua. Al rato, para sorpresa de todos, un par de brasileños cruzó por el pasillo a ritmo de samba cantando algo muy alegre de una borboleta. "¿Será un villancico?", preguntó Roxana dispuesta a no moverse de su nuevo lugar. "Sí", dijo uno de la comparsa. "Mariposa, borboleta, se le canta en Navidad. En nuestra Navidad es verano. Felicidades."

Los niños, por tanto silencio, ya se les habían olvidado a todos, hasta que el señor Musquiz los trajo diciendo que dónde se metían, que se quedaran quietos. A Roxana y a Joaquín les quedó muy clara la travesura de los chicos cuando vieron al piloto pasar por el pasillo. Se asomaron atendiendo a su uniforme oscuro y lo vieron llegar al lado de la azafata morena y larga, tomarla de la cintura y bailar con ella. Los pasajeros aplaudieron. Sólo entonces la señora Irma Reyes dejó el tejido y alarmada avanzó hacia la cabina. ¿Quién manejaba el avión? No podía ser Santa Claus... ¿o sí?

A Ñ O
Nuevo

A pesar de ser una celebración independiente de la Navidad, el Año Nuevo se asocia con ésta por la proximidad de las fechas. La última cena del año es un buen pretexto para volverse a reunir con familiares y amigos y desearles lo mejor para el nuevo ciclo. El tañido de las 12 campanadas, anuncio de que se deben tirar los viejos calendarios y colocar los nuevos, es el momento ideal para reflexionar sobre los errores y los aciertos pasados, para fijar nuevas metas y, sobre todo, para abrazar a los seres queridos.

✳ ¿Qué es el Año Nuevo?

El Año Nuevo es una fiesta en que se celebra el inicio de un nuevo ciclo. Para todas las culturas que distinguen el ritmo cíclico de las estaciones, existe necesariamente un momento en el que un nuevo periodo habrá de comenzar. Se trata de una ocasión en la que se reúnen las personas a fin de reafirmar viejos lazos, darle valor a lo que se vivió el año anterior y preparar el camino para lograr éxitos en el que se va a iniciar.

✳ ¿Qué significado tiene la fiesta de Año Nuevo?

En todas las sociedades existe una concepción del fin y del comienzo de un periodo, es decir, de un espacio temporal. La fiesta de Año Nuevo celebra la regeneración del tiempo y de la vida, el final de un ciclo y el inicio de una nueva etapa.

✳ ¿Por qué se asocia el Año Nuevo con una fiesta de regeneración?

Desde las civilizaciones más antiguas, la noción del tiempo y de sus divisiones se rigió por la observación de los acontecimientos cíclicos naturales, como la salida y la puesta del Sol, las fases de la Luna y la alternancia de las estaciones. En cuanto el hombre comenzó a observar las estrellas, se dio cuenta de que también se producían movimientos periódicos en los cielos, los cuales afectaban su vida cotidiana. Desde entonces, con los rituales y las fiestas de Año Nuevo se celebra la regeneración de la vida.

✳ ¿Desde cuando surgió la costumbre de festejar el Año Nuevo?

No se sabe a ciencia cierta cuándo se llevó a cabo la primera celebración del Año Nuevo; sin embargo, se tienen registros de que, desde hace más de 5000 años, las primeras civilizaciones, como la babilónica y la egipcia, realizaban rituales para festejar el final y el inicio de una nueva era. Basados en el movimiento del Sol, de la Luna y de las estrellas, las sociedades más antiguas del mundo crearon sistemas de medición del tiempo, llamados calendarios, que les permitieron observar su paso en intervalos amplios, registrar los acontecimientos más relevantes y fijar las fechas para las celebraciones tanto civiles como religiosas.

✳ ¿Dónde surgió la celebración del Año Nuevo?

Se sabe que en la antigua Mesopotamia ya se celebraba el inicio del año con una ceremonia llamada *akitu*, que podía ser realizada lo mismo en el equinoccio de primavera que en el de otoño. Aun cuando las fechas de su celebración variaran, no hay duda de la antigüedad de dichas fiestas, ya que han quedado registradas en los documentos de esa civilización. A lo largo del *akitu* —que se prolongaba durante 12 días— se festejaba el triunfo de Marduk, el dios supremo, sobre el monstruo marino Tiamat.

Como la jerarquía del Estado babilonio se consideraba un reflejo del panteón celestial, el rey, a quien se creía hijo de la divinidad en la Tierra, asumía el papel de Marduk y realizaba sacrificios para asegurar la victoria sobre Tiamat. Cuando el rey no podía o no quería tomar parte en estas ceremonias, se aplazaba el inicio del Año Nuevo y, literalmente, el tiempo se detenía en el reino. También dentro del marco del ceremonial del *akitu* se llevaba a cabo la llamada "Fiesta de las Suertes", *zahmuk*, en la que se determinaban los presagios para cada uno de los 12 meses del año y se pronosticaba la cantidad de lluvia para el año venidero.

✳ ¿Por qué el Año Nuevo se celebra desde tiempos tan remotos?

Podría decirse que la celebración del Año Nuevo se relaciona con la necesidad que el ser humano ha tenido, y tiene, de medir el tiempo. Historiadores, psicólogos y antropólogos coinciden en afirmar que contar es uno de los medios que los humanos emplean para definir y, de alguna manera, ordenar el mundo que los rodea. Desde la prehistoria hasta nuestros días, el esfuerzo que ha hecho el hombre por estructurar el tiempo ha obedecido a un conjunto de necesidades, creencias y motivaciones diferentes.

✳ ¿Cuál es el origen de la palabra "calendario" y qué significa?

La palabra "calendario" tiene su origen etimológico en el término latino *calendas,* que significa "luna nueva". Los primeros romanos utilizaron un sistema lunar para medir el tiempo y establecer cuándo celebrar sus fiestas. Así, las *calendas* determinaban el primer día del mes. Más tarde, cuando el calendario romano pasó a ser solar, esta denominación no desapareció y, tanto en el antiguo cómputo romano como en el eclesiástico, la palabra *calendas* significó lo mismo: el día primero de cada mes. Actualmente, con el calendario definimos un sistema de división del tiempo.

✳ ¿Cómo se organizan los años?

La estructura de los años suele definirse por los cambios climáticos que marcan los momentos más favorables para realizar alguna actividad. Así, por ejemplo, para

EL DÍA DE Año Nuevo

*No es otra nueva historia
ni una canción de amor;
es la pequeña cosa
que hace cambiar la vida en un
momento.*

*Se vieron frente a frente,
en medio de una calle del centro,
fue una mirada intensa,
era un regalo,
era un flechazo,
el día de Año Nuevo.*

*Confundido como un niño,
ha encontrado un amigo,
caen estrellas para celebrar,
el día de Año Nuevo.*

*No es un cuento de hadas,
porque nadie sabe cómo acaba.
Se tienen el uno al otro,
solos en un solo corazón.*

*Hoy ha pasado un año,
celebran su aniversario,
hoy vuelven a
empezar,
comienza un Año Nuevo.*

*Confundido como un
niño, ha encontrado
un amigo,
caen estrellas para
celebrar,
el día de Año Nuevo.*

*No volverá la soledad,
porque ha encontrado un
amigo de verdad.*

*Caen estrellas,
todo vuelve a brillar,
el día de Año Nuevo.*

Amaral,
dueto integrado por
los españoles Eva Amaral
y Javier Aguirre

224

una comunidad cuya subsistencia se basaba en la agricultura, el año estaba en armonía con las pautas que dictaban las lluvias, el calor y el frío. Para las sociedades cazadoras, la estructuración del año dependía de las migraciones de las manadas. Por su parte, los pueblos navegantes estructuraban el año tomando en cuenta el tiempo y las épocas más propicias para navegar sin mayores riesgos.

✳ ¿Cómo se concibe el paso del tiempo?

El significado cultural atribuido a la dimensión temporal varía dependiendo de cada pueblo. Para identificar este significado ha sido muy útil investigar los distintos mitos de la creación y su relación con el tiempo. Para el islam, el judaísmo y el cristianismo, religiones que se basan en un modelo de creación del universo estructurado a partir de las palabras con que se inicia el primer libro del Génesis, el tiempo avanza desde el pasado en una única dirección a través del presente y hacia el futuro. En otras culturas predomina una visión del tiempo de naturaleza cíclica y, con frecuencia, la idea de que la misma existencia del mundo se basa en la voluntad del ser humano para desempeñar el papel que le ha sido encomendado.

Así, por ejemplo, los indios navajos del sur de Estados Unidos consideran que el hombre es el único ser que puede perturbar el equilibrio de la naturaleza. En este tipo de sociedades, la representación de ciertas ceremonias rituales, como la del Año Nuevo, reproduce las secuencias originales de la creación del universo a lo largo de determinados momentos del año, lo que contribuye a garantizar la continuidad del tiempo.

✳ ¿Cuál es el sentido original de la fiesta de Año Nuevo?

Se sabe que, para la mayor parte de las sociedades primitivas, el Año Nuevo equivale a la época de levantar la cosecha, que con la fiesta se declara comestible e inofensiva para toda la comunidad. En este sentido, el significado de la celebración se relacionaba con la propia supervivencia: al contar el tiempo y señalar una fecha que marcaba el inicio y el final de un ciclo, los hombres podían entender el ritmo de la naturaleza e intentar controlarlo para satisfacer sus necesidades.

Por ello, en los lugares en donde se cultivaban varias especies de cereales o de frutas que alcanzan su madurez en diferentes estaciones, se asistía a veces —por absurdo que parezca— a varias fiestas de Año Nuevo. Eso significa que los cortes de tiempo se ordenaban por los rituales que regían la renovación de las reservas alimentarias y aseguraban la continuidad de la vida de la comunidad entera.

✳ ¿Cómo definieron las civilizaciones del pasado la fecha para celebrar el Año Nuevo?

El día elegido por una determinada cultura para celebrar su Año Nuevo dependía de los aspectos del ciclo anual que consideraba más importantes. Las civilizaciones antiguas tomaron los movimientos de la Luna, el Sol y las estrellas como hechos trascendentales que regían la vida. Por esta razón, el Año Nuevo se vincula con un momento preciso en el movimiento de estos astros. Para los babilonios, por ejemplo, ya desde el segundo milenio antes de Cristo, el comienzo del año estaba relacionado con el equinoccio de primavera, es decir, con los movimientos de la

El día de Año Nuevo es el cumpleaños de todos los hombres.

Charles Lamb (1775-1834), escritor inglés

Tierra alrededor del Sol, que señalaban la sucesión de las distintas estaciones. Sin embargo, para otras culturas —como la china o la árabe, por ejemplo—, el Año Nuevo tenía que ver con el ritmo de la Luna, y por ello, la fecha para celebrar el inicio del año dependía de las transformaciones asociadas al siempre cambiante rostro de este astro.

✶ ¿Existen diferencias entre los años lunares y los años solares?

Sí. La duración de cada uno de éstos es distinta. El año lunar es más corto, porque consta de 12 meses, cada uno de 29 y 30 días alternadamente, lo que arroja un total de 354 días. Por su parte, el año solar, determinado por el tiempo que la Tierra tarda en completar un giro alrededor del Sol, tiene una duración de 365.24 días. Como los años lunares son 11 días más cortos que los solares, es inevitable que entre ellos ocurra un desfase que, a su vez, origina un desajuste de las fiestas civiles o religiosas.

✶ ¿Quiénes calcularon por primera vez la duración del año solar?

Por lo que hasta ahora se sabe, los egipcios fueron los primeros en descubrir la duración del año solar, así como en definirlo de un modo útil y práctico. Aunque este pueblo no tenía instrumentos astronómicos que no fuesen conocidos por las demás culturas de la antigüedad, su ubicación en las orillas del río Nilo le permitió computar el tiempo observando el Sol y su relación con la sucesión de las estaciones. El ritmo del río Nilo, el más largo de África, era el ritmo de la vida egipcia. La crecida anual de sus aguas determinaba el calendario de la siembra y la cosecha, con sus tres estaciones: inundación (de finales de junio a finales de octubre), crecimiento (de finales de octubre a finales de febrero) y recolección (de finales de febrero hasta finales de junio). El estudio del comportamiento del Nilo permitió a los egipcios comprobar que éste no coincidía con las fases de la Luna. Muy pronto advirtieron que 12 meses de 30 días constituían un calendario muy útil, siempre y cuando se le añadieran cinco días al final para hacer un año de 365 días. Éste fue el año civil o año del Nilo, que los egipcios comenzaron a utilizar ya en el año 4241 a.C. En este sistema de cómputo del tiempo se inspiraron el calendario juliano y, posteriormente, el gregoriano, el cual hasta la fecha empleamos.

✳ **¿Cómo determinaron los egipcios la fecha para celebrar el Año Nuevo?**

Los egipcios, al evitar el ciclo de la Luna para medir el tiempo, encontraron otro hito que determinó el inicio de su año: Sirio, la "Estrella Perro", la más brillante del firmamento. Una vez al año, Sirio se alza en línea directa con el Sol naciente. Esta salida de Sirio era un acontecimiento fundamental porque coincidía con la inundación anual del río Nilo, que traía consigo abundante limo para alimentar las cosechas del año siguiente. Por ello, este fenómeno, que ocurría a finales de junio, se convirtió en el comienzo del Año Nuevo egipcio. En esta fecha, era costumbre realizar una fiesta en la que se regalaba, como símbolo de buena suerte, una jarra de barro con agua fresca del Nilo.

✳ **¿Qué connotaciones simbólicas tenía la celebración del Año Nuevo egipcio?**

La fiesta de Año Nuevo —como muchas otras celebraciones del calendario egipcio— se relacionaba con la leyenda del asesinato y desmembración del cuerpo del dios Osiris a manos de su hermano Set, y más tarde con la reconstitución del mismo por parte de Isis, su esposa. Según esta leyenda, Horus, hijo de Isis y Osiris, venga la muerte de su padre, e Isis logra encontrar todas las partes de su marido localizadas en distintos lugares de la geografía egipcia, con lo cual al final consigue darle vida. Las fechas que se relacionan con Set se consideran días nefastos, mientras que todas las que tienen que ver con Horus, Isis y Osiris revisten un carácter positivo.

✳ **¿Desde cuándo existe la idea de que hay días funestos y propicios?**

Las listas sobre los días que se consideran apropiados o inapropiados para realizar determinadas tareas aparecen en las primitivas fuentes babilónicas y egipcias. La idea que subyace a éstas es esencialmente astrológica. Es decir, se creía que la influencia positiva o negativa de los planetas aumentaba o disminuía dependiendo de la posición que ocuparan en el cielo. Si un planeta presentaba un aspecto desfavorable en un día específico, no era prudente emprender ninguna actividad que estuviera regida por ese planeta. El concepto de días propicios y días nefastos perduró a través de los siglos y reaparece todavía hoy día en múltiples culturas.

✳ **¿Quién eligió el primer día de enero como la fecha en que se inicia el Año Nuevo?**

Fue en la antigua Roma donde se empezaron a unificar criterios con respecto a la fecha que debía marcar el inicio del año. Según la tradición, Numa Pompilio (715–672 a.C.), el segundo rey de Roma, llevó a cabo la reforma del calendario, que señaló el 1 de enero como el primer día del año. Antes de esta fecha, el Año Nuevo se celebraba en marzo, el día del equinoccio de primavera. Este suceso se refleja en los nombres actuales de algunos meses, como septiembre, que significa el séptimo mes; octubre, el octavo, etcétera. Las primeras noticias de este cambio se remontan al año 191 a.C., cuando los magistradoss sacerdotales dejaron establecida esta fecha en la *Lex Acilia,* la reforma que modificaba el calendario anterior. Décadas más tarde, en el año 153 a.C., después de la caída de la monar-

EL año viejo

Yo no olvido al año viejo
porque me ha dejado cosas muy
buenas:
me dejó una chiva,
una burra negra,
una yegua blanca
y una buena suegra.

Yo no olvido el año viejo
porque me ha dejado cosas muy
buenas.
Ay, yo no olvido, no, no, no, al
año viejo
porque me ha dejado cosas muy
buenas:
me dejó una chiva,
una burra negra,
una yegua blanca
y una buena suegra.

Canción popular mexicana

quía, los romanos determinaron las fechas de acuerdo con el periodo de mandato de los cónsules de la República, quienes empezaron a tomar posesión de sus cargos el día primero de enero, hecho que reforzó la importancia de esta fecha.

✳ **¿Quién fue Julio César y cuál fue su relación con la fecha en que hoy celebramos el Año Nuevo?**
Julio César (100–44 a.C.), uno de los más célebres generales y emperadores de Roma, abrió el camino para la difusión de la cultura latina en toda Europa. A él se le atribuye haber reformado el calendario romano en el año 45 a.C., con el fin de superar el desfase de cerca de 90 días que provocaba gran confusión y multitud de problemas.
El calendario juliano, como se le conoce actualmente, se conformó por un año de 365 días, dividido en meses alternos de 30 y 31 días, salvo febrero, con 28, al que se añadía un día cada cuatro años. Así fue como se estableció por primera vez el año bisiesto.
Además, en el calendario juliano se fijó definitivamente el día 1 de enero como el inicio del año. También a partir de entonces, el quinto mes (que hasta entonces se llamaba *quintilis)* se denominó julio, por ser el mes de nacimiento del emperador. Con esta reforma se redujo visiblemente la diferencia entre el año civil y el astronómico; de 90 días pasó a 11 minutos y 14 segundos cada año, es decir, de una diferencia de un día cada 128 años *(ver pág. 45).*

✳ **¿A quién dedicaban los romanos la fiesta del Año Nuevo?**
Los romanos dedicaban el mes de enero, el primero del año, a Jano, dios de las puertas. Este dios bifronte, es decir, con dos caras que miraban en direcciones opuestas, era representado por un rostro barbudo y viejo y otro joven. Jano, el que "mira adelante y detrás, al final del año transcurrido y al principio del próximo", era también el dios de los cambios y las transiciones, de los momentos en los que se traspasa el umbral que separa el pasado del futuro.

CITAS Y
refranes

Ser joven es cuando se te permite ir a la cama muy tarde en la noche de Año Nuevo. Ser adulto es cuando te ves forzado a ello.

Bill Vaughan (1915–1977), periodista estadounidense

✳ ¿Cómo se representaba el año en el arte romano?

En Roma, Annus era la personificación del año. Se le solía representar como a un hombre joven, de pie o sentado, sosteniendo el Sol y la Luna en las manos y rodeado por un gran círculo o cinturón con los signos del zodiaco. El origen de esta imagen procede, según se cree, de tres tradiciones diferentes.

La primera es la identificación de Annus con la figura del Sol, que determina el año a través de su recorrido anual por los 12 signos zodiacales. La segunda es su asimilación con el dios griego Aion, que representa el concepto del tiempo infinito, pues es el responsable de que el año avance siempre hacia el futuro. Por último, esta representación da cuenta de un juego de palabras entre el nombre Annus y las voces latinas *anus* y *annulus,* que significan "anillo" o "banda".

✳ ¿Por qué nuestro calendario recibió el nombre de gregoriano?

El nombre gregoriano proviene de Gregorio XIII (siglo XVI), el papa que reformó en el año 1582 el error de 11 minutos y 14 segundos que tenía el calendario juliano establecido por el emperador Julio César, y por el cual se había regido la civilización occidental hasta entonces. La introducción de este nuevo calendario no fue en modo alguno un proceso sencillo, ya que tuvo que prolongarse a lo largo de cinco siglos; pero, a pesar de los obstáculos, en la actualidad el calendario gregoriano sirve de norma internacional para los usos civiles.

✳ ¿Por qué fue el papa Gregorio XIII quien reformó el calendario en 1582?

El calendario juliano representó un grave problema para la Iglesia porque el desfase entre el año civil y el astronómico acumulado a lo largo de cientos de años provocó que una de las fiestas cristianas más importantes, la Pascua, empezara a retrasarse. El equinoccio de primavera —fecha crucial con respecto a la cual se calculaba la Pascua— había sido fijado el día 21 de marzo por el primer Concilio de Nicea; sin embargo, la inexactitud del calendario juliano hizo que, en 1582, el equinoccio de primavera ocurriera en realidad el 11 de marzo, 10 días antes de lo establecido. Esta diferencia entre los fenómenos solares y las fiestas sagradas del calendario cristiano obligaron a reformar el calendario.

✳ **¿En qué consistió la reforma al calendario que llevó a cabo el papa Gregorio XIII?**

La reforma del calendario juliano debía resolver tres cuestiones principales: suprimir los 10 días adicionales, modificar las reglas para el cómputo de los años bisiestos a fin de lograr ajustar el calendario al ciclo de las estaciones y, por último, crear un nuevo sistema de medición para calcular las fases de la Luna y la fecha de la Pascua. El papa Gregorio XIII y un grupo de sabios, dirigidos por un jesuita alemán llamado Clavius, solucionaron los tres problemas. Mediante el edicto papal *Inter gravissimas,* el día que siguió al martes 4 de octubre de 1582 fue el viernes 15 de octubre de ese mismo año. Ello significó que las personas nacidas entre el 5 y el 14 del décimo mes no pudieron festejar sus cumpleaños.

✳ **¿Cuáles son las fechas en las que los países cristianos festejaban el Año Nuevo antes del establecimiento del calendario gregoriano?**

Antes de que en 1582 se estableciera un consenso con respecto a la fecha en la que se habría de festejar el Año Nuevo, cada país y región tenían un día distinto para celebrar el comienzo del año. El año podía dar inicio el 1 de enero, día de la circuncisión de Cristo; el 1 de marzo, de acuerdo con el antiguo estilo romano; el 25 de marzo, fecha en la que se celebraba la Anunciación durante la semana de Pascua; el 1 de septiembre, siguiendo el modo tradicional bizantino, o el 25 de diciembre, cuando se honraba el nacimiento de Cristo.

✳ **¿Por qué los ingleses esperaron casi doscientos años para adoptar el primero de enero como fecha de inicio del año?**

En Inglaterra, país protestante, la reforma del papa Gregorio XIII, que modificaba el calendario y fijaba el 1 de enero como el primer día del año, fue sometida a un exhaustivo análisis. Los ingleses se mostraban reacios al cambio porque lo veían como una conspiración papista para lograr que los protestantes volvieran al seno de la Iglesia. Sin embargo, en tiempos de Isabel I (1533–1603) y como resultado de las ideas reformistas de John Dee (1527–1609), famoso matemático y alquimista, se empezó a considerar la opción de adoptar el calendario gregoriano. La política de expansión comercial y las múltiples dificultades derivadas de la confusión que provocaba el desfase entre los comerciantes ingleses y los de Europa continental, que se veían obligados a emplear dos fechas distintas, provocó que para el año 1752 los ingleses aceptaran la reforma de Gregorio XIII.

✳ **¿Es verdad que en 1752 los ingleses protestaron en las calles por el robo de 11 días?**

Sí, ya que en 1752 Inglaterra optó por ajustarse al calendario gregoriano. Para ello, en 1751 se decidió que, en vez de empezar el año el 25 de marzo, lo harían el 1 de enero, lo cual implicaba que 1751 sólo duraría 282 días (del 25 de marzo al 31 de diciembre).

Además de esta medida, la reforma eliminó 11 días del calendario: al día 2 de septiembre de 1752 le siguió el 14 de ese mismo mes. Este decisión provocó los denominados "motines del tiempo", cuyo famoso lema "Devolvednos los 11 días que nos habéis quitado", se esgrimió como un símbolo de la ignorancia popular en la época de la Ilustración; sin embargo, los motines expresaban en realidad el disgusto que suponía tener 11 días menos para percibir rentas, recaudar impuestos, etcétera.

✱ ¿Por qué en el pasado los italianos podían festejar el Año Nuevo varias veces en un mismo año?
Porque en Italia la fecha del Año Nuevo variaba de una ciudad a otra hasta que se adoptó el calendario gregoriano en el siglo XVIII. En Florencia, por ejemplo, hasta 1747, el Año Nuevo se festejaba el 25 de marzo, es decir, el día de la Anunciación. En Venecia, se celebraba el 1 de marzo, de acuerdo con el antiguo estilo romano, y en Milán hasta el año 1797 se festejó el 25 de diciembre, día de la natividad de Cristo *(ver pág. 193)*.

AÑO NUEVO 1959

*El Año Nuevo ya está aquí,
llegó el momento de cumplir
lo que yo te prometí,
de volverme buen Cri-Cri
y cantar cada domingo para ti.*

*Se acabó romper vidrios de ventanas,
se acabó dar maromas en las camas,
se acabó echar tierra en los frijoles
y decir mentiras nomás porque sí.*

*El Año Nuevo ya está aquí,
llegó el momento de cumplir
lo que yo te prometí
de volverme buen Cri-Cri
y cantar cada domingo para ti.
¡Y cantar cada domingo para ti!*

Canción de Francisco Gabilondo Soler (1907–1990), Cri-Cri,"el Grillito Cantor"

✱¿Qué países adoptaron el calendario gregoriano apenas en el siglo XX?
China y Rusia fueron los dos países que no adoptaron el calendario gregoriano sino hasta el siglo XX. En China, la revolución de 1911 introdujo el calendario de Occidente junto al tradicional calendario chino. Desde 1912, los chinos adoptaron este sistema de cómputo del tiempo como muestra de su paulatina adaptación al mundo occidental. Sin embargo, hasta la fecha, los calendarios chinos más modernos, como los que se exhiben en los bancos, incorporan lemas que han aparecido en los calendarios desde hace cientos de años. Al parecer, el hombre de negocios del siglo XXI aún precisa saber qué días son propicios y cuáles son nefastos según las tradiciones más antiguas.

Rusia, por su parte, fue el último país en admitir el calendario gregoriano. En 1918, después de la revolución bolchevique, el gobierno quitó 13 días del año para poner su calendario en concordancia con el de los demás países de Europa. En 1929, la Unión Soviética se propuso borrar el año cristiano y reemplazó el calendario gregoriano, que apenas había sido adoptado 10 años atrás, por uno revolucionario. En éste, la semana constaba de cinco días, cuatro para trabajar y el último libre; el mes tenía, a su vez, cinco semanas. Los días restantes, necesarios para completar los 365 o 366 días del año solar, eran festivos. Se mantuvieron los nombres gregorianos de los meses, pero los días de la semana sólo fueron numerados.

Antes de 1940, sin embargo, la Unión Soviética ya había vuelto a utilizar el conocido y familiar calendario gregoriano. A pesar de ello, la Iglesia ortodoxa de Oriente, recelosa ante cualquier disposición emanada de la Iglesia romana católica, no aceptó nunca las reformas de Gregorio XIII, y, hasta hoy, se rige por el calendario juliano para determinar la fecha de Pascua según sus propios cálculos.

✳ ¿Cómo influyó la Revolución francesa de 1789 en los festejos del Año Nuevo?

Una de las primeras tareas a las que se dedicó el gobierno republicano instaurado tras la Revolución francesa de 1789 fue la elaboración de un nuevo calendario sin santoral ni connotaciones feudales. La Asamblea Nacional de la Revolución francesa encargó la reforma del calendario a una comisión compuesta por matemáticos, un educador, un poeta y el gran astrónomo Pierre Simon de Laplace (1749–1827).

La propuesta fue un calendario decimal, compuesto por 12 meses de 30 días. El mes se dividió en tres semanas de 10 días, a cada una de las cuales se le dio un nombre numérico latino. El día se dividió en 10 horas, que a su vez tenían 100 minutos, y cada uno de éstos, 100 segundos. Además de los 360 días de esos 12 meses, había cinco o seis días de nombres muy constructivos: *Les Vertus* (virtudes), *Le Génie* (talento), *Le Travail* (trabajo), *L'Opinion* (juicio) y *Les Récompenses* (recompensas), con un día bisiesto llamado *sans-culottide* (por *sans-culottes,* nombre que se daba a los revolucionario franceses de 1793), dedicado al descanso y los deportes. Se fijó el comienzo del año en el equinoccio de otoño por dos razones: la primera, para hacerlo coincidir con el aniversario de la instauración de la República, el 22 de septiembre, y, la segunda, porque al tratarse de una época del año en la que el día y la noche tienen la misma duración, el calendario simbolizaba la igualdad entre todos los hombres.

Este calendario duró sólo 13 años. Cuando Napoleón llegó al poder restableció el calendario gregoriano con sus festividades tradicionales y sus días dedicados a los santos y por ello recibió la bendición papal.

✳ ¿A partir de qué fecha se comenzó a considerar el año del nacimiento de Cristo como el año 1?

En 525 d.C., el monje escita Dionisio, por su corta estatura llamado "el Exiguo" (?–540), propuso empezar a contar los años a partir del nacimiento de Cristo, *ab incarnatione Domini,* fecha que fijó en el 754 A.U.C., iniciales del latín *ab urbe condita,* "desde la fundación de la ciudad de Roma", y que hoy en día se considera el año 1 (uno). Poco después de efectuados estos cálculos desapareció el antiguo sistema romano para fijar las fechas y en su lugar se implantó la costumbre de contar los años a partir del nacimiento de Cristo (ver pág. 13).

✳ ¿Por qué las discusiones sobre el comienzo del milenio se relacionan con un hombre del siglo VI?

Porque fue Dionisio, un monje que vivió en Roma en el siglo VI, quien tuvo la idea de dividir el tiempo con base en el año en que nació Jesucristo. Sin embargo, en su afán de poner un poco de orden en las fechas, creó un embrollo, hasta el punto en que nadie logró ponerse de acuerdo acerca del día exacto del nacimiento de Cristo ni tampoco, por ende, sobre cuándo se cumplía el fin del milenio.

Por lo pronto, se ha demostrado que la fecha establecida por este monje como el año 1, es decir, el 754 desde la fundación de Roma, no corresponde a la época en la que vivió el rey Herodes, quien, al parecer, falleció en el año 4 a.C., ni tampoco con otros acontecimientos históricos que tuvieron lugar antes del año 1. Los historiadores creen, por tanto, que el nacimiento de Cristo pudo haber tenido lugar antes del 4 a.C. o en ese mismo año. En la actualidad todavía no se dispone de pruebas que puedan considerarse definitivas, pero las consecuencias que esta inexactitud tiene sobre el calendario son claras: es posible que se haya pasado completamente por alto la fecha que marca el segundo milenio del nacimiento de Cristo (ver pág. 13).

✳ ¿Cuándo se inició el tercer milenio?

Esta pregunta ha sido objeto de muchos debates y múltiples publicaciones donde se ha discutido si los últimos mil años terminaron el 31 de diciembre de 1999 o el 31 de diciembre del año 2000. Esta polémica muestra que, para la sociedad actual, heredera de la civilización del reloj, el tiempo sigue siendo uno de los misterios más profundos y que intentar calcularlo constituye todavía un reto. Algunas personas celebraron el fin del milenio el 31 de diciembre de 1999, y otras lo hicieron el último día del 2000. Teniendo en cuenta que la era cristiana de Dionisio se inicia en el año 1, es decir, no tiene en cuenta el año 0, debería considerarse que el milenio se completó el 31 de diciembre del año 2000, del mismo modo que la primera decena del sistema decimal acaba en el número 10 y la siguiente empieza en el 11. Sin embargo, el problema planteado por estos números redondos no está resuelto. La misma discusión que se produjo al concluir los siglos XVII, XVIII, XIX y XX, volverá seguramente a plantearse en el año 2099.

✳ ¿Todos los pueblos del mundo consideran el 1 de enero como el principio del Año Nuevo?

En el mundo existen más de 40 calendarios vigentes; basándose en uno u otro, gran parte de la humanidad rige arbitrariamente su vida y sus fechas importantes, entre ellas, las festividades. Hindúes, musulmanes, judíos, etíopes y coptos, entre otros, tienen sus propios calendarios. Por ello, la fecha de inicio del nuevo año es distinta en función del sistema calendárico usado para medir el tiempo.

✳ ¿Por qué el año 2000 no representó para muchos pueblos el inicio del último año del milenio?

Porque para los pueblos que rigen sus fiestas por otros calendarios, el 1 de enero del año 2000 equivalió a otras fechas. Por ejemplo, correspondió al 19 de diciembre de

CITAS Y
refranes

¿Por qué no dejan morir un año sin traer en un instante el siguiente?
¿No pueden aplicar el control de natalidad al tiempo?

John Dos Passos (1896–1970), novelista estadounidense

1999, *Anno Domini,* del calendario juliano; al 23 de Tebeth de 5670, *Anno Mundi,* del calendario hebreo; al 24 de Ramadán (el noveno mes) de 1429, año de la Hégira, del calendario musulmán; al vigésimo quinto día del undécimo mes del año conejo, y al decimosexto año del ciclo actual de 60 años del calendario chino; al vigésimo quinto día del mes de Margasira del año 1921 de la era Saka, según el calendario lunar religioso hindú, y al undécimo día de Pausa del año 1921 de la era Saka, según el calendario solar civil hindú.

✳ **¿Por qué la fiesta de Año Nuevo se celebra el 31 de diciembre, y no el 1 de enero?**
En la Edad Media, la Iglesia trató —por todos los medios— de oponerse a las costumbres supersticiosas y carnavalescas que se basaban en el último día del año y que tenían claras reminiscencias paganas. Los antiguos sacramentos contenían para el primero de enero, misas contra la idolatría y prohibiciones de usar disfraces y hacer representaciones de carácter mitológico. Por lo que respecta al día primero del año, la Iglesia consiguió extirpar las prácticas paganas, pero no logró lo mismo en relación con la noche que lo precedía. Es evidente que la atmósfera de fiesta y algarabía sigue estando presente hasta nuestros días en todas las fiestas de Año Nuevo.

✳ **¿Es el Año Nuevo una fiesta predominantemente religiosa?**
Para la cultura cristiana y, sobre todo, en la actualidad, habría que decir que no. Aun cuando muchas personas acuden a misa el día 31 de diciembre o el primero de enero, si se le compara con otras fechas como la Navidad y la Semana Santa, que albergan un profundo significado religioso, el Año Nuevo es una fiesta en la que prevalece un espíritu que podría llamarse profano, en el sentido de que las celebraciones en torno a esta fecha tienen un vínculo mucho menos estrecho con las cosas santas o religiosas.

✳ **¿Deben pedirse deseos o hacerse propósitos?**
Existen opiniones divididas con respecto a qué es lo que se debe hacer en Año Nuevo. Algunas personas creen que este momento es propicio para plantearse propósitos que deberán ser cumplidos en el año que se inicia. Para ello, se hace una lista con los 12 propósitos que corresponden a los 12 meses del año y se guarda en la cartera, con la idea de tenerlos siempre cerca para poder borrarlos a medida

Año Nuevo

Otro año que se acaba,
otro año que se va,
como estrella que se apaga
en la inmensidad.

Los recuerdos palidecen
en el polvo del desván,
al calor de vida nueva,
de algo que se espera
sin saber lo que será.

Cuando empiezan los silbatos
y los postes a sonar;
cuando vuelan las campanas
sobre el suelo nacional,
cuando truenan los cohetes
en racimos por millar;
es señal escandalosa
del Año Nuevo en la ciudad.

Cuando surgen los abrazos
y las frases de cajón,
cuando empiezan los muchachos
a gritar sin ton ni son,
cuando el alma de los viejos
disimula emoción,
es señal maravillosa
de que el año ya llegó.

Canción de Francisco Gabilondo
Soler (1907–1990), Cri-Cri, "el
Grillito Cantor"

que se vayan cumpliendo. Otros consideran que la medianoche del Año Nuevo debe consagrarse a pedir deseos, algunos probables y otros imposibles; nada se pierde con intentarlo, al fin y al cabo, desear no cuesta nada.

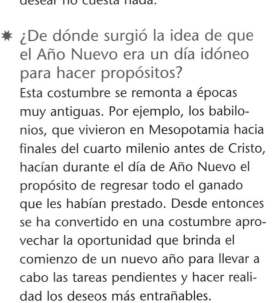

* **¿De dónde surgió la idea de que el Año Nuevo era un día idóneo para hacer propósitos?**

Esta costumbre se remonta a épocas muy antiguas. Por ejemplo, los babilonios, que vivieron en Mesopotamia hacia finales del cuarto milenio antes de Cristo, hacían durante el día de Año Nuevo el propósito de regresar todo el ganado que les habían prestado. Desde entonces se ha convertido en una costumbre aprovechar la oportunidad que brinda el comienzo de un nuevo año para llevar a cabo las tareas pendientes y hacer realidad los deseos más entrañables.

* **¿Es correcto que el nuevo año se inicie a las 00:01 de la madrugada?**

En el año de 1884, en la Conferencia Internacional sobre el Meridiano, celebrada en Washington, se acordó, para efectos internacionales, que el día civil comenzaría justo a la medianoche. Sin embargo, los calendarios religiosos, como el hebreo o el musulmán, consideran que el día se inicia con la puesta del Sol. Los astrónomos, por su parte, sostienen que el día debería empezar a mediodía por dos razones fundamentales: primero, el paso del Sol por un meridiano puede medirse con facilidad; y segundo, si el día comenzara a mediodía, las observaciones nocturnas de los astrónomos no tendrían que dividirse entre dos fechas.

* **¿Por qué hay que recibir el Año Nuevo con alegría?**

Según las creencias populares de muchos países, el humor con que se reciba el Año Nuevo predominará a lo largo de todos los días que lo conforman. Así, si alguien llora el día de Año Nuevo, llorará todo el año; si alguien empieza riendo y lleno de alegría, tendrá un año pleno de felicidad.

✳ ¿Qué se puede hacer para saber si el Año Nuevo será bueno o malo?

No hay ciencia para ello, pero existen distintas creencias sobre cómo predecir el nuevo año. En El Salvador, por ejemplo, hay quienes acostumbran tirar debajo de su cama tres naranjas: una sin pelar, otra a medio pelar y otra más totalmente pelada. Luego toman una con los ojos cerrados. Si les sale la que está sin pelar, será un año próspero, pero si toman la que no tiene nada de cáscara, es señal de que no será un buen año.

En España, en vez de naranjas se usan tres papelitos que llevan escritas las palabras "bueno", "malo" y "regular". A la mañana siguiente de la fiesta de Año Nuevo se toma uno de los papeles que dice cómo será el año.

✳ ¿Por qué se lanzan fuegos artificiales en la fiesta de Año Nuevo?

En el origen de esta tradición subyace una creencia popular según la cual es de buena suerte recibir el Año Nuevo con ruido, ya que de esta forma se logra ahuyentar a los brujos, los diablos y los malos espíritus en general. Esta costumbre se remonta a los rituales efectuados por las civilizaciones más primitivas en la fiesta de Año Nuevo. Con la expulsión anual de los demonios, las enfermedades y los pecados a través de distintos ritos se asiste no sólo al cese efectivo de cierto intervalo temporal, sino también a la abolición del año pasado y del tiempo transcurrido.

✳ ¿Por qué los niños españoles se duermen temprano en la noche de Año Nuevo?

Muchas leyendas españolas presentan al Año Nuevo como si se tratara de un personaje fantástico. En los pueblos españoles del norte se cree que la última noche del año llega un hombre horrible que tiene en la cara tantos ojos como días tiene el año, y que ese espantoso ser se lleva a todos los niños que se encuentran despiertos.

Para los niños catalanes, aquel que hace su aparición en la noche del 31 de diciembre es el *Home dels nassos*. Este personaje se distingue por tener 365 narices que van desapareciendo una a una conforme transcurre el año. Así, al llegar a la medianoche del Año Nuevo, tan sólo tiene una nariz, razón por la cual, en ese preciso momento, todo el mundo resulta ser el "hombre de las narices".

✳ ¿Existen juegos para la fiesta de Año Nuevo?

En muchos países se acostumbra hacer juegos para celebrar el Año Nuevo. En la región del sureste de Asia, donde se encuentran países como Camboya, Sri Lanka y Vietnam, hay juegos específicos para esta fecha.

236

En Sri Lanka existe un juego llamado *Gudu,* que es parecido al críquet pero que se juega con dos palos, uno corto y otro largo. El objetivo del juego es lanzar el palo pequeño lo más lejos posible y evitar que los otros jugadores lo atrapen. También hay otro juego llamado *Boh Choong,* que es similar al que en México se conoce como "quemados".

En Tailandia, los niños suelen practicar un juego parecido a las canicas, pero con cocos, y consiste en arrojar el coco para tratar de romper el del contrincante que, una vez roto, pasa a ser del ganador. Finalmente, hay un juego llamado multas o prendas, en el que se forman dos hileras de niños, una enfrente de otra, que se lanzan una bola. Si alguien la deja caer, deberá cantar una canción o pagar con alguna prenda.

✳ ¿Por qué la noche del 31 de diciembre está dedicada a San Silvestre?

La Iglesia encontró en el *Martirologio* (la lista de todos los mártires) a Silvestre, un santo adecuado para tender un puente entre el final del año viejo y el inicio del nuevo, ya que fue él quien logró, durante su pontificado, que el Imperio Romano adoptara la religión cristiana. San Silvestre resultaba ideal para conmemorar el inicio de una nueva etapa, porque representaba el fin de la era pagana y el inicio de la era cristiana. Además, San Silvestre murió un 31 de diciembre.

✳ ¿Quién fue San Silvestre?

Fue un papa que ejerció sus funciones entre el año 314 y 335 d.C. Su largo pontificado fue clave para la Iglesia, porque durante este periodo el emperador romano Constantino aceptó el cristianismo como la religión del Imperio. Fue justamente el papa Silvestre quien bautizó al emperador.

✳ ¿Qué dice la leyenda de San Silvestre?

La leyenda dice que San Silvestre libera cada año al pueblo de Poggio Cantino, en Italia, de un terrible dragón que habita en una caverna en las profundidades de la

---

UN año más

En la Puerta del Sol,
como el año que fue,
otra vez el champagne
y las uvas
y el alquitrán,
de alfombra están.

Los petardos que borran sonidos
de ayer
y acaloran el ánimo
para aceptar que ya pasó
uno más.

Y en el reloj de antaño,
como de año en año,
cinco minutos más para la cuenta
atrás.

Marineros, soldados, solteros,
casados, amantes, andantes
y alguno que otro
cura despistao.

Entre gritos y pitos
los españolitos
enormes, bajitos,
hacemos por una vez
algo a la vez.

Y en el reloj de antaño,
como de año en año,
cinco minutos más para la cuenta
atrás.

*Hacemos el balance de
lo bueno y malo
cinco minutos antes
de la cuenta atrás.
Y aunque para las uvas hay
algunos nuevos,
a los que ya no están echaremos
de menos
y a ver si espabilamos los que
estamos vivos
y en el año que viene nos reímos.*

*Uno, dos, tres y cuatro y empieza
otra vez,
que la quinta es la una
y la sexta es la dos y así el siete es
tres.*

*Y decimos adiós
y pedimos a Dios
que en el año que viene,
a ver si en vez de un millón,
pueden ser dos.*

*En la Puerta del Sol,
como el año que fue,
otra vez el champagne y las uvas
y el alquitrán, de alfombra están.*

Canción interpretada por el
grupo español
Mecano (1988)

tierra, a la cual se llega por medio de una escalera de 365 escalones. Con esta acción, San Silvestre cierra simbólicamente las puertas a las religiones paganas representadas por el dragón y abre el nuevo año al cristianismo.

❋ **¿Hay alguna oración a San Silvestre?**

En muchos países se acostumbra decir la oración de San Silvestre a la medianoche, con el fin de proteger la casa en el año que se inicia. La oración dice así: "Señor San Silvestre del monte mayor, guarda nuestra casa y su alrededor de bruja hechicera y hombre malhechor."

❋ **¿Desde cuándo comenzó la costumbre de descansar el primer día de enero?**

No se sabe con certidumbre en qué fecha se estableció que el primero de enero sería un día de descanso. Sin embargo, se tienen noticias de que para los antiguos romanos las fiestas de enero no eran fechas de vacaciones. Por el contrario, se recomendaban los actos de trabajo. Según prescribía Jano, el dios de enero, los días con los que empieza el mes de enero debían consagrarse a trabajar para no tener un año ocioso. Hoy, en cambio, el día de Año Nuevo se dedica al reposo más absoluto. Oficinas, escuelas, tiendas y todo tipo de comercio permanecen cerrados.

❋ **¿Cómo se festeja el Año Nuevo en México?**

La noche del 31 de diciembre se celebra una cena cuyo menú es muy similar al del 24 de diciembre (ver pág. 166). Antes o después de la cena, cada persona come 12 uvas y formula deseos para que se cumplan durante el año por venir. Algunos las comen con las campanadas. Después de la última uva, se brinda con un vino espumoso y se dan los abrazos y los buenos deseos. Se truenan cohetes, globos y se encienden luces de bengala. La música y los bailes que alegran la fiesta se prolongan hasta la madrugada.

Pavo
relleno

Ingredientes:

1 pavo grande
1/2 litro de vino blanco
1 cebolla
100 g de mantequilla
Sal y pimienta
Limones

Para el relleno:

6 salchichas
250 g de ciruelas pasas
750 g de puré de manzana
750 g de azúcar
200 g de jamón
200 g de piñones pelados
100 g de castañas peladas
50 g de mantequilla
1 lata de trufas
1 cebolla
4 rajas de canela
1 clavo

Preparación:

1) Aderezar el pavo con limón, sal y pimienta.
2) Freír las salchichas en la mantequilla y rebanarlas. Ahí, sofreír la cebolla y el jamón picado.
3) Agregar las ciruelas, las castañas y los piñones cocidos; las trufas, el vino, la canela, el clavo, la sal, la pimienta y un poco de azúcar. Hervir todo hasta que se evapore el agua.
4) Rellenar el pavo con la mezcla, y coserlo con hilo y aguja. Untarle mantequilla y agregarle cebolla rebanada. Luego colocar el pavo en una charola con 1/2 litro de agua caliente. Rociarlo cada 20 minutos con su mismo jugo.
5) Servirlo con el puré de manzana como salsa.

✱ **¿Por qué se comen uvas en México durante la fiesta de Año Nuevo?**

De acuerdo con el ritual, se comen 12 uvas que representan los 12 meses del año. Cada una simboliza un deseo o un propósito. Si es posible, se debe comer una por cada campanada y pedir un deseo distinto en cada bocado.

✱ **¿Dónde surgió la tradición de comer uvas?**

Las 12 uvas que se comen al ritmo de las 12 campanadas es un hábito que surgió en 1909, en España, cuando unos productores de vino tuvieron un gran excedente de uvas del cual necesitaban desprenderse. Mediante lo que hoy en día se conoce como una campaña de mercadotecnia, los vinateros envolvieron a este fruto de un misticismo especial al argumentar que comer uvas garantizaba la buena suerte en el Año Nuevo. Su único propósito era que la economía vitivinícola no se hundiera. De ahí que cada año, supersticiosos y seguidores de esta práctica ritual, continúen haciendo de este hábito, iniciado por motivos económicos, una verdadera institución de la fiesta de Año Nuevo.

✱ **¿De qué color deben ser las uvas que se comen en Año Nuevo?**

Al parecer, el color de las uvas de Año Nuevo no influye en las probabilidades que tendrán nuestros deseos de convertirse en realidad. Sin embargo, en Chile, por ejemplo, se cree que lo ideal es comer seis uvas verdes y seis moradas. Para otros, en cambio, es más importante que las uvas no tengan semillas, para evitar ahogarse con la emoción del momento.

✷ ¿Por qué se comen lentejas en Año Nuevo?

A fin de asegurar fortuna y prosperidad, en muchos países se acostumbra comer lentejas cocidas durante los primeros minutos del nuevo año. Hay quienes comen un plato completo y otros que se conforman con una cucharada para así poder disfrutar de la cena.

✷ ¿Cuál es el menú típico de la cena de Año Nuevo en México?

A diferencia de Navidad en la que el menú de la cena está bien definido, en Año Nuevo hay menos exigencias al respecto. En general, se acostumbra preparar los mismos platillos que en la noche del 24, esto es, pavo relleno, pierna de cerdo y romeritos. En algunas casas se procura no repetir el plato fuerte, es decir, si en Navidad se comió pavo, para la noche de Año Nuevo se prepara pierna, o viceversa (ver pág. 166).

✷ ¿Qué se acostumbra hacer para que en el nuevo año no falte dinero?

Existen distintas costumbres basadas en la creencia de que si se lleva dinero durante este día, no faltará en todo el año. Lo que no se dice es cuánto; en algunos países se cree que llegará más dinero si en lugar de dejarlo en los bolsillos se coloca dentro de los zapatos.

✷ ¿Por qué en Año Nuevo se acostumbra colgar un borreguito de lana en las puertas de las casas?

Con la idea de que "lana" llama "lana" (dinero llama dinero), se ha extendido la costumbre de poner un borreguito de lana y colgarlo en la puerta de las casas. Es importante que el borreguito sea un regalo y que cada año se cambie por un nuevo ejemplar.

✷ ¿Por qué en Año Nuevo se sacan las maletas y los bolsos?

Salir de la casa después de medianoche con las maletas y los bolsos de mano garantiza que en el Año Nuevo se harán viajes. Mejor aún es dar la vuelta a la manzana arrastrando las maletas.

✷ ¿Por qué se encienden velas en Año Nuevo?

Encender velas para recibir el nuevo año garantiza armonía y paz en el hogar. En algunos países se considera que es importante escoger el color de las velas porque éstas tienen diferentes propósitos: el azul trae paz; el amarillo, abundancia; el rojo, amor; el verde, salud; el blanco, claridad, y el naranja, inteligencia (ver pág. 115).

✷ ¿Qué significado tiene barrer la casa en Año Nuevo?

Barrer la casa abre el paso para que la suerte entre limpia. En muchos países, se barre la casa de adentro hacia fuera para sacar la mala suerte. Para los chinos, la casa no se debe barrer hasta el día siguiente de Año Nuevo, ya que de hacerlo antes se corre el riesgo de barrer la buena fortuna de la familia. Empezando por la puerta, los chinos juntan el polvo y la basura en el centro de la habitación y después en las esquinas, donde se queda durante cinco días. Al sexto, la basura debe ser tirada por la puerta trasera.

✳ ¿Dónde surgió la costumbre de dar obsequios en la fiesta de Año Nuevo?

Desde la antigua Roma existe la tradición de regalar algo en Año Nuevo. Los romanos solían regalarse en este día ramos de laurel o de olivo procedentes del bosque bendecido por Strenia, diosa romana de la salud, como augurio de fortuna y de felicidad. Con el tiempo, los ramos fueron sustituidos por jarros de miel con dátiles e higos que solían obsequiarse acompañados de la siguiente frase: "Para que pase el sabor amargo de las cosas y que el año que empieza sea dulce." De aquí proceden los regalos de Año Nuevo y el verbo español "estrenar", que hace referencia a su pasado romano *(ver pág. 121).*

✳ ¿Es de buena suerte hacer regalos en Año Nuevo?

En muchos países, la tradición de dar obsequios se lleva a cabo en Navidad y no en Año Nuevo. En otros se ofrecen regalos, pero no a todos los miembros de la familia. Por ejemplo, en Armenia, las esposas no deben recibir regalos de sus maridos porque es considerado de mala suerte. En Camboya, las cosas parecen contrarias al común de las tradiciones: los niños les regalan a sus padres, tías y tíos algún detalle como símbolo de respeto.

✳ ¿Cuáles son los adornos del Año Nuevo?

En el caso de los adornos, habría que decir que la fiesta de Año Nuevo forma parte del conjunto de celebraciones decembrinas que van desde la Navidad hasta el día de Reyes, y en ese sentido comparte con estas dos los adornos que se ponen en las casas a lo largo de estos días: el árbol de Navidad, el nacimiento, las coronas, las flores de Nochebuena, etcétera.

✳ ¿Por qué se quema un muñeco en la fiesta de Año Nuevo?

En muchos lugares se acostumbra quemar un muñeco viejo en la noche de Año Nuevo para desprenderse de las cosas malas que terminan. Este muñeco se hace con la ropa vieja, y si se quiere se le puede poner en el bolsillo una lista con todo lo que hubo de malo en el año viejo para que se vaya por completo. En Argentina, esta tradición congrega a muchos grupos de jóvenes que se reúnen con el objetivo común de crear el mejor muñeco, el más grande y bonito, aunque sea para después quemarlo.

✳ ¿Por qué es tan importante el color de la ropa interior en Año Nuevo?

Usar ropa interior de color rojo o amarillo es quizá una de las costumbres más populares de esta celebración. En México se acostumbra usar ropa interior de color rojo, para atraer el amor, mientras que en Venezuela y Chile ésta debe ser de color amarillo, para atraer dinero. En ambos casos, sin embargo, la función es la misma. La ropa interior busca atraer la buena suerte, el amor y la felicidad para el año que se inicia.

La balada del
Año Nuevo

El poeta mexicano Manuel Gutiérrez Nájera (1859–1895), además de sus célebres poemas, también escribió cuentos en los que resalta la riqueza del lenguaje y la búsqueda de situaciones sentimentales. Tal es el caso de la *Balada del Año Nuevo*, en la que narra la agonía de un niño justo en la noche de Año Nuevo.

—Bebé, Bebé, vida mía. Anímate, incorpórate. Hoy es Año Nuevo. ¿Ves? Aquí en tu manecita están las cosas que yo te fui a comprar en la mañana. El cucurucho de dulces, para cuando te alivies; el aro con que has de corretear en el jardín; la pelota de colores para que juegues en el patio. ¡Todo lo que me has pedido!

Bebé, el pobre Bebé, preso en su cuna, soñaba con el aire libre, con la luz del sol, con la tierra del campo y con las flores entreabiertas. Por eso pedía no más esos juguetes.

—Si te alivias, te compraré una carretela y dos borregos blancos para que la arrastren... ¡Pero alíviate, mi ángel, vida mía! ¿Quieres mejor un velocípedo? ¿Sí...? Pero ¿si te caes? Dame tus manos. ¿Por qué están frías? ¿Te duele mucho la cabeza? Mira, aquí está la gran casa de campo que me habías pedido...

✶ **¿De dónde proviene la tradición de usar ropa interior roja?**
El origen de esta tradición es incierto. Parece que en la Edad Media, la Iglesia relacionaba el rojo con el demonio y con la brujería, y por ello prohibía ponerse ropa de este color. Sin embargo, el pueblo en general creía que el color rojo representaba la sangre y la vida, y que era símbolo de buena suerte usar ropa roja en el primer día del año. La prohibición de la Iglesia los obligó entonces a llevar ropa de color rojo que no estuviera a la vista.

✶ **¿Qué significado tiene aventar agua fuera de la casa en la noche de Año Nuevo?**
El agua simboliza las lágrimas y los malos momentos que son desechados fuera de casa para que el año que se inicia esté lleno de felicidad. Pero no toda el agua es símbolo de tristeza. En México, en Año Nuevo, se acostumbra arrojarle agua a los automóviles para asegurarse de que en el año que empieza se estrenará un nuevo modelo.

Año Nuevo

A las 12 de la noche, por las puertas de la gloria
y al fulgor de perla y oro de una luz extraterrestre,
sale en hombros de cuatro ángeles, y en su silla gestatoria,
San Silvestre.

Más hermoso que un rey mago, lleva puesta la tiara,
de que son bellos diamantes Sirio, Arturo y Orión;
y el anillo de su diestra hecho cual si fuese para
Salomón.

Sus pies cubren los joyeles de la Osa adamantina,
y su capa raras piedras de una ilustre Visapur;
y colgada sobre el pecho resplandece la divina
Cruz del Sur.

Va el pontífice hacia Oriente; ¿va a encontrar el áureo barco
donde al brillo de la aurora viene en triunfo el rey Enero?
Ya la aljaba de Diciembre se fue toda por el arco
del Arquero.

A la orilla del abismo misterioso de lo Eterno
el inmenso Sagitario no se cansa de flechar;
le sustenta el frío Polo, lo corona el blanco Invierno
y le cubre los riñones el vellón azul del mar.

Cada flecha que dispara, cada flecha es una hora;
doce aljabas cada año para él trae el rey Enero;
en la sombra se destaca la figura vencedora
del Arquero.

Al redor de la figura del gigante se oye el vuelo
misterioso y fugitivo de las almas que se van,
y el ruido con que pasa por la bóveda del cielo
con sus alas membranosas el murciélago Satán.

San Silvestre, bajo el palio de un zodiaco de virtudes,
del celeste Vaticano se detiene en los umbrales
mientras himnos y motetes canta un coro de laúdes
inmortales.

Reza el santo y pontifica y al mirar que viene el barco
donde en triunfo llega Enero,
ante Dios bendice al mundo y su brazo abarca el arco
y el Arquero.

Rubén Darío (1867–1916), poeta nicaragüense

✳ ¿Por qué se brinda en Año Nuevo con sidra o champaña?

Los vinos espumosos son un símbolo de la fiesta de Año Nuevo porque las burbujas que se forman al momento de servirlas representan la felicidad de todo el año. Sin duda, la champaña —propia de celebraciones y acontecimientos especiales— es la bebida que más se consume en todo el mundo en esa fecha. Los franceses acuden masivamente cada 31 de diciembre a los Campos Elíseos de París con las manos repletas de botellas para saludar al nuevo año. En algunos países, además de llenar las copas con este líquido burbujeante, se acostumbra poner dentro una moneda o un anillo para que no falte el dinero.

✳ ¿Dónde se originó la costumbre de tomar champaña en Año Nuevo?

Los vinos de la región de Champagne, en Francia, eran conocidos desde la Edad Media. Las iglesias productoras de vino lo usaban para el sacramento de la comunión. Los reyes, por su parte, lo ofrecían para rendir honor a los monarcas de otros imperios. Sin embargo, el primer vino espumoso nació alrededor del año 1700. No resulta muy claro quién lo inventó, pero, al parecer, los ingleses ya lo bebían desde muy tempranas fechas. Son ellos quienes desde entonces se han encargado de propagar esta tradición por todo el mundo. La champaña llamada Brut fue creada para los ingleses en 1876. El primer cava español, bebida equivalente a la *champagne* francesa, fue elaborado por Codorníu en 1872.

✳ ¿Por qué se reparten espigas de trigo en Año Nuevo?

Siguiendo la antigua tradición romana y celta de regalar hojas de laurel, olivo o muérdago, en algunos países se acostumbra obsequiar espigas de trigo como símbolo de abundancia. Lo ideal es repartirlas entre todos los asistentes para que cada uno tenga una en las manos cuando llegue la medianoche.

✳ ¿Es verdad que en la India el Año Nuevo se celebra desde hace cinco mil años?

Los hindúes celebran el Año Nuevo desde hace cinco mil años. Aunque existen más de 20 calendarios distintos, el creyente hindú va mucho más allá de la sucesión de las estaciones para establecer la fecha en que se festeja la regeneración del mundo. En su cosmovisión, el universo está compuesto por ciclos infinitos. El ciclo básico, el *kalpa*, representa un día en la vida de Brahma, uno de los tres dioses supremos del hinduismo. Cada *kalpa* dura 4,320 millones de años terrenales y, cada vez que transcurre este periodo, el mundo vuelve a recrearse.

✳ ¿Cómo se festeja el Año Nuevo en la India?

En la India se practican poco más de media docena de las principales religiones del mundo, sin contar las numerosas variantes del hinduismo. Por esta razón, existen por lo menos cuatro formas distintas de celebrar el Año Nuevo, cada una de éstas con tradiciones y costumbres diferentes que varían dependiendo de la región geográfica.

Los pobladores de la región tamil se levantan temprano el primer día del nuevo año y se reúnen alrededor de los altares familiares para llevar a cabo una ceremonia religiosa especial en la cual se hacen ofrendas de frutas, dulces y flores a Ganesha, uno de los dioses del hinduismo. En la fiesta se prepara un banquete con platillos a base de granos ya que el Año Nuevo tiene lugar en la época de la cosecha.

En Bengala, el Año Nuevo se celebra los días 13 o 14 de abril, primer día del mes llamado *Baisakh.* Ese día se acostumbra limpiar y decorar las casas. En los patios exteriores se pintan diseños con una especie de harina, en el centro del dibujo se coloca una olla de cerámica decorada con una cruz gamada *(swastika)* y llena de agua bendita. En la olla se introduce una rama de árbol de mango. Esta olla es un símbolo de buena fortuna para la familia.

En Maharashtra, el Año Nuevo se conoce con el nombre de *Gudhi Padwa,* que significa "el primer día para izar banderas", y se celebra entre mediados de marzo y mediados de abril. Ese día, la gente acostumbra izar banderas amarillas en sus casas. En las ceremonias religiosas que se llevan a cabo se lee la primera página del Almanaque que contiene los horóscopos para el nuevo año.

Por último, la celebración de Año Nuevo en la India, llamada *Diwali,* tiene lugar entre los meses de octubre y noviembre, al inicio del invierno.

Tradicionalmente, la fiesta dura cinco días, el más importante de los cuales es el primero. En esta fiesta se iluminan todos los hogares con pequeñas lámparas de aceite y velas, porque se cree que sólo encendiendo las luces, Lakshmi, la diosa de la buena fortuna, la salud y la felicidad, podrá visitar las casas y llevar a ellas la buena suerte.

✴ **¿Por qué los hindúes apuestan en Año Nuevo?**

Apostar no es una práctica frecuente en la India. Sin embargo, en Año Nuevo está permitido. Según la tradición, la diosa Parvati jugaba dados con su marido, el Señor Shiva, en el día de Año Nuevo. Desde esos tiempos míticos, la diosa estableció que cualquiera que apostara en esa noche tendría prosperidad a lo largo del nuevo año.

✴ **¿Desde hace cuánto tiempo los japoneses festejan el Año Nuevo el 1 de enero?**

En Japón, el Año Nuevo se empezó a festejar el 1 de enero hace no mucho tiempo. A partir del siglo XIX, el gobierno japonés impuso esta fecha con la intención de unificar las tradiciones de las distintas regiones del país y así fortalecer su política centralizadora. A pesar de que la celebración del Año Nuevo en esa fecha seinstauró hace poco, hoy en día constituye la más popular del año.

✴ **¿Existe sólo una fiesta de Año Nuevo en Japón?**

No, en Japón existen otras fiestas asociadas al comienzo de distintos ciclos. Una de las que reviste mayor importancia es la que está vinculada con la vida del emperador. En la cultura japonesa, existe un sistema de cómputo del tiempo que se inicia con la llegada de cada nuevo emperador y termina con su muerte. Cada año se festeja su llegada al poder. Así, por ejemplo, el año 2000 de nuestro calendario fue el duodécimo año de *heisei,* el nombre asignado al reinado de Akihito, el emperador actual.

CITAS Y
refranes

El tiempo es un gran conserje; se encarga de poner todo en su sitio.
Pierre Corneille (1606–1684), dramaturgo francés

✳ **¿Los japoneses comen sushi en Año Nuevo?**

No. En la fiesta de Año Nuevo, los japoneses cenan *soba* (que no sopa) consistente en una especie de pasta japonesa, y una combinación de pasta de arroz y frijoles dulces llamados *anko.* Los niños tienen la costumbre de tragarse completo uno de los tallarines de la *soba* como símbolo de buena suerte.

✳ **¿Qué hacen los japoneses en su fiesta de Año Nuevo?**

El Año Nuevo es, sin duda, su fiesta más importante, la cual es precedida por un sinfín de preparativos y actividades: resolver los asuntos pendientes y limpiar las casas para que ningún tipo de desorden del año que concluye pase al nuevo año. Los motivos decorativos, las prendas de vestir tradicionales, la comida y las prácticas habituales durante el Año Nuevo son especiales, y se prolongan durante la primera mitad del mes de enero. En este momento se renuevan las relaciones sociales mediante saludos rituales y se envían tarjetas para confirmarlas. Se realizan también visitas a los templos sintoístas para honrar a los dioses y comprar nuevos artículos protectores para la casa, el coche, la oficina, etcétera.

✳ **¿Se tocan campanas en el Año Nuevo japonés?**

Aunque no son precisamente campanas, podría decirse que sí. Los japoneses usan un instrumento llamado gong, que es un pandero de metal muy sonoro que se golpea con un mazo. En la noche del 31 de diciembre, un monje toca el gong en cada templo local. Cada sonido del instrumento significa que todos los errores del pasado han sido perdonados.

✳ **¿Se puede decir que los japoneses son "más fiesteros" que los mexicanos?**

Aparentemente no. Pero, en cuanto al Año Nuevo se refiere, sí lo son, ya que las fiestas de fin de año duran en Japón nada menos que 15 días.

✳ **¿Por qué los árboles parecen florecer en el Año Nuevo japonés?**

En la noche del 31 de diciembre, los japoneses acostumbran ir al templo y ahí se les reparten tiras de papel blanco. Cada persona amarra su tira a las ramas de los árboles y, cuando ya se han juntado muchas tiras, parece como si la primavera se hubiera adelantado.

✳ ¿Cómo se festeja el Año Nuevo en Vietnam?

El Año Nuevo en Vietnam recibe el nombre de *Tet,* que significa "la primera mañana del primer día del nuevo año". Durante la celebración, que dura siete días, las familias vietnamitas plantan un árbol frente a sus casas y retiran todas sus hojas para poder envolverlo con papel rojo, símbolo de la buena suerte; según la tradición, el rojo ahuyenta a los espíritus malignos. El último día de la fiesta, el árbol se derriba.

✳ ¿Por qué los judíos festejan el Año Nuevo en septiembre?

El calendario judío, a diferencia del gregoriano, se basa en los ciclos lunares y no en el movimiento de la Tierra alrededor del Sol. El Año Nuevo judío, o *Rosh ha-shaná* en hebreo, se celebra los dos primeros días del mes *Tishri* (entre septiembre y octubre) que debe coincidir con la primera luna nueva de otoño.

✳ ¿Por qué festejan los judíos el Año Nuevo?

Los judíos festejan el Año Nuevo porque consideran que en este día Yahvé creó el mundo. A diferencia del calendario con el que se rige la mayor parte del planeta, los judíos consideran que está corriendo el año 5765, que es el tiempo que ha pasado desde que, en el año 3761 a.C, Yahvé creó el mundo.

✳ ¿Se puede considerar como una fiesta el Año Nuevo judío?

Si se entiende como fiesta un momento de alegría y regocijo, la respuesta sería no. A diferencia de la fiesta cristiana de Año Nuevo, en la tradición judía este periodo está dedicado a la reflexión cuidadosa sobre las fallas que se cometieron en el pasado. Más que ser un tiempo de celebración, el Año Nuevo judío es un momento de arrepentimiento e introspección, de ahí que los días sagrados de este mes sean conocidos como *yamim noraim,* que significa "días de arrepentimiento".

✳ ¿Qué hacen los judíos en *Rosh ha-shaná?*

En Año Nuevo, los judíos van a la sinagoga a rezar. La ceremonia empieza al anochecer con la llamada del *shofar,* que es un instrumento que se hace con un cuerno de carnero y cuyo sonido, según las creencias, despierta a las almas para conducirlas a la meditación y a la autorreflexión. Además de ir a la sinagoga, los judíos acostumbran cenar con la familia.

✳ ¿Es verdad que los judíos tienen más de un Año Nuevo?

El pueblo judío celebra cuatro distintos. El primer día del mes de *Nisan* es el Año Nuevo de los reyes; en el mes de *Elul* se celebra el Año Nuevo de los animales; el día 15 del mes de *Shevat* es el Año Nuevo de los árboles y, finalmente, el primer día de *Tishri* se celebra *Rosh ha-shaná,* el Año Nuevo que marca el aniversario de la creación del mundo.

✳ ¿Qué cenan los judíos en Año Nuevo?

Una de las costumbres de la cena judía de Año Nuevo es empezar comiendo manzanas y *hallah* (un pan tradicional) con miel para tener un año muy dulce. Asimismo, se suele comer cabeza de pescado, porque ello significa que para el nuevo año se prefiere estar siempre a la cabeza de todo. Un dato curioso es que no se come nada con nueces, ya que en hebreo la palabra nuez, *egoz,* tiene cierta equivalencia con la palabra hebrea para designar los pecados.

✳ ¿Qué dicen los judíos para felicitarse en el Año Nuevo?

En Año Nuevo, los judíos no sólo se desean feliz año, *Shanah tovah,* sino también se felicitan y se desean mutuamente ser inscritos en el libro de la vida para el nuevo año, lo que en hebreo se dice así: *Le-shanah tovah tikatevu.*

✳ ¿Existen semejanzas entre el año judío y el islámico?

Sí, ambos calendarios establecen el principio del mes con base en la primera visión de la Luna. Cuando ésta se halla situada entre el Sol y la Tierra, ocurre el novilunio, es decir, la fase en donde la cara que la Luna presenta a la Tierra está en completa sombra. Inmediatamente después de esta conjunción, la Luna empieza a crecer o aparecer hasta que entra en la fase de luna llena el decimoquinto día del mes. El Año Nuevo judío o *Rosh ha-shaná* comienza con la primera visión de la luna nueva en Jerusalén.

✳ ¿En qué se parecen el Año Nuevo judío y el chino?

Tanto la cultura judía como la china tienen un calendario lunar y por ello el festejo de su Año Nuevo no coincide con la celebración del Año Nuevo cristiano. En ambas culturas, el día de la celebración no tiene una fecha fija. Mientras los judíos lo festejan en los meses de septiembre y octubre, los chinos empiezan a celebrarlo en la segunda luna nueva posterior al solsticio de invierno, entre los meses de enero y febrero.

✳ ¿Cuál es el origen de la festividad del Año Nuevo chino?

El origen de esta fiesta está inscrito en las leyendas y tradiciones del pueblo chino que existen desde hace miles de años. Una de las más famosas explica que Nien, una bestia extremadamente cruel y feroz, comía personas en la víspera del Año Nuevo. Para mantenerla alejada, se pegaban en las puertas rollos de papel rojo con bendiciones y palabras de buen augurio, se iluminaban las casas y calles con antorchas y se encendían

CITAS Y
refranes

Aquel que se adelante al tiempo, morirá sin remedio; aquel que se atrase al tiempo, morirá sin remedio.

Proverbio chino

fuegos artificiales durante toda la noche, ya que Nien temía al color rojo, a la luz del fuego y a los ruidos fuertes. Al empezar la mañana del día siguiente, el ambiente se impregnaba de sentimientos de triunfo y renovación por haber mantenido a Nien alejado por otro año. En esa ocasión, el saludo que más se escucha es *kung-hsi* que significa "felicitaciones" *(ver pág. 215).*

✳ ¿Qué se come en China durante las fiestas del Año Nuevo?

Como en todas las festividades chinas, la comida tiene un papel importante durante toda la celebración de Año Nuevo, y las cenas tienden a ser especialmente suntuosas. Los ingredientes que se utilizan son símbolos de buena suerte; así, por ejemplo, se come pescado porque el término chino para pescado, *yu,* tiene el mismo sonido que la palabra china "abundancia"; el cebollín significa "eternidad"; los nabos simbolizan "buen augurio" y las bolas de pescado y carne representan "reunión". También se prepara pudín de arroz para desearle a la gente que ascienda jerárquicamente en sus trabajos, y empanadillas que tienen forma de lingotes de oro para garantizar que no faltará dinero.

✳ ¿Es cierto que en China se prohíbe terminantemente decir groserías y hablar de la muerte en el Año Nuevo?

En China se cree que usar palabras malsonantes y términos como "cuatro", *Ssu* —que suena igual que la palabra muerte— durante el Año Nuevo trae mala suerte. Durante esos días no se toca ese tema (la muerte) y contar historias sobre fantasmas está prohibido. Asimismo, las referencias al año que acaba de terminar se evitan, ya que todo debe girar en torno al Año Nuevo y a la idea de un nuevo comienzo.

✳ ¿Por qué los chinos compran plantas en el Año Nuevo?

Según las tradiciones chinas, las plantas y las flores traen buena suerte para el año que se inicia. El árbol *Kumquat* es el que aporta más fortuna, ya que su nombre se relaciona con la palabra suerte. El árbol de durazno y las mandarinas también son de buena suerte, pero, cuando se va al mercado por plantas, es importante comprarlas por números pares, porque los nones se consideran de mal agüero.

✳ Según la religión china taoísta, ¿qué sucede el primer día del Año Nuevo?

Se cree que ese día varios dioses ascienden al cielo para presentar sus respetos e informar acerca de los asuntos hogareños al Emperador de Jade, la deidad suprema del taoísmo. Según la tradición, las familias deben honrar a estos dioses quemando papel moneda de uso ritual, que sirve para pagar sus gastos de viaje. Otro ritual consiste en untar azúcar de malta en los labios del Dios de la Cocina, una de las deidades que hacen este viaje, para asegurar que presente un informe favorable al Emperador de Jade o, al menos, mantenga un dulce silencio.

✳ ¿Cuánto tiempo dura la fiesta de Año Nuevo en China?

El Año Nuevo chino dura dos semanas. Empieza en la segunda luna nueva posterior al solsticio de invierno y concluye con la Fiesta de los Faroles, que se realiza en la luna llena siguiente; esto señala el fin del frío invierno y la desaparición de los crueles demonios invernales. Cada uno de los 15 días de la fiesta tiene un significado y tradiciones especiales. Por ejemplo, el segundo día está dedicado a rendir homenaje a los ancestros. Por otra parte, justamente ese día, los chinos son amables con los perros y los alimentan más de lo acostumbrado porque consideran que fue en este día sagrado cuando todos los perros nacieron.

✱ **¿Por qué se dan sobres rojos en China en el Año Nuevo?**

Los chinos acostumbran dar sobres rojos a los niños y a los jóvenes en las fiestas de Año Nuevo. Cada sobre rojo, llamado *yasuiqian,* contiene dinero y es depositario de una tradición milenaria. Según la leyenda, un duende de nombre *Sui,* homónimo de año, visitaba a los niños en la noche de Año Nuevo con la maligna intención de causarles una enfermedad. Con el propósito de ahuyentar a este ser, o mejor dicho, con la idea de sobornarlo, los padres de familia ponían sobres rojos con dinero debajo de las almohadas de sus hijos, o bien, atados a sus camas. Para los niños chinos, esta tradición sigue siendo el mejor motivo para celebrar el Año Nuevo.

✱ **¿Por qué los chinos se quedan despiertos toda la noche del primer día del Año Nuevo?**

El pueblo chino ha creído por mucho tiempo que permanecer despierto durante toda la noche ayuda a que los padres tengan una vida más larga. Entre los coreanos existe la misma costumbre, aunque por razones distintas. Según una antigua leyenda, aquel que se quede dormido la última noche del año amanecerá con las cejas blancas al día siguiente.

✱ **¿Por qué se esconden los cuchillos y las tijeras en el Año Nuevo chino?**

En China se cree que existe un hilo de la buena suerte que puede ser cortado accidentalmente si no se guardan todos los cuchillos y las tijeras de la casa.

AÑO **Nuevo**

Se vuela, de entre las manos,
esta vida que nos queda;
¡Cómo se escapan los años!
¡Con qué premura se van
y solos, frente al espejo,
vemos el rostro de siempre,
pero el alma está más vieja,
cansada de tanto andar!
Es que se van, de las manos,
los días tan velozmente
que quizá ni los sentimos
y corremos a la par;
sin ver, que así de ligeros,
se nos van yendo los años
entre apuros y zozobras
sin poderlos disfrutar.
Por eso, este Año Nuevo
cambiaremos nuestro ritmo.
Si las penas nos empujan
las dejaremos atrás;
y andaremos por las calles,
con una eterna sonrisa,
la sonrisa de la dicha,
la sonrisa de la paz.
¡Brindemos por este año!
Si fue malo, ¡ya termina!
Por el año que se inicia
brindaremos a embriagar.
¿Quién nos quita lo vivido?
Por eso, ¡nada de penas!
¡Adelante con la vida!
Que la vida se nos va…

Cristina de Fercey, poeta argentina

250

LOS RESTOS
del naufragio

El cuentista francés Guy de Maupassant (1850–1893) escribió una de sus célebres historias utilizando la llegada del Año Nuevo como telón de fondo. En ella cuenta que un hombre emprende un viaje a una isla con el fin de averiguar las circunstancias de un extraño naufragio. Gracias a la marea baja, logra llegar al barco naufragado con una simple caminata. Ahí conoce a un inglés y a sus tres hijas, con los que se sume en una conversación que los lleva a no darse cuenta de que la marea ha subido; esta circunstancia los obliga a trasnochar en el barco. La angustia crece a cada instante, pero también el sentimiento de amor súbito que el protagonista experimenta por una de las muchachas. Al final son rescatados y se separan. Sin embargo, entre ellos surge un extraño vínculo que dota a la fiesta de Año Nuevo de un melancólico tinte amoroso.

Esto ocurrió ayer, treinta y uno de diciembre.

Acababa yo de almorzar con mi entrañable amigo Jorge Garin. El criado le entregó una carta, cuyo sobre iba cubierto de membretes y sellos extranjeros.

—¿Me permites?

—Por supuesto.

Y comenzó a leer ocho páginas de magnífica letra inglesa, cruzadas en todas direcciones. Leía despacio, con atención profunda, con interés verdadero, con ese interés que sólo se manifiesta en los afectos del alma.

Luego dejó la carta sobre la chimenea, y dijo:

—Ahí tienes una historia muy extraña, que nunca te conté; una aventura sentimental que me ocurrió en un día treinta y uno de diciembre, hace veinte años. Entonces tenía yo treinta...

La inglesa temblaba; sintiéndola vibrar sobre mí, me costaba trabajo contenerme y no estrecharla entre mis brazos.

A lo lejos, detrás de nosotros, al frente, a la derecha y a la izquierda, brillaban los faros de las costas: luces blancas, amarillas, rojas; unas girando como

---

❋ **¿Qué tienen que ver los animales con el calendario chino?**

Hacia el año 1500 a.C. empezaron a usarse en el calendario chino dos series de términos; una serie de 10 palabras que recibe el nombre de "troncos celestiales" y otra de 12 que representa las "ramas terrestres". Juntas constituían un ciclo de 60 términos que se utilizaron como base para el cálculo del calendario. Estos 60 años son un ciclo equivalente al siglo del calendario gregoriano. Los troncos celestiales están representados por la madera, el agua, el fuego, la tierra y el metal. Las ramas terrestres están representadas por 12 animales: rata, vaca, tigre, conejo, dragón, serpiente, caballo, carnero, mono, gallo, perro y cerdo. Según la leyenda, antes de partir de la Tierra, Buda convocó a todos los animales. A los *gigantescos ojos, otras fijas como estrellas del cielo; todas parecían contemplarnos, aguardando la hora en que nos hundiríamos para siempre. Sobre todo una de aquellas luces me irritaba, encendiéndose y apagándose de medio en medio minuto; aquello era una mirada viva, de fuego, a intervalos cubierta, en regular y desesperante parpadeo.*

De cuando en cuando el inglés encendía un fósforo para ver la hora; luego se guardaba el reloj en el bolsillo. Al fin, una de las veces, con el reloj en la mano y alzando la cabeza sobre la de sus hijas, me dijo con soberana gravedad:

—Le deseo a usted un feliz Año Nuevo.

Eran las doce. Le ofrecí una mano y la oprimió; luego pronunció una frase inglesa y de pronto sus hijas entonaron el himno Dios Salve a la Reina, *que se alzó en la oscuridad, perdiéndose a través del espacio.*

La primera impresión que aquello me produjo fue de risa; luego me sentí profunda y extrañamente conmovido...

Durante dos años no tuve noticias. Luego recibí una carta de Nueva York. Se había casado y me lo participaba.

Desde entonces nos escribimos todos los años a principios de enero. Ella me refiere su vida, me habla de sus hijos, de sus hermanas, ¡jamás de su marido! ¿Por qué? ¡Ah! ¿Por qué? Yo le recuerdo solamente aquellas horas pasadas en el buque abandonado. Es la única mujer que me ha enamorado; es decir, que me hubiera enamorado si... ¿quién sabe? Las circunstancias nos conducen... Y luego... Todo pasa... Debe ya ser vieja... No la reconocería... ¡Oh, la de mi juventud, la de aquel día!... ¡Encantadora! En sus cartas me dice que ya tiene blanco el pelo... ¡Dios mío! Saberlo me angustia. ¡Su cabello rubio..., tan rubio!... No, la que yo conocí no existe... No es la misma... ¡Qué tristeza!

únicos 12 que respondieron a su llamado, Buda los recompensó usando sus nombres para denominar a los años según el orden en el que fueron llegando. Los chinos creen que el animal que rige el año en el que una persona nace tiene una fuerte influencia sobre su personalidad, de ahí la frase que utilizan recurrentemente: "Éste es el animal que escondes en tu corazón."

✳ ¿Por qué el año 2005 del mundo occidental equivale al 1427 de los musulmanes?

El calendario musulmán se inicia el 16 de julio del año 622, fecha en que Mahoma (570–632) abandonó forzosamente La Meca para refugiarse en Medina, pues huía de sus enemigos. Este día se considera el día 1 de *Muharram* del año 1 de la Hégira, es decir, de la huida, y de ahí parte la cuenta de su calendario.

✳ **¿Tienen los musulmanes una fiesta para celebrar el Año Nuevo?**
La religión musulmana es diferente de las demás porque no tiene días festivos. Se cree que Alá es el señor del tiempo y de la vida y que no hay necesidad de consagrarle un día particular, puesto que todos los instantes de la existencia no deberían tener otro fin que el de cumplir su voluntad.

✳ **¿Existe en la religión musulmana una fiesta con un significado similar al del Año Nuevo?**
En la cultura musulmana hay un mes que tiene un carácter sagrado particular: el Ramadán, mes sagrado del ayuno. La primera visión de la Luna en cuarto creciente al comienzo y al final del Ramadán siempre ha tenido una importancia especial. Este mes es un tiempo de exigencia y de gozo: de exigencia porque el ayuno dura desde poco antes del amanecer hasta la puesta del Sol, y de gozo porque la interrupción comunal del ayuno al ponerse el Sol reúne a familias enteras. El Ramadán culmina con "la fiesta de la ruptura del ayuno", en árabe *'id al-fitr,* que se celebra durante varios días con rezos y festejos comunitarios. La rígida sumisión de los musulmanes al ciclo lunar ha tenido algunas consecuencias interesantes para la celebración de estas fiestas. Si se vive de acuerdo con las fases visibles de la Luna —y no según el cálculo humano que predice cuándo habrá luna nueva—, la fiesta se celebrará solamente hasta que la Luna sea realmente contemplada. Se siguen las palabras del profeta Mahoma: "No ayunéis hasta no ver la luna nueva, y no quebréis el ayuno hasta que no la veáis nuevamente; pero cuando esté oculta (por las nubes o la bruma) consideradla luna llena." Entonces, si las nubes o la bruma no permiten que la luna nueva sea vista en algunas poblaciones, éstas observarán el comienzo y el final del Ramadán en una fecha diferente de la de sus vecinos.

✳ **¿Qué se hace en la misa de Año Nuevo en la Iglesia católica?**
La misa de Año Nuevo se conoce como misa de gallo *(ver pág. 120),* mismo nombre que recibe la ceremonia del 24 de diciembre. Esta misa no es obligatoria, como la de Navidad, y los creyentes pueden escoger entre ir el 31 de diciembre o el 1 de enero. En muchas iglesias se acostumbra hacer una fogata en la cual cada miembro de la comunidad quema un pedazo de madera junto con un papelito en el que previamente ha escrito todas las cosas malas que quiere "que se vayan" para empezar bien el nuevo año. A esta fiesta se le conoce como "el fuego nuevo".

✳ **¿Por qué en algunos países tan lejanos unos de otros, como Venezuela, China, Dianamarca y México, se acostumbra romper trastes el día de Año Nuevo?**
Porque este acto simboliza dejar el pasado atrás y abrir paso al futuro prometedor del nuevo año. En algunos lugares de México se acostumbra comprar jarritos de barro y estrellarlos contra el piso para después barrer los escombros con un poco de agua. Esta tradición ayuda a ahuyentar "las malas vibras". En Dinamarca no sólo se rompe un plato, sino la

CITAS Y refranes

Ya no puedo desearle a nadie un feliz Año Nuevo. No cuando reflexiono en lo que lo volvería feliz.

Gerald F. Lieberman, escritor estadounidense

vajilla completa. Los daneses suelen aprovechar esa fecha para demostrar a sus seres queridos cuánto los aprecian; para ello, lanzan frente a sus casas los platos viejos que han ido acumulando durante el año. El número de buenos amigos que uno tenga será proporcional al montón de platos rotos que encuentre en su puerta.

✳ ¿Por qué se tocan las campanas en Año Nuevo?

Desde la Edad Media, las campanas han cumplido una función importante en la vida de los pueblos. Puesto que con la voz humana no es posible alcanzar a todos los habitantes de una ciudad o población, las campanas servían, entre otras cosas, para dar la hora, pedir ayuda para apagar un incendio o avisar sobre la posición del enemigo. Las campanas también doblaban para acompañar el duelo del pueblo por la muerte de un rey, y anunciaban la alegría producto del nacimiento de un príncipe o de una coronación. Por tener una función tan importante, se creía que el sonido de las campanas tenía poderes especiales y hasta terapéuticos que ayudaban a defenderse de una epidemia o evitar una tormenta. Hasta la fecha, en Año Nuevo, el sonar de las campanas acompaña la alegría del nuevo comienzo *(ver pág.126)*.

✳ ¿Cómo se festeja el Año Nuevo en Brasil?

En Brasil existe una mezcla de ritos y tradiciones africanos que provienen de las costumbres de los millones de esclavos que llegaron a este país cuando era una colonia portuguesa. En la fiesta de Año Nuevo, como en toda la cultura brasileña, el mar tiene un papel fundamental. El 31 de diciembre, el cielo de las playas cariocas de Ipanema y Copacabana se ilumina con fuegos artificiales. Las *filhas do santo* (sacerdotisas africanas) encienden velas y lanzan al mar pequeños barcos llenos de flores y regalos. Si la marea se los lleva, es un buen presagio, ya que significa que Yemanjá, la diosa de los mares, bendecirá el nuevo año. Vestidos de blanco y con el mar bañando sus pies desnudos, los brasileños saludan al año que comienza.

✳ ¿Cómo se pueden develar los misterios del futuro en el nuevo año?

En Alemania se acostumbra desafiar al destino mediante una ceremonia llamada *Bleiglessen,* y para ello las personas se valen de una barra de plomo. Lo que hacen es pasar el plomo por una soldadura, fundirlo hasta que se haga agua y verter las gotas en un vaso. El plomo líquido se solidifica nuevamente y adopta formas extrañas que predicen lo que deparará el nuevo año.

254

CITAS Y
refranes

Mañana, del vientre del tiempo, nacerá un Año Nuevo.

Njabulo S. Ndebele (1943), poeta sudafricano

✱ **¿Se puede predecir el clima del nuevo año?**

En España existe la creencia de que se pueden hacer predicciones meteorológicas del año que se inicia tomando como base los 12 días que hay entre la Navidad y la Epifanía de los Reyes Magos. Cada día representa uno de los 12 meses del año y, según sean las condiciones del tiempo en cada uno de ellos, así serán las del mes correspondiente.

✱ **¿Los grupos indígenas en México festejan el Año Nuevo?**

Sí. Existen distintas fechas y formas de celebrar el comienzo del nuevo año, dependiendo del grupo indígena de que se trate. Para muchos de ellos —como los huicholes de Jalisco y Nayarit, y los tzotziles y tzeltzales de Chiapas—, la fiesta de Año Nuevo es de suma importancia, ya que se llevan a cabo ceremonias de cambio de poderes que también se conocen como "cambio de varas o de bastón de mando". La vara o el bastón es el símbolo del poder de las autoridades civiles indígenas.

✱ **¿Cuáles son los rituales zapotecos para festejar el Año Nuevo?**

Los zapotecas del Istmo celebran el nuevo año con velas, calendas y tiradas de frutas en los diferentes pueblos que conforman esta región de México. Al finalizar el año se observan dos manifestaciones peculiares: el regalo de los *Tanguyu* y la elaboración del Viejo. La primera consiste en regalar a los niños y niñas zapotecos muñecos de barro; para los niños, caballos con jinetes; para las niñas, muñecas con faldas de campana con bebés en los brazos y, sobre la cabeza, canastas de frutas, ollas, molcajetes y platos diminutos. La segunda, la elaboración del Viejo, consiste en un muñeco hecho con las ropas y los huaraches más viejos que han sido usados durante todo el año; a cada muñeco se le coloca un coco, se le rellena de elotes y cohetes, se le pone un sombrero y un cigarro. Dos o tres días antes del Año Nuevo se pone al frente de las casas con un recipiente para recabar limosna, la cual se usa para comprar más cohetes y golosinas. Al llegar el último día de diciembre, a las 11 o 12 de la noche, se inicia la quema del Viejo, señal de que ha terminado el año y que ha comenzado uno nuevo.

✱ **¿Qué otro pueblo indígena elabora un muñeco viejo para celebrar la fiesta de Año Nuevo?**

Los chontales de Veracruz y de Tabasco personifican al año viejo como un hombre anciano, llamado *Chenu,* que viste con ropas raídas. Según sus tradiciones, el día de Año Nuevo se representa una batalla entre el bien y el mal. Algunos niños y jóvenes se disfrazan de diablos, vestidos con ropa de color rojo, máscaras con cuernos, cola y un trinche fabricado de madera. Otros se visten de negro y simulan ser viudas embarazadas. Unos más usan ropa cubierta de costales y, sobre éstos, una gran cantidad de ramas de espinas y chichicastle. Al final de la batalla, el bien triunfa y el viejo Chenu es quemado.

✳ **¿Quién baila los matachines en Año Nuevo y qué representa este baile?**
Los matachines es el baile que los indígenas rarámuris o tarahumaras de Chihuaha bailan para celebrar el Año Nuevo el día 6 de enero. Los pasos de este baile simbolizan los movimientos del año viejo hacia el nuevo. Esta danza se acompaña con música de violines y guitarras *(ver pág. 166)*.

✳ **¿Cómo festejan el Año Nuevo los indígenas de los Altos de Chiapas?**
En esta fecha, los tzeltzales y los tzotziles de los Altos de Chiapas llevan a cabo el cambio de varas o bastones de las autoridades civiles y religiosas de su comunidad. En esta ceremonia participan hombres y mujeres. Las señoras toman las varas de sus parientes y las lavan; después las arreglan en manojos y se sientan detrás de ellos. Mientras tanto, las esposas de quienes fungen como autoridades principales portan un cordel del que cuelgan muchos listones multicolores. Por su parte, los nuevos mandatarios entran en el cuarto de juramento, construido especialmente para la ocasión, y en él prometen desempeñar bien su cargo.

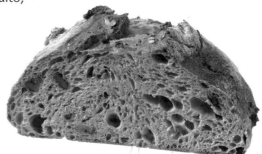

✳ **¿Es usual disfrazarse en Año Nuevo?**
En realidad son pocos los lugares donde se acostumbra disfrazarse para la fiesta de Año Nuevo. Los habitantes de la sierra de Veracruz, por ejemplo, se organizan en grupos de niños, jóvenes y adultos que se disfrazan de viejos con ayuda de latas y botes. Una vez disfrazados entonan diferentes cantos: "Una limosna para este pobre viejo, que ha dejado hijos para el Año Nuevo", o bien: "Este viejo se llama Vicente y quiere que le den para su aguardiente."

✳ **¿Es importante ser el primero en llegar a la fiesta de Año Nuevo?**
Según las tradiciones del norte de Inglaterra y Escocia, sí: la primera persona que cruce el umbral de la puerta marcará la suerte de ese hogar durante el nuevo año. Esta tradición se conoce como el "primer paso". Según ella, a la medianoche del 31 de diciembre, una persona —si es posible, un hombre, alto, moreno y apuesto— debe atravesar el umbral para traer la buena suerte. Este hombre tiene que traer un pedazo de carbón, una hogaza de pan y una botella de whisky. Al entrar, reza la tradición, debe poner el carbón en la chimenea, el pan sobre la mesa y servir una copa de whisky al jefe del hogar. Si la persona que da el primer paso es un doctor o un ministro, el año que empieza estará marcado por la mala suerte. Sólo al decir tres veces el nombre de Dios y arrojando sal a la chimenea, la familia podrá librarse de la mala fortuna.

✳ ¿En qué parte del mundo "se abre paso" al Año Nuevo?

Los escoceses le abren paso al Año Nuevo siguiendo una tradición que se conoce como *Hogmanay*. En esta fiesta se busca un barril de madera, se le prende fuego y se echa a rodar por las calles. Según se dice, es para permitir el paso del nuevo año. El término *Hogmanay* deriva, según algunos, del gaélico *oge maidne,* que significa literalmente "nuevo amanecer". Otros piensan que es una deformación de la expresión francesa *un homme est né,* que quiere decir "un hombre ha nacido".

✳ ¿En qué país se rompe la regla de las 12 campanadas?

En Japón se suelen tocar 108 campanadas que equivalen a los valores negativos que acarreamos los humanos y que con las campanadas se olvidan. En Corea también se rompe la tradición de tocar las típicas 12 campanadas, allá son 33 con las que se anuncia la llegada del Año Nuevo.

✳ ¿Existe alguna relación entre el Año Nuevo y el matrimonio?

En algunos países, las mujeres y los hombres que desean casarse aprovechan el Año Nuevo para realizar un ritual que les permita salir de la soltería. Se dice que sentarse y volverse a parar con cada una de las 12 campanadas asegura el matrimonio.

✳ ¿Por qué las mujeres rumanas solteras esperan con ansia el Año Nuevo?

En este país, durante la celebración del Año Nuevo, las mujeres solteras suelen caminar hacia un pozo, encender una vela y mirar hacia abajo. El reflejo de la llama dibujará en las oscuras profundidades del agua el rostro de su futuro esposo. Las que se quedan en sus casas toman una rama de albahaca y la colocan bajo la almohada: el sueño de esa noche tendrá como protagonista al hombre que las espera.

✳ ¿Es el Año Nuevo una fiesta tan familiar como la Navidad?

Aunque el propósito de la fiesta de Año Nuevo es estrechar los lazos familiares y de amistad —además de participarse mutuamente toda clase de parabienes—, no es requisito indispensable pasar la fiesta con la familia. En muchos países, como Inglaterra y España, la noche del 31 de diciembre suele vivirse en las calles y festejarse con los amigos, mientras que la Nochebuena se celebra en casa con la familia.

✳ ¿Qué relación existe entre los zapatos y el Año Nuevo?

Para algunas personas, tirar al aire un zapato en la fiesta de Año Nuevo sirve para conocer la suerte que se tendrá el año entrante: si cae de pie, augura suerte; si cae de costado, el año será regular, y si lo hace boca abajo, significa que habrá mala suerte. Además, en algunos países se acostumbra poner una moneda en el zapato para que no falte el dinero.

✳ ¿Cuáles son los deseos que la gente suele pedir con más
frecuencia para el Año Nuevo?

Los hombres y las mujeres de todo el mundo esperan que en el Año Nuevo se cumplan fundamentalmente tres deseos: salud, dinero y amor.

ENTRADA DE
Año

Emilia Pardo Bazán (1851–1921) fue una de las escritoras españolas más importantes del siglo XIX. De su obra destacan su obra periodística, sus novelas y sus libros de cuentos, entre los que se encuentra *Cuentos de Navidad y Año Nuevo*, de donde procede *Entrada de año*. El cuento narra la forma en que el Año Nuevo llega y se topa con el Viejo, quien le dice que en no mucho tiempo los hombres lo culparán de su mala suerte. El Año Nuevo decide entonces salir a la calle en busca de la verdad, y así determinar si vale la pena llegar o no.

Fresco, retozón, chorreando juventud, el Año Nuevo, desde los abismos del Tiempo en que nació y se crió, se dirige a la tierra donde ya le aguardan para reemplazar al año caduco, perdido de gota y reuma, condenado a cerrar el ojo y estirar la pata inmediatamente.

Viene el Año Nuevo poseído de las férvidas ilusiones de la mocedad. Viene ansiando derramar beneficios, regalar a todos horas y aun días de júbilo y ventura. Y al tropezar en el umbral de la inmensidad con un antecesor, que pausadamente y renqueando camina a desaparecer, no se le cuece el pan en el cuerpo y pregunta afanoso:

—¿Qué tal, abuelito? ¿Cómo andan las cosas por ahí? ¿De qué medios me valdré para dar gusto a la gente? Aconséjame... ¡A tu experiencia apelo!...

El Año Viejo, alzando no sin dificultad la mano derecha, desfigurada y llena de tofos gotosos, contesta en voz que silba pavorosa al través de las arrasadas encías.

—¡Dar gusto! ¡Si creerá el trastuelo que se puede dar gusto nunca! ¡Ya te contentarías con que no te hartasen de porvidas y reniegos! De las maldiciones que a mí me han echado, ¿ves?, va repleto este zurrón que llevo a cuestas y que me agobia... ¡Bonita carga!... Cansado estoy de oír repetir: "¡Año condenado! ¡Año de desdichas! ¡Año de miseria! ¡Año fatídico! Con otro año como éste..." Y no creas que las acusaciones van contra mí solo... Se murmura de "los años" en general... Todo lo malo que les sucede lo atribuyen los hombres al paso y al peso de los años... ¡A bien que por último me puse tan sordo, que ni me enteraba siquiera!...

258

Citas y refranes

Un optimista se queda despierto hasta medianoche para ver entrar el Año Nuevo. Un pesimista lo hace para asegurarse de que el viejo se haya ido.
Bill Vaughan (1915-1977), periodista estadounidense

✳ **¿Se podría hablar de la existencia de una fiesta de Año Nuevo en Mesoamérica?**

Aunque los mayas y los aztecas sí celebraban el fin del año civil o solar, el "verdadero" Año Nuevo tenía lugar a mediados de noviembre, una vez cada 52 años, cuando sus dos calendarios coincidían. En este momento concurrían el calendario religioso de 260 días —compuesto por 13 meses de 20 días cada uno— y el calendario civil, que constaba de 360 días que se dividían en 18 meses de 20 días, más cinco días "huecos" o nefastos.

✳ **¿Qué pasaba en los cinco días nefastos del calendario maya?**

El calendario maya ha sido uno de los más elaborados y precisos de todas las civilizaciones. Constaba de dos series de unidades cronográficas llamadas cuenta corta y cuenta larga. La primera se encargaba de las cuentas rituales y civiles; la segunda, de los grandes periodos de la historia mítica y política de los mayas. En los diferentes pueblos mayas, los últimos cinco días del año solar, llamados *uayeb,* quedaban fuera de la cuenta de los meses y eran considerados nefastos, pero durante ellos se realizaba la fiesta para recibir el Año Nuevo. El Año Nuevo maya podía comenzar en cuatro días diferentes: *kan,* asociado con el Este; *muluc,* con el Norte; *ix,* con el Oeste, o *cauac,* relacionado con el Sur. Cada año tenía sus propias ceremonias.

✳ **¿Cómo festejaban los mexicas la llegada del Año Nuevo?**

Gracias a fray Bernardino de Sahagún, quien escribió la famosa crónica, *Historia de las cosas de la Nueva España,* sabemos que los mexicas celebraban el Año Nuevo en los cinco días restantes del año, que son los cuatro últimos de enero y el primero de febrero. A estos días los llamaban *nemontemi,* que quiere decir "días baldíos", a los cuales asociaban la mala fortuna. Según el cronista, en estos días los mexicas acostumbraban perforar las orejas de los niños y las niñas para honrar a los dioses.

✳ **¿Festejaba el poderoso Imperio Inca en el occidente de Sudamérica la fiesta de Año Nuevo?**

Para los incas, el número 328 *huacas* (lugares sagrados) marcaba el recorrido anual del Sol; es decir, la duración de un año y de la estación agrícola. Los 37 días restantes del ciclo solar no contaban, ya que en esos días el campo no se cultivaba y el tiempo activo no existía. Una de las festividades primordiales del mundo incaico dentro de su calendario sagrado era el *Capac-Raymi* o Año Nuevo. En esta fecha se llevaban a cabo ritos directamente vinculados con las iniciaciones de la pubertad de los muchachos de noble linaje. Entre trago y trago de cerveza de chicha, se realizaban competiciones, danzas y hasta una batalla simulada.

✳ ¿Qué significado tenía para los celtas la fiesta de Año Nuevo?

A diferencia de otras civilizaciones antiguas, los celtas calculaban el tiempo fijándose en las noches y no en los días. Su calendario se formaba con 62 meses lunares, entre los cuales se intercalaban otros dos meses. Cada estación se hallaba precedida de unos días de fiesta. La cuarta y última festividad del año con que se daba la bienvenida al Año Nuevo tenía lugar el primero de noviembre y recibía el nombre de *Samain.* Era la más solemne porque significaba a la vez el fin del mundo y el nacimiento del Año Nuevo; constituía, además, una fecha de comunicación entre lo tangible y lo invisible, entre los vivos y los muertos. Ese día, el espíritu de los muertos regresaba y, para evitar ser presa de éstos, era necesario tomar precauciones. Los sacerdotes celtas solían ir al bosque en la noche de Año Nuevo y juntar manojos de muérdago para proteger al pueblo. Hoy en día, esta fiesta se ha convertido en lo que conocemos como *Halloween.*

✳ ¿Cómo se relacionan las tradiciones celtas con el Año Nuevo?

En los países anglosajones se acostumbra besar a la persona amada debajo de una rama de muérdago cuando entra el Año Nuevo. Esta tradición se originó con los druidas celtas, que solían obsequiar a la población ramas de muérdago para que gozaran de prosperidad.

✳ ¿Por qué es de buena suerte besarse debajo del muérdago?

Es una costumbre de los países anglosajones besarse debajo de una rama de muérdago durante la noche de Navidad y de Año Nuevo. Gracias a su característica de permanecer siempre verde, el muérdago ha sido considerado ancestralmente como una planta sagrada, un signo protector que aporta suerte y fertilidad. La costumbre de colocar unas ramitas de muérdago sobre los marcos de puertas y ventanas, o en los techos, se relaciona con la particularidad que tiene de enraizar sobre el tejido vivo de otras plantas y no sobre la tierra, a diferencia de muchos otros ejemplares del mundo vegetal. La tradición dice que la muchacha que recibe un beso bajo el muérdago encontrará el amor que busca o conservará el que ya tiene. En el caso de una pareja, ésta obtendrá el don de la fertilidad *(ver pág. 129).*

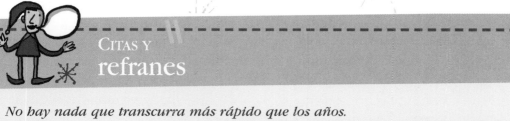

CITAS Y
refranes

No hay nada que transcurra más rápido que los años.
Leonardo de Vinci (1452-1519), artista italiano

❋ ¿Es posible determinar el éxito de las cosechas en el Año Nuevo?

Según la tradición persa, sí. Los persas, antiguos pobladores de Irán, celebraban el *Nauroz*, nombre de la fiesta de Año Nuevo, para conmemorar el día en que se creó el mundo. Según la tradición, el rey persa proclamaba ese día: "He aquí un nuevo día de un nuevo mes de un nuevo año; hay que renovar lo que el tiempo ha gastado." Durante esta ceremonia, cada quien sembraba en una jarra siete especies distintas de granos y "según su crecimiento podía sacar conclusiones sobre la cosecha del Año Nuevo".

❋ ¿Desde hace cuánto tiempo se asocia al Año Nuevo con un recién nacido?

Hacia el año 600 a.C., el Año Nuevo se representaba como un bebé. Por esa época, los griegos solían celebrar al dios del vino, Dionisos, realizando un desfile en el que se paseaba en una canasta a un recién nacido como símbolo de la fertilidad, rasgo que se asociaba con ese dios. Los egipcios también usaron a los recién nacidos como símbolo de renacimiento o renovación.

En los principios del cristianismo, esta práctica se consideraba pagana; sin embargo, la popularidad que había alcanzado era tanta que la Iglesia se vio forzada a reconsiderar su postura. Finalmente, la Iglesia representó el Año Nuevo con un bebé que, dentro de la cultura cristiana, también simbolizaría el nacimiento de Jesús.

❋ ¿Por qué se comen alimentos en forma de anillo en la fiesta de Año Nuevo?

Esta costumbre es relativamente nueva. El anillo simboliza la conclusión de un proceso o el término de un ciclo. En Estados Unidos se tiene la creencia de que la buena suerte

ABRIENDO puertas

Como después de la noche brilla una nueva mañana, así también en tu llanto hay una luz de esperanza. Como después de la lluvia llega de nuevo la calma, el Año Nuevo te espera con alegrías en el alma. Y vamos abriendo puertas, y vamos cerrando heridas porque en el año que llega vamos a vivir la vida, pasito a paso en la senda vamos a hallar la salida. Como al salir de la tierra vuelve a cantar la cigarra, así es el canto que llevan las notas de mi guitarra. Como a través de la selva se van abriendo caminos, así también en la vida se va labrando el destino. Que en la vida hay tanto por hacer; deja tu llanto y echa pa'lante con fe. Yo te lo digo de corazón: que el Año Nuevo será mucho mejor, no existen barreras para ti, si te propones serás feliz, muy feliz, que el fracaso es puro invento, ya no me vengas con ese cuento, no, no...

Canción interpretada por
Gloria Estefan,
cantante estadounidense
de origen cubano

acompañará a todos aquellos que consuman alimentos que tengan esa forma. Por esa razón, muchos estadounidenses han comenzado a consumir donas o *bagels* en la noche del 31 de diciembre.

✳ **¿En qué país se festeja el Año Nuevo con la llegada de San Basilio?**
En Grecia. Ahí se celebra el festival de San Basilio ese día. Los niños griegos acostumbran dejar sus zapatos cerca de la chimenea con la esperanza de que este santo, famoso por su bondad, visite sus casas para llenar sus zapatos con regalos.

✳ **¿Quién fue San Basilio?**
Según cuenta la leyenda, San Basilio ayudó a los pobres a pagar sus impuestos. La historia dice que tomó joyas de algunas personas y se las entregó al gobernador. El gobernador se sintió tan avergonzado que devolvió las alhajas a los pobres; el único problema fue que San Basilio no sabía de quién era cada joya. En ese momento ocurrió el milagro. El santo decidió hornear piezas de pan e introducir en cada una de ellas las joyas que le habían entregado. Cuando repartieron el pan, todos encontraron en el interior las joyas que les pertenecían.

✳ **¿Qué comen los griegos en el Año Nuevo?**
Los griegos tienen muchos platillos especiales para esta ocasión. El más importante de ellos es la *Vassilopitta,* o pastel de San Basilio, que se parece a la rosca de Reyes porque guarda algo en su interior. En este caso no se trata de un muñequito, sino de una moneda. Una vez en la fiesta, el pastel se distribuye en un orden muy estricto. La primera rebanada es para San Basilio, la segunda para la casa, la siguiente para la persona más grande de la familia y así hasta llegar al menor, incluyendo a los ausentes. También puede repartirse una rebanada para el ganado y una más grande para los pobres. La persona a quien le toque la moneda será muy afortunada a lo largo del todo el nuevo año.

✳ **¿Cuáles son los símbolos de felicidad y salud para los griegos?**
En la fiesta de Año Nuevo no debe faltar la comida. Siempre debe haber miel en la mesa, hojas de olivo, nueces y fruta fresca.

✳ **¿En qué fecha los habitantes de Nueva York celebraron por primera vez el Año Nuevo en Times Square?**
En 1905, el periódico *New York Times* construyó la torre Times en la plaza previamente conocida como Long Acre y que desde entonces recibió el nombre de Times Square. Ese mismo año se celebró la noche de Año Nuevo con un impresionante espectáculo de fuegos artificiales.

✳ **¿Se conoce alguna tradición africana para celebrar el Año Nuevo?**
En Suazilandia, la fiesta de Año Nuevo se llama *Newala,* que significa "primeros frutos". La fiesta tiene muchos eventos que duran casi un mes. Éstos incluyen juntar espuma de las olas del mar y recolectar

262

agua de los ríos más importantes. En medio de la ceremonia, el rey se refugia en un recinto sagrado. Ya para terminar la fiesta, el rey sale pintado y vestido de negro, baila una danza improvisada para su pueblo y se come una parte especial de una calabaza llamada *Luselwa*. Este acto significa que es tiempo de comerse las nuevas cosechas. Por último, se enciende una fogata que representa el final de la fiesta y la incineración del año previo.

✳ ¿Cómo se llama la fiesta de Año Nuevo en Tailandia?

La fiesta de Año Nuevo en Tailanda se llama *Songkran* y dura tres días: del 13 al 15 de abril. Se acostumbra en esos días arrojarse agua, con la idea de que esto traerá buenas lluvias. Además, todas las imágenes y estatuas de Buda se lavan en señal de purificación. Los tailandeses también acostumbran soltar a los pájaros que se encuentran en cautiverio y liberar a los peces en los ríos más cercanos, como una acción que trae la buena suerte.

✳ ¿Cómo se festeja el Año Nuevo en Laos?

Laos, país ubicado en el sureste asiático, vecino de Vietnam y Camboya, celebra el Año Nuevo con una fiesta: el *Pimai*, que da comienzo el 13, 14 o 15 de abril del calendario gregoriano y dura tres días. El primero, *Sangkhan Long,* se toma como el último del año, por ello se limpian y preparan las casas para recibir al nuevo. El segundo día, *Mueu Nao,* la gente se queda en casa y descansa porque se trata de un día peligroso y de mala suerte, ya que el espíritu del año viejo ha partido y no ha llegado el del nuevo. El tercer día, *Sangkhan Kheun,* marca el inicio del nuevo año y es el más festivo de todos. En primer lugar, la gente va al templo y hace ofrendas de flores y frutas. Después en las casas se realizan pequeñas ceremonias familiares —llamadas *soukhouane*—, en las cuales, a través de un cordón, la familia es unida por un *morpon,* es decir, un miembro respetado de la comunidad.

✳ ¿Cuál es la imagen más televisada en la noche de Año Nuevo?

La imagen que más se transmite alrededor del mundo para despedir el año es la del momento exacto en que, a las 11:59 de la noche, una hermosa bola de cristal de más de 500 kilos cae desde una alta torre en Times Square, en Nueva York.

✳ ¿Quiénes son el Padre Escarcha y la Doncella de las Nieves?

El día de Año Nuevo, los niños rusos reciben la visita del Padre Escarcha, también conocido como *Moroz*, quien, al igual que Santa Claus, luce una gran barba blanca. Sin embargo, a diferencia de él, *Moroz* se viste con una túnica azul o blanca y, sobre todo, es mucho más flaco. Tan entrañable personaje viaja acompañado de una ayudante, la Doncella de las Nieves, quien reparte a los niños pasteles de jengibre, juguetes y Matriuskas, que son muñecas rusas que contienen dentro de sí muñecas más pequeñas *(ver pág. 40)*.

✳ ¿Qué se suele servir de cena en Venezuela para recibir el Año Nuevo?

Hallaca. La hallaca es un platillo típico venezolano que se prepara para la noche de Año Nuevo. Es una especie de

El objetivo del Año Nuevo no es que tengamos un año nuevo, sino que tengamos un alma nueva.

G.K. Chesterton (1874–1936), novelista inglés

tamal, bastante grande, relleno de condimentos y otras especias, que se regala a los amigos durante la noche del 31 de diciembre. Se supone que así se reafirma la amistad y se desea buena suerte para el año que empieza.

✳ ¿Por qué en Bahamas se llama *Junkanoo* a la fiesta de Año Nuevo?

En Bahamas esta fiesta se remonta a los siglos XVI o XVII. Su nombre se deriva de John Canoe, un bondadoso propietario de plantaciones en este territorio, quien permitió a sus esclavos tomarse algunos días para celebrar la Navidad. Hoy en día, el Año Nuevo en Bahamas se festeja con un gran desfile en el que se ven bailarines enmascarados con trajes coloridos y luminosos. Los participantes en esta fiesta eligen cada año un tema nuevo y confeccionan sus trajes con base en ese tema.

✳ ¿Cómo se puede purificar el alma antes de recibir la llegada del Año Nuevo?

Es cada vez una práctica más extendida en el mundo darse un baño de esencias, se dice, para purificar el alma y recibir bien el año. Existe una gran diversidad de aromas para cada caso; los más recomendados son mandarina para la prosperidad y el dinero, rosas para el amor, y sándalo para limpiar las energías negativas.

✳ ¿Los italianos comen uvas en Año Nuevo?

No. En la noche de fin de año, las lentejas sustituyen a las uvas para atraer la buena suerte en el nuevo año. Otra tradición muy popular que se dice que atrae la buena fortuna es la de regalar lencería roja. Muy arraigada está también la costumbre de arrojar trastos viejos por la ventana como símbolo del fin del pasado.

✳ ¿Qué es y desde cuándo se realiza el Desfile de las Rosas?

El *Rose Parade,* o Desfile de las Rosas, se lleva a cabo el 1 de enero en Pasadena, California. El día de Año Nuevo es tradicionalmente el momento en que se juegan los encuentros de las finales de futbol americano universitario, y el más famoso de todos tiene lugar en los suburbios de Los Ángeles. El partido de futbol del Tazón de las Rosas, el *Rose Bowl,* es precedido por un gran desfile, con espectaculares carrozas construidas exclusivamente con flores y pétalos (en esto radica su singularidad). Esta tradición se remonta a 1897, cuando un zoólogo sugirió que debía hacerse una celebración con el propósito de festejar la cosecha de naranjas al comienzo del nuevo año. En sus orígenes, desfilaban carrozas decoradas con flores y frutos, por la tarde había competencias atléticas y luego un baile nocturno para anunciar a los ganadores. En 1916, los juegos de *football* colegiales sustituyeron a este evento. En la actualidad, no sólo existe el Tazón de las Rosas en California, sino también el Tazón de la Naranja en Florida, el Tazón del Algodón en Texas y, en Louisiana, el Tazón del Azúcar.

✳ ¿En qué cosiste la tradición del nado del oso?
En Vancouver, Canadá, se realiza el nado del oso justamente el primer día del año. Personas de todas las edades se ponen su traje de baño para sumergirse en las heladas aguas canadienses. Esta tradición asegura que, por lo menos, se empezará el año con los ojos bien abiertos.

✳ ¿Se celebraba el Año Nuevo en la Nueva España?
Aunque en muchos textos sobre las fiestas de la Nueva España no se menciona especialmente esta celebración, se sabe que era una de las tantas fiestas que tenían lugar en la época de la Colonia. Antes del siglo XVIII, las fiestas religiosas eran un momento en el que reinaba el desorden y la algarabía; un momento de desenfreno en el cual la sociedad jerárquica novohispana veía cómo las reglas se violentaban.

A partir de las prohibiciones que se constituyeron para restringir los excesos cometidos en las fiestas, se empezaron a llevar a cabo coloquios privados que eran pequeñas comedias sobre los sucesos religiosos que se conmemoraban en las fiestas decembrinas. Después de estas representaciones, en las que participaban familiares y amigos, se servía en el zaguán de las vecindades una merienda con bizcochos, dulces y aguas de limón, horchata y chía. Además se invitaba a músicos y se organizaban alegres bailes.

✳ ¿Cómo se festejaba el Año Nuevo en el México del siglo XIX?
Las crónicas del siglo XIX describen que en la celebración del Año Nuevo se advertían manifestaciones especiales de alegría; sonaban más las campanas, se decían más misas, los trajes de los campesinos tenían más colorido y por las calles transitaban mayor número de carruajes que llevaban en su interior damas elegantemente vestidas.

✳ ¿Por qué los alemanes no se acaban la cena en el Año Nuevo?
De acuerdo a la tradición germana, es costumbre dejar en el plato, hasta después de la medianoche, algunos restos de lo que se haya cenado, para asegurarse una despensa bien surtida durante el año siguiente *(ver pág. 139)*.

✳ ¿Cómo reciben los australianos el Año Nuevo?
A los australianos les gusta recibir el año con ruido. Cuando el reloj marca la medianoche, por doquier empiezan a oírse silbidos, palmadas y campanas de iglesia. El primero de enero —día festivo— suelen celebrarlo en el campo o en la playa con *picnics*, rodeos y competencias de *surf*. Y es que la fiesta de Año Nuevo ocurre en Australia en plena época veraniega.

MENSAJE *URBI ET ORBI* DEL PAPA JUAN PABLO II
para el inicio del nuevo milenio

Especialmente emotivas fueron las palabras que el papa Juan Pablo II dirigió a la humanidad con motivo de la llegada del nuevo milenio. A continuación se reproduce dicho mensaje, pues aunque ya estamos en pleno siglo XXI, este mensaje de amor y esperanza es válido para todos los días de cualquier año.

En el gran reloj de la historia suena una hora importante: se inicia en este momento el año dos mil, que nos introduce en un nuevo milenio. Para los creyentes es el año del Gran Jubileo.

¡Feliz Año Nuevo a todos vosotros, hombres y mujeres de todos los lugares de la tierra!

Al cruzar el umbral del nuevo año, me gustaría llamar a la puerta de vuestras casas para expresar a cada uno mi más cordial felicitación: ¡Feliz Año a todos, en la luz que desde Belén se irradia a todo el universo!

Os deseo un año lleno de paz: la paz anunciada por los ángeles en la Noche Santa de Navidad; la paz de Cristo que por amor se ha hecho hermano de todo ser humano.

Os deseo un año sereno y feliz: que os acompañe la certeza de que Dios nos ama. Hoy, como hace dos mil años, Cristo viene a orientar con su Evangelio de salvación los pasos inciertos y titubeantes de los pueblos y naciones hacia un futuro de auténtica esperanza.

A Cristo le pido que bendiga este momento de fiesta y de felicitaciones, para que sea el comienzo prometedor de un nuevo milenio lleno de gozo y de paz. Entramos en el año dos mil contemplando fijamente el misterio de la Encarnación.

Cristo, ayer, hoy y siempre.

Suyos son el tiempo y la eternidad.

A Él la gloria y el poder por los siglos de los siglos.

Amén.

A Guads Neichs Johr Olle Mitanand   *Godt Nytår*

Neues Jahr

✻ ¿Cómo se dice Feliz Año Nuevo en otros países?

En Alemania se dice *Glückliches Neues Jahr;* en Austria, *A Guads Neichs Johr Olle Mitanand;* en Dinamarca, *Godt Nytår;* en Escocia, *Bliadhna Mhath Ur;* en Francia, *Bonne Année;* en Inglaterra, *Happy New Year;* en Italia, *Felice Anno Nuovo* y en Rusia, *S Novim Godom.*

Rumbo al Año Nuevo

Por Anamari Gomís

A mí me pareció un exceso cuando mis padres invitaron a Marcos Delgado a pasar las vacaciones del Año Nuevo con nosotros. Ni mi hermana Magali ni yo tuvimos la oportunidad de convidar a nuestras amigas. "Se bastan como hermanas y compañeras", decía mi papá, que era hijo único.

Con un nombre tan célebre, mi hermano Cristóbal no tenía más afán en la vida que entretenerse con su inseparable *gameboy,* nadar y jugar futbol. Conmigo hablaba poco, lo indispensable. A veces se comunicaba a señas, nada más. Las niñas lo poníamos de mal humor, aunque, lo sé bien, cada vez que veía a nuestra vecina, como que se agitaba. No podía disimularlo frente a mí, y eso lo sacaba de sus casillas. No conversábamos, pero nos conocíamos bien.

—Nada me pone nervioso, Jacinta. Sólo las tontas como tú, que les cuesta entender la regla de tres.

—¿La regla de tres? ¡No me digas! ¡Soy capaz de ganarte en álgebra, babas!

Desde primero de primaria, Cristóbal se había hecho amigo de Marcos Delgado, un rubio desabrido, con el que parecía soldarse a la pantalla de televisión cada vez que podían. Marcos y Cristóbal también estudiaban juntos cuando iban a tener exámenes. Compartían una desazón previa por las calificaciones. Los fines de semana nadaban como náufragos rumbo a la isla de su salvación: la piscina pseudoolímpica del club del que los Delgado también eran miembros. Se lucían con el nado de crol y de mariposa que habían aprendido desde muy niños. Desplazaban líquido clorado cuando adoptaban la forma de pecho y demás faenas acuáticas. Además, y esto era lo peor, se habían enganchado en el *water-polo.* Los sábados comíamos tardísimo por su culpa. Esto resultaba más execrable que los videojuegos. Podían bracear y patalear hasta las tres o cuatro de la tarde, cuando ya todos percibíamos el mareo del hambre. Mi papá se aguantaba, con tal de admirar las habilidades de su primogénito.

A pesar de la devoción que le profesaban mis padres, Cristóbal no hacía contacto con ellos. Le sacaban apenas una que otra palabra con el tirabuzón de su ánimo. Mi hermano sólo alternaba con su amigo Marcos. Entre ellos existía una relación preverbal, que se manifestaba mediante la natación y a través de sus maniobras frente a la tele, cuando se convertían en un par de barones rojos sin cachucha ni anteojeras.

Para el viaje de fin de año, mi papá alquiló una *camper* que al principio nos admiró a todos: el bañito, la cocineta, las camas adheridas al tráiler como piedras a la montaña. Ahí nos confinaron junto con *Nizco,* nuestro perro labrador. Por las ventanas, Magali y yo intimamos con el paisaje de la carretera. Pasaban ante nuestros ojos cactus gigantescos, achaparrados o floreados, según la zona. Magali y yo hacíamos una lista de nuestras buenas intenciones para el año próximo que ya se encontraba a la vuelta de la esquina. La tierra se ponía caliza a medida que cambiaban la vegetación y la temperatura. Cristóbal y Marcos, casi mudos, desafiaban, cada uno, a su videojuego, aun cuando el camino se volvió sinuoso entre los cerros. Papá exageró su cautela al volante, mientras mamá le pelaba una naranja cuya emanación cítrica nos envolvió a todos, en aquel horizonte blanco, lleno de pedriscos y de órganos cactáceos… tan diferente del impostado ambiente navideño que dominaba en la ciudad, una ciudad donde no nieva nunca.

Cuando oscureció, Cristóbal y Marcos se unieron a Magali y a mí, en lo único que podíamos hacer: cantar. Entonamos villancicos y otras tonadas que festejaban la recién pasada Navidad. Allí descubrimos con asombro que Marcos era un intérprete fenomenal.

Cuando llegamos a las orillas de Oaxaca, mis padres buscaron el sitio donde debíamos acampar. Fue difícil. La noche desfiguraba los señalamientos. Finalmente hallamos el lugar… atascado. A todos se les habían ocurrido el mismo final de año, que hasta ese momento no era más que las dificultades del camino, el escenario vegetal, nuestros cánticos, el olor a naranja y mi hermano y su amigo jugando con su *gameboy*.

—Esto, dijo mi papá, parece Woodstock. No hay un espacio libre.

Antes de que perdiéramos la paciencia, mi mamá vislumbró una pequeña loma solitaria, habitada únicamente por una palmera. Allí terminamos por acomodarnos a nuestro gusto. A la palmera le colgamos unas esferas de plástico que Magali le había quitado al árbol de Navidad de la casa.

Zumbaban los mosquitos, al principio. Bajamos varias velas de citronela y los espantamos con eso y con el humo del fuego que encendimos para asar malvaviscos. Nuestra cena ya venía preparada. A *Nizco* lo amarramos a la palmera para que no se extraviara. Le ladraba a las llamas que habíamos encendido con ramas que juntamos nosotros, los niños, mientras mi mamá aderezaba nuestros platos y mi papá se estiraba como un yogui y juraba que el primer día del Año Nuevo comenzaría a hacer ejercicio.

Reunidos frente a la fogata, mi papá nos habló de Woodstock, adonde nunca fue, y de los propósitos que debiéramos hacernos para el Año Nuevo. Recogimos nuestros enseres, *Nizco* merodeó por las hojas secas de palma que colmaban la elevación donde pernoctaríamos y nos encerramos en la *camper*.

Por fortuna, el ruido del aire, de las hojas, de los perros, de un claxon que se liberaba de repente y de voces se revolvió con el de un pequeño televisor portátil en blanco y negro que mi papá había transportado para ver el noticiero y para enterarse con precisión en aquellas agrestes zonas del país, cuándo abandonaríamos el año viejo para entrar a uno diferente y promisorio. Con ese enjambre de sonidos nos dormimos Magali y yo, mientras Cristóbal y Marcos regresaron a sus respectivos juegos electrónicos.

El 30 de diciembre amanecí con una tortícolis terrible. Tuve que deslizarme en la cama, por encima de Magali y de *Nizco* para incorporarme. En seguida mamá abrió el botiquín, me dio una aspirina y me masajeó el cuello con árnica. La luz se colaba ya dentro del tráiler. Papá quería que empezáramos temprano el día, con el objeto de llegar pronto a Chacahua y asegurarnos un lugar agradable y seguro frente al mar para recibir el año nuevo organizados y felices.

Arrancamos del promontorio con el abrumo de mis papás a cuestas. Habían escogido el peor lugar para acantonarse por la noche: ¡un nido de escorpiones! *Nizco* hubiera podido morir picoteado por ellos, pensaba yo, asustada. Magali abrazó al perro, conmovida y aliviada de que nada hubiese pasado. *Nizco* le dio dos lengüetazos en la cara e hizo sonar los cascabeles del collar que la tierna Magali le prendió para que se viera "navideño". Mis papás alejaban la imagen de alguno de nosotros asfixiado por el veneno y comprendían que Marcos era una gran responsabilidad para ellos.

—¿Traes un antihistamínico para un caso así, María? —mi papá le preguntó a mamá.

—Sí, venimos apercibidos contra muchas alimañas.

Cristóbal y Marcos convirtieron a los escorpiones en personajes de sus videojuegos y arremetieron contra ellos durante todo el trayecto. Dentro de la bolsa de naranjas, mi mamá vio de pronto la erguida cola de una de esas sabandijas dañinas. Papá detuvo el tráiler, nos estacionamos a la orilla de la carretera y él y mamá revisaron cuidadosamente todo el vehículo y todas nuestras cosas después de masacrar al bicho a zapatazo limpio. Magali, entonces, nos avisó que corría al baño. Los niños, ajenos al mundo y a los arácnidos mefíticos, competían con un mismo control, y manipulaban uno solo de los aparatos electrónicos. El viaje a Chacahua fue largo. Diría yo que infinito. Magali se quejaba de dolor de estómago, *Nizco* vomitó un par de veces.

Llegar hasta Chacahua no resultaba fácil. Tuvimos que guardar el tráiler en un estacionamiento y meternos todos en una embarcación rústica, que me parecía endeble. Llevábamos las tiendas, líquidos contra mosquitos y garrapatas, inyecciones contra bichejos, lámparas, comida, *sleeping bags,* cacharros, un pequeño pino ficticio adornado para la temporada, mantas y demás avíos para acampar no muy lejos de una laguna en estado semisalvaje, cerca del océano Pacífico. El chisporroteo del agua nos vivificó, a pesar de las muchas complicaciones para acomodar nuestros objetos. Papá les solicitó a Cristóbal y a Marcos que guardaran sus juegos por un rato. *Nizco* ladraba ante tanta novedad y sonaba sus campanillas navideñas.

—Disfruten este trayecto. Siéntanse exploradores y guarden su jueguito para después.

Magali sonrío. Por fin alguien se imponía a los niños y los obligaba a participar de lo que hacíamos los demás, que era todo ver y aspirar un trópico abigarrado y desconocido para nosotros.

Un rato después, disponíamos nuestros bártulos dentro de unas amplias palapas, incluido el pino escarchado de supuesta nieve y de esferitas coloridas. Había ruido de pájaros y de animales lejanos y ruidosos. Cristóbal y Marcos ayudaron a levantar las tiendas, mientras mamá, Magali y yo asábamos unas salchichas de pavo y rebanábamos jitomates, un poco de cebolla y arreglábamos, con mediasnoches y rajas de chile serrano, unos platos desechables. *Nizco* iba de los tendajos hacia nosotras meneando la cola. Para cuando empezó a caer la noche el pobre estaba cansado, pero alerta ante los sonidos selváticos y abrumadores. Mientras papá fumaba un habano, ahuyentando a los moscos, nos leía a las niñas un cuento navideño cuya historia sucedía lejos bajo un invierno crudo. Entonces, Cristóbal y Marcos, envalentonados por uno de los cuidadores más jóvenes del lugar, aceptaron caminar hacia la laguna y abandonar su distracción electrónica. Capitaneaba la expedición el muchacho, bullanguero, chaparro y de piel prieta y luminosa. Los hizo intrincarse en la maleza como Pedro por su casa. *Nizco* no advirtió que los niños se escabullían y papá y mamá tampoco.

Después nos contaron, todavía sobresaltados, que el chaval indígena que los conducía muy quitado de la pena, lanzó de pronto un grito de alarma:

—¡Ahí viene el animalote grandotote!

Espantadísimo, comenzó a recular hasta pegar la carrera. Cristóbal y Marcos se apuraban entre la broza, pero antes alcanzaron a ver a la distancia, mientras caía la noche, algo blanco y fugaz. Marcos, dijo, tuvo visiones de la muerte. Cristóbal, que sudaba a mares mientras brincaba yerbas y rastrojos, con el corazón palpitante, pensaba en la monumental furia que prendería a su padre como una luz de Bengala.

Por fortuna lograron salir de los matorrales y avanzar hasta las palapas. Para entonces todos los buscábamos. Los videojuegos, aún encendidos, permanecían quietos, a la espera de sus dueños.

—¿Y qué *animalote grandotote* era ése? —le preguntó mi padre al joven centinela.

—Un cocodrilo, patrón. Allí donde fuimos es una reserva de cocodrilos.

—¿Y por qué los llevaste allí?

—Pus nomás para festejar el Año Nuevo de mañana con una aventura.

El destello blancuzco que habían avistado Cristóbal y su amigo eran huevos de futuros y voraces anfibios. La noche transcurrió ceñida por los rumores, los movimientos de las plantas, el viento y el miedo a los cocodrilos. A Marcos le salió en el cuello un salpullido colorado, del puro susto. Cristóbal se deprimió cuando vino a percatarse de que dentro de su videojuego la pila menguaba tan peligrosamente como la cercanía que habían tenido con el cocodrilo.

Al día siguiente regresamos a tierra firme y, como desamparados, nos montamos en nuestra casa tráiler, acogidos por su cobijo y nos dirigimos a Puerto Escondido.

Durante la marcha, que esta vez sería corta, mi papá ya no quería naranjas peladas y desgajadas por mi mamá, sino llegar a nuestro destino y buscar un hotel que aceptara al perro. Necesitábamos descansar.

—Basta de riesgos —dijo muy decidido.

Cuando llegamos a Puerto Escondido, mi padre nos hospedó en un hotel de tres estrellas y pagó por *Nizco* como si fuera un niño más, con desayuno incluido, aunque no tuviera permiso de comérselo. Condicionaron la estadía del perro a que no replicaran los demás huéspedes que, al día siguiente, festejarían, como todo el mundo, el nuevo año. A la primera queja que despertara *Nizco,* nos regresaríamos al tráiler que tanta ilusión nos había hecho antes y no tendríamos más remedio que tomar el camino de regreso a la Ciudad de México. *Nizco* se quedó en la habitación de mis papás. Magali y yo en otra, donde jugamos almohadazos. Los niños, en su cuarto, se enchufaron a la televisión.

A la mañana siguiente, nos apostamos frente al mar. Mis papás se reconciliaban con el viaje, tumbados en unas sillas reclinables. De pronto ocurrió algo extraordinario. Cristóbal y Marcos se nos unieron, a Magali y a mí, en la creación de un muñeco de arena, a falta de nieve. Nosotras mirábamos el sereno oleaje, a pesar de nuestra dedicada empresa. En eso, una de las veces que para llenar mi cubeta me apuré a la orilla, divisé en el agua una extraña esfera que parecía moverse a ratos por sí misma, más allá del ondeo marítimo, porque parecía latiguearse continuamente de un lado a otro.

—¡Qué chistosa esfera!

Cristóbal y Marcos volvieron la cabeza. Entonces, Marcos se puso una mano como visera y se dio cuenta en seguida de que la esfera era una persona a punto de ahogarse. En un santiamén, él y Cristóbal se sumergieron en el mar y de tres o cuatro brazadas cercaron a la "esfera". Cristóbal formó una rápida horqueta entre su brazo y su antebrazo y arrastró a la "ahogada" hasta la playa.

Para ese momento, había un sobresalto general entre los turistas y los nativos. Cristóbal y Marcos sacaron del agua a una niña más o menos de mi edad, originaria de Puerto Escondido. Un francés corrió a socorrerla y luego de un minuto alarmante, la ahogada se desahogó y recuperó el aliento. *Era 31 de diciembre a mediodía.* Como Cristóbal y Marcos apuntaron por la noche, en plena celebración de despedida del viejo año y bienvenida del nuevo: "Ése había sido un Año Nuevo único, inolvidable, azaroso pero feliz." Por cierto, después del viaje, Marcos y Cristóbal dejaron de jugar videojuegos. Después de todo lo que pasaron, esos entretenimientos simplemente los aburrieron.

Canciones

Las fiestas decembrinas no sólo
anuncian su llegada en las
hojas del calendario, sino en el
canto de los villancicos españoles y
mexicanos y de los *carols* ingleses.
El hecho de que la Navidad y la
música estén estrechamente
relacionadas no es una
casualidad: ambas tienen un
mensaje espiritual, y dos de sus
objetivos son brindar paz y mover
a la reflexión. La Navidad, sin
música, no sería la misma. Por ello,
se incluye esta sección especial con
la historia y la letra, en su caso,
de las melodías que aparecen
en el disco compacto que
acompaña a este libro;
así, usted podrá disfrutar
de la música navideña
con mayor deleite.

ALEGRÍA E ILUSIÓN

Está empezando a parecer Navidad (*It's beginning to look a lot like Christmas*) / (Tradicional) Gordon Langford y su orquesta. P 1990 Plymouth Music Co. 2:32

A lo largo de los últimos 50 años, esta popular canción ha sido grabada por grandes artistas, entre los que se cuentan Bing Crosby (la versión original y más popular grabada por el sello Decca en 1951), Perry Como y Dionne Warwick, entre otros.

En su versión cantada, la letra describe la ilusión que experimentan los pequeños con la llegada de Santa Claus. Los juguetes, los caramelos y la nieve invernal adquieren una magia especial que invita a vivir intensamente la temporada navideña.

Reader's Digest le ofrece la estupenda versión instrumental de Gordon Langford y su orquesta, perfecta para la época.

*

It's beginning to look a lot like Christmas
*It's beginning to look a lot like Christmas
everywhere you go;
Take a look in the five-and-ten, listening
once again
With candy canes and silver lanes aglow.
It's beginning to look a lot like Christmas,
toys in every store,
But the prettiest sight to see is the holly that
will be
On your own front door.
A pair of hopalong boots and a pistol that
shoots
Is the wish of Barney and Ben;
Dolls that will talk and will go for a walk
Is the hope of Janice and Jen;
And Mom and Dad can hardly wait for
school to start again.
It's beginning to look a lot like Christmas
everywhere you go;
There's a tree in the Grand Hotel, one in the
park as well,
The sturdy kind that doesn't mind the snow.*

*It's beginning to look a lot like Christmas;
soon the bells will start,
And the thing that will make them ring is
the carol that you sing
right within your heart.*

Jingle Bells (Pierpont) / National Philharmonic Orchestra. Dirige: Charles Gerhardt. P 1993 Pleasantville Music. 1:47

Quizá se trate de la canción de Navidad más cantada e interpretada y también la más famosa del mundo. Fue compuesta por Pierre Pierpont en 1850, en un poblado cercano a Boston llamado Medfor.

Originalmente, fue una especie de celebración a las carreras de trineos que entonces se llevaban a cabo en aquella región. Unos cuantos años más tarde fue desempolvada por su autor para ser interpretada en una reunión religiosa de la comunidad. De inmediato gustó a todos los escuchas, quienes en un instante la adoptaron como una canción propia de las fiestas decembrinas. Dos años después, fue editada ya con el nombre de *Jingle Bells,* en honor al espíritu alegre y festivo de la misma.

*

Jingle Bells
*Dashing through the snow,
In a one-horse open sleigh,
Over the fields we go,
Laughing all the way,
Bells on bobtail ring,
Making spirits bright,
What fun it is to ride and sing
A sleighing song tonight.*

*Oh! Jingle bells, jingle bells,
Jingle all the way,
Oh what fun it is to ride
In a one-horse open sleigh.
Jingle bells, jingle bells,
Jingle all the way,
Oh what fun it is to ride
In a one-horse open sleigh.*

A day or two ago,
I thought I'd take a ride,
And soon Miss Fanny Bright
Was seated by my side.
The horse was lean and lank
Misfortune seemed his lot,
We ran into a drifted bank,
And there we got upsot.

Oh! Jingle bells, jingle bells,
Jingle all the way
Oh what fun it is to ride
In a one-horse open sleigh.
Jingle bells, jingle bells,
Jingle all the way,
Oh what fun it is to ride
In a one-horse open sleigh!

✳

Navidad, Navidad
Navidad, Navidad,
hoy es Navidad,
con campanas este día hay que festejar.

Navidad, Navidad,
porque ya nació
ayer noche, Nochebuena,
el Niñito Dios.

Pastores que a Belén
queréis pronto llegar,
seguid aquella estrella
que allí os guiará.

Llegando le veréis,
dormido en su pajar
con su dulce sonrisa.

Navidad, Navidad,
hoy es Navidad,
con campanas este día hay que festejar.

Navidad, Navidad,
porque ya nació
ayer noche, Nochebuena,
el Niñito Dios.

La Virgen y San José
a su lado estarán,
y los tres Reyes Magos
regalos le traerán.

Incienso y mirra,
turrón y mazapán
para alegrar al Niño,
nacido en el portal.

Navidad, Navidad,
hoy es Navidad,
con campanas este día hay que festejar.

Navidad, Navidad,
porque ya nació
ayer noche, Nochebuena,
el Niñito Dios.

Rodolfo el reno de la nariz roja (Rudolph
the red nosed reindeer) / (Marks) / Richard
Benson y su orquesta. P 1963 St. Nicholas
Music. 1:22

Sin duda es uno de los temas favoritos,
sobre todo de los niños; así lo demuestran la
infinidad de versiones en varios idiomas realizadas hasta la fecha.

El personaje —creado en 1939 por Robert
L. May para la promoción de una cadena
de tiendas departamentales en Chicago—
fue retomado 10 años después por el cuñado de éste, Johnny Marks, para componer
la canción. Rodolfo era uno de los renos del
carruaje de Santa Claus, a quien guió entre la
neblina de la noche con su brillante nariz.

Cabe señalar que, hacia el año de 1964,
la NBC lanzó un especial de televisión inspirado en el personaje, el cual curiosamente se

convirtió en el de mayor permanencia y *rating* de la época.

(Ver la letra de la canción en la página 97)

Santa Claus viene a la ciudad *(Santa Claus is coming to town)* / (Gillespie/Coots) Richard Benson y su orquesta. 2:19

La letra de esta canción explora la maravillosa leyenda de Santa, la ilusión de los niños por los regalos y, por otro lado, la terrible duda de si se portaron bien o mal durante el año.

Escrita en 1932 y grabada hasta dos años después —debido al rechazo de los productores, quienes la consideraban sólo como una simple canción infantil— resultó ser finalmente todo un acontecimiento. Bing Crosby y The Andrew Sisters, y, más tarde, Perry Como e incluso Bruce Springsteen con su parodia musical, la hicieron popular en todo el orbe. Se vendieron millones de discos en el mundo entero.

✳

Santa Claus is coming to town
Oh! You better watch out,
You better not cry,
You better not pout,
I'm telling you why:
Santa Claus is coming to town!

He's making a list,
Checking it twice,
Gonna find out who's naughty or nice.
Santa Claus is coming to town!

He sees you when you're sleeping,
He knows when you're awake.

He knows if you've been bad or good,
So be good for goodness sake!

Oh! You better watch out,
You better not cry,
You better not pout,
I'm telling you why:
Santa Claus is coming to town!

Feliz Navidad (José Feliciano) The Fireside Singers. Pend. 3:07

No podía faltar en esta mágica temporada el toque latino de José Feliciano, célebre cantante puertorriqueño, guitarrista y autor de esta canción tan alegre, rítmica y entusiasta. La versión que presentamos en el CD corre a cargo de la incomparable concepción vocal de The Fireside Singers.

Fue en 1970 cuando la RCA editó *Feliz Navidad*, un disco totalmente navideño, en el que el compositor presentaba también versiones propias de otros temas, como *Jingle Bells*, *Blanca Navidad* y *Noche de paz*. De ser una canción sencilla, que incluso fue grabada sólo con guitarra y percusiones, pasó a ser un tema imprescindible de las navidades en todo el mundo de habla hispana.

✳

Feliz Navidad
Feliz Navidad
Feliz Navidad
Feliz Navidad
Prospero Año y Felicidad.

Feliz Navidad
Feliz Navidad
Feliz Navidad
Prospero Año y Felicidad.

I wanna wish you a Merry Christmas
I wanna wish you a Merry Christmas
I wanna wish you a Merry Christmas
From the bottom of my heart.

Frosty, el hombrecillo de nieve (*Frosty, the snow man*) / (Nelson-Rollins) The Fireside Singers. Pend. 2:54

Sorprendidos y al mismo tiempo interesados en probar también las mieles del éxito en el que se había constituido a mitad del siglo XX el tema de *Rodolfo el reno de la nariz roja* (del que se vendieron más de dos millones de copias), los compositores Jack Nelson y Steve Rollins se dieron a la tarea de crear otro tema basado en un personaje navideño diferente.

Fue así como nació *Frosty, el hombrecillo de nieve*, que aunque no igualó a *Rodolfo*, quedó para siempre entre las canciones navideñas favoritas de chicos y grandes. Disfrute ahora de esta impecable versión coral de The Fireside Singers.

✳

Frosty the Snowman

Frosty the Snowman
Was a jolly happy soul
With a corncob pipe and a button nose
And two eyes made out of coal.

Frosty the Snowman
Is a fairytale they say
He was made of snow
But the children know
How he came to life one day.

There must have been some magic
In that old silk hat they found
For when they placed it on his head
He began to dance around.

Frosty the Snowman
Was alive as he could be
And the children say
He could laugh and play
Just the same as you and me.

Frosty the Snowman
Knew the sun was hot that day
So he said let's run

And we'll have some fun
Now before I melt away.

Down to the village
With a broomstick in his hand
Running here and there
All around the square
Saying catch me if you can.
He led them down the streets of town
Right to the traffic cop

And he only paused a moment when
He heard him holler stop.

Frosty the Snowman
Had to hurry on his way
But he waved goodbye
Saying don't you cry
I'll be back again some day.

Thumpety thump thump
Thumpety thump thump
Look at Frosty go

Thumpety thump thump
Thumpety thump thump
Over the hills of snow.

Paseo en trineo (*Sleigh ride*) / (Anderson) Richard Benson y Orquesta. 3:08

Aunque Leroy Anderson compuso en pleno verano un tema que hablaba del invierno, pocas canciones han atrapado de una manera tan vital y auténtica la alegría que una pareja comparte gracias a la aventura y los amigos durante la temporada decembrina.

Anderson, su autor, fue capitán del ejército estadounidense en la Segunda Guerra Mundial y, años más tarde, compositor y director de la Boston Pops Orchestra. Su canción fue grabada también por Bing Crosby, Glen Campbell, The Carpenters, The Partridge Family y The Ventures, entre otros muchos. En México, el *cover* en español fue todo un éxito en la voz de Angélica María, durante los años sesenta.

✳

Sleigh ride

Just hear those sleigh bells jingling,
ring ting tingling too.
Come on, it's lovely weather
for a sleigh ride together with you.
Outside the snow is falling
and friends are calling "Yoo hoo."
Come on, it's lovely weather
for a sleigh ride together with you.

Giddy yap, giddy yap, giddy yap,
let's go,
let's look at the show.
We're riding in a wonderland of snow.
Giddy yap, giddy yap, giddy yap,
it's grand,
Just holding your hand,
We're gliding along with a song
of a wintry fairy land.

Our cheeks are nice and rosy
and comfy cozy are we
we're snuggled up together
like two birds of a feather would be.
Let's take that road before us
and sing a chorus or two.
Come on, it's lovely weather
for a sleigh ride together with you.

There's a birthday party
at the home of Farmer Gray.
It'll be the perfect ending a perfect day.
We'll be singing the songs
we love to sing without a single stop,
at the fireplace while we watch
the chestnuts pop.
Pop! pop! pop!

There's a happy feeling
nothing in the world can buy,
when they pass around the chocolate
and the pumpkin pie
it'll nearly be like a picture print
by Currier and Ives.
These wonderful things are the things
we remember all through our lives
of a wintry fairy land.

Our cheeks are nice and rosy
and comfy cozy are we
we're snuggled up together
like two birds of a feather would be
let's take that road before us
and sing a chorus or two.
Come on, it's lovely weather
for a sleigh ride together with you.

✳

Paseo en trineo

Felicidad me trae la nieve porque al caer
con manto blanco viste de novia mi
Navidad.
Abrigadita en mi trineo salgo a pasear,
el golpecito del aire corriendo
es caricia en mí.

Navidad mensajera de amor y paz
qué dicha me das.
Espero, corazón, siempre por ti.
Es tu nieve mi anhelo lo que al caer
recuerdo que es.

Es tiempo que yo y mi trineo salgamos
a aventurar.
Y corre y corre mi trineo piensa
en la buena,
que el tiempo se acabará

y compañera en nuestra aventura
la nieve será,
que todo el tiempo, siempre por siempre,
juntos tú y yo
la tierra entera será
pequeña para los dos.
Felicidad me trae la nieve porque al caer
con manto blanco viste de novia mi
Navidad.
Abrigadita en mi trineo salgo a pasear,
el golpecito del aire corriendo es caricia en
mí.
Navidad mensajera de amor y paz
qué dicha me das.
Espero, corazón, siempre por ti.
Es tu nieve mi anhelo lo que al caer
recuerdo que es.

Es tiempo que yo y mi trineo salgamos a
aventurar.
Y corre y corre mi trineo piensa en la
buena,
que el tiempo se acabará
y compañera en nuestra aventura la nieve
será,
que todo el tiempo, siempre por siempre,
juntos tú y yo
la tierra entera será
pequeña para los dos.

Te deseamos feliz Navidad (*We wish you a Merry Christmas*) / (Tradicional) / The Ambrosian Singers con los coros de John Mc Carthy; órgano y campanas. 2:00

En la añeja Inglaterra, la vida cotidiana iba muy de la mano con la música. Los comerciantes contrataban bandas musicales a fin de que los acompañaran en sus paseos; incluso los vendedores ambulantes lograban mejores ventas cuando sus notas flotaban en el ambiente.

Los músicos y cantantes, llamados entonces *waits*, tenían más trabajo en la época navideña, ya que contaban cuentos y entonaban canciones de temporada como la tradicional *We wish you a Merry Christmas*, la

cual comenzó siendo interpretada a manera de bienvenida para los dignatarios, después en bodas de alcurnia para, finalmente, filtrarse hasta el pueblo en general y de ahí a Estados Unidos y al mundo entero.

★

We wish you a Merry Christmas
We wish you a Merry Christmas;
We wish you a Merry Christmas;
We wish you a Merry Christmas and a
Happy New Year.
Good tidings we bring to you and your kin;
Good tidings for Christmas and a Happy
New Year.

Oh, bring us a figgy pudding;
Oh, bring us a figgy pudding;
Oh, bring us a figgy pudding and a cup of
good cheer
We won't go until we get some;
We won't go until we get some;
We won't go until we get some, so bring
some out here.

We wish you a Merry Christmas;
We wish you a Merry Christmas;
We wish you a Merry Christmas and a
Happy New Year.

Vals de los patinadores (*The skaters waltz*) / (Waldteufel) Richard Benson y orquesta. P 1993. Pend. 3:10

Contemporáneo de Johan Strauss Jr., el "rey del vals", el compositor francés Emile Waldteufel fue también un gran maestro en el arte de crear bellos valses. Basta mencionar que *El vals de los patinadores* se constituyó para siempre en una verdadera pieza de colección, ya que tradujo la gracia, cadencia y suavidad del patinaje en hielo a una obra musical única para esta temporada.

Cabe señalar que la pieza fue compuesta en 1882, cuando Waldteufel tenía 45 años. Murió en París en 1915 a la edad de 77, pero su obra quedaría para la inmortalidad.

GRACIA Y HUMILDAD

El niño del tambor (Simeone-Davis-Onorati) The Fireside Singers 2:10

Abriendo precisamente el programa de villancicos titulado GRACIA Y HUMILDAD, se encuentra una de las canciones clásicas del género: *El niño del tambor,* dada a conocer vocalmente en México por el cantante español Raphael en los años setenta.

El tema retrata al pastorcillo que recorre el camino que lleva a Belén, llevando consigo sólo su tambor y el "ro po pon pon, ro po pon pon" que emana de éste; su único homenaje al Redentor que ha nacido. Sin duda se trata de un sencillo, pero al mismo tiempo, profundo mensaje de Navidad.

(Ver la letra de la canción en la página 70)

Los peces en el río (Tradicional) / Francis Goya, su guitarra y orquesta. P 2002. 2:27

Es una de las canciones navideñas que se hicieron más populares en México a raíz de la interpretación vocal que de ésta hiciera el grupo Pandora a finales de la década de los ochenta.

El tema se refiere a una imagen costumbrista de la Virgen María, ya que habla de sus actividades diarias como madre y ama de casa de la época, en tanto los peces "beben y beben" jubilosos de saber nacido

al Redentor. En esta grabación instrumental, el guitarrista Francis Goya y su orquesta le imprimen un sabor muy especial a una canción tan tradicional como representativa de los villancicos de ayer, hoy y siempre.

(Ver la letra de la canción en la página 128)

Arre borriquito (Tradicional) / Francis Goya, su guitarra y orquesta. P 2002. 3:26

Los villancicos son formas poéticas musicales inspiradas en el cristianismo, que surgieron en las "villas" de la península ibérica entre los siglos XV y XVIII, para pasar posteriormente —a lo largo de la conquista— a América Latina, donde adquirieron también, con los años, una cierta influencia indígena, émulo del ambiente pastoral original.

En muchos casos, como en *Arre borriquito* y *Los peces en el río,* son innegables también sus primigenias raíces árabes acuñadas en España. En la primera se describe el largo camino del burrito y los pastores hacia el portal de Belén; todo ello en un ambiente de fiesta y regocijo por la llegada del Niño Dios.

★

Arre borriquito
En la puerta de mi casa,
voy a poner un letrero,
que diga: Niño Jesús,
aquí tienes a tu siervo.
Voy con mi burro al portal,
el pobre va cargadito
con mis buenas intenciones,
que es lo que le gusta al Niño.
(Estribillo)

Arre, borriquito,
arre, burro, arre,
anda más deprisa,
que llegamos tarde,
arre, borriquito,
vamos a Belén,
que mañana es fiesta,

y al otro también.
En el cielo hay una estrella,
que a los Reyes Magos guía,
hacia Belén para ver
a Dios, hijo de María;
cuando pasan los monarcas,
salen gentes al camino,
y ya veis, se van con ellos,
para ver al Señor Niño.
(Estribillo)

Hasta el portal han llegado
los reyes y los pastores,
y yo también he llegado
con mis buenas intenciones.
El Niño Jesús sonríe,
le han gustado los regalos,
y me dice muy bajito
que el mío es más de su agrado.
(Estribillo)

*

La Marimorena

Ande, ande, ande, la Marimorena,
ande, ande, ande que ya es Nochebuena.
En el portal de Belén hay estrellas,
sol y luna,
la Virgen y San José y el Niño que está
en la cuna.
Ande, ande, ande, la Marimorena
ande, ande, ande que ya es Nochebuena.
Los pastores que supieron que el Niño
quería fiesta,
hubo pastor que rompió tres pares
de castañuelas.
Ande, ande, ande, la Marimorena,
ande, ande, ande que ya es Nochebuena.
Ande, ande, ande, la Marimorena
ande, ande, ande que ya es Nochebuena.

La Marimorena (Tradicional) / Ralph Benatar y su orquesta. P 2002. 2:38

Otra de las características de los villancicos es la repetición de los pegajosos "estribillos" a lo largo de la canción. Así tenemos que "*ande, ande, ande, la Marimorena, ande, ande, ande que ya es Nochebuena...*" va llenando de júbilo a la gente que la escucha y sigue con entrega y entusiasmo.

Cuando se ha escuchado la versión cantada, y más cuando se trata de creaciones tradicionales ya pertenecientes al dominio público, la versión instrumental resulta totalmente familiar, como sucede en este caso con la interpretación de Ralph Benatar y su orquesta, la cual Reader's Digest pone ahora a su consideración.

Campana sobre campana (Tradicional) / Ralph Benatar y su Orquesta. P 2002. 3:50

Se trata de un tradicional villancico andaluz que año con año es interpretado en los festejos que preceden a la Navidad, sobre todo en los países iberoamericanos. Al igual que los demás, denota de manera muy alegre y coloquial el amor de la gente del pueblo (villas) hacia el Mesías y la ilusión de adorarlo y llegar hasta Él con presentes.

La cita de las campanas tiene un profundo sentido religioso y se remonta a la época medieval en Europa, donde tales canciones formaban parte de las representaciones teatrales en las iglesias, antes de que se prohibieran y pasaran a ser cantos sueltos que entonces asimiló el pueblo.

(Ver la letra de la canción en la página 115)

SENTIMIENTO Y FERVOR

Blanca Navidad (Berlin) Wally Stott, orquesta y coros. 3:09

El compositor Irving Berlin, estadounidense de origen judío, quien murió en 1989 ¡nada menos que a los 101 años de edad!, se había establecido ya como toda una leyenda musical cuando compuso en 1942 *Blanca Navidad* para la película *Holiday Inn,* protagonizada por Bing Crosby y Fred Astaire.

Cuando Crosby cantó esta canción para las tropas estadounidenses fuera de su patria durante la Segunda Guerra Mundial provocó una tremenda y natural nostalgia entre los soldados. Cuando él trataba de evitar cantar esta canción para no entristecer a las tropas y más bien darles ánimo y alegría, se la pedían a gritos. Esto pasaba en todas y cada una de sus actuaciones.

(Ver la letra de la canción en la página 69)

Noche de paz (Tradicional) Ursula Connors, soprano, con los coros de John McCarthy. 1:57

Noche de paz es un verdadero himno que conmemora de manera tierna —y devota— el nacimiento de Jesús. En México ha sido la canción favorita de las posadas junto con las letanías de *"Entren santos peregrinos…"*

El tema se escuchó por vez primera en 1818 en una iglesia de Oberndorf, Austria, con el título en alemán de *Stille Nacht Heilige Nacht* ("Noche callada, noche santa"). Se dice que fue escrita por fray Joseph Mor (o Mohr) y el director de coros Franz Xaver Gruber. A la fecha ha sido traducida a más de 15 idiomas y es interpretada en todos los países con influencia cristiana.

(Ver la letra de la canción en la página 67)

Ave María (Schubert) Clare Henry (soprano) con The National Philharmonic Orchestra. 4:57

En abril de 1825, fecha en la que compuso esta inmortal obra inspirada en la Virgen María, Schubert atravesaba por uno de los pocos periodos serenos de su tormentosa existencia, caracterizada por una extrema pobreza, deficiente salud (murió a los 31 años) y falta de reconocimiento artístico.

La prodigiosa invención melódica que se expresa en esta composición sorprende por la claridad de su estructura hecha a base de estrofas, al mismo tiempo que el acompañamiento es lineal y constante. Aparte de ser una obra imprescindible para acompañar y celebrar las fiestas navideñas, es un tema interpretado como parte obligada en las bodas religiosas. La fusión de lo maternal y lo divino tiene en el tema del *Ave María* su mejor expresión.

¡Oh! Noche Santa (O holy night / Cantique de Noël) / (Adam) National Philharmonic Orchestra. Dirige: Charles Gerhardt. P 1993 Pend. 4:33

Escrito originalmente en francés por Placide Chappeau en 1847 y musicalizada por Adolphe C. Adam, este villancico inspirado en Jesús y su profundo mensaje se constituyó curiosamente en la primera pieza musical que fue transmitida por la radio.

Y a propósito de la radio, una encuesta acerca de 100 mil escuchas, llevada a cabo recientemente por una importante estación clásica del Reino Unido, demostró que ésta era la canción navideña más popular en Europa, seguida de *Noche de paz*. *¡Oh! Noche Santa* ha sido grabada por célebres artistas internacionales de todas las épocas, incluyendo más recientemente a Celine Dion y Mariah Carey.

✳

O holy night

O holy night, the stars are brightly shining;
It is the night of the dear Savior's birth!
Long lay the world in sin and error pining,
Till He appeared and the soul felt its worth.
A thrill of hope, the weary soul rejoices,
For yonder breaks a new and glorious morn.
Fall on your knees, O hear the angel voices!
O night divine, O night when Christ
was born!
O night, O holy night, O night divine!
Led by the light of faith serenely beaming,
With glowing hearts by His cradle we stand.
So led by light of a star sweetly gleaming,
Here came the wise men from Orient land.
The King of kings lay thus in lowly manger,
In all our trials born to be our Friend!
He knows our need —to our weakness
is no stranger.
Behold your King; before Him lowly bend!
Behold your King; before Him lowly bend!
Truly He taught us to love one another;
His law is love and His Gospel is peace.
Chains shall He break for the slave
is our brother
And in His Name all oppression shall cease.
Sweet hymns of joy in grateful chorus
raise we,
Let all within us praise His holy Name!
Christ is the Lord! O praise His name forever!
His pow'r and glory evermore proclaim!
His pow'r and glory evermore proclaim!

✳

Cantique de Noël

Minuit, chrétiens,
C'est l'heure solennelle
Où l'Homme Dieu descendit jusqu'à nous
Pour effacer la tache originelle
Et de Son Père arrêter le courroux.
Le monde entier tressaille d'espérance
En cette nuit qui lui donne un Sauveur.
Peuple à genoux,
Attends ta délivrance!

Noël! Noël!
Voici le Rédempteur!
Noël! Noël!
Voici le Rédempteur!
Le Rédempteur
A brisé toute entrave:
La terre est libre et le ciel est ouvert.
Il voit un Frère où n'était qu'un esclave;
L'amour unit ceux qu'enchaînait le fer.
Qui Lui dira notre reconnaissance?
C'est pour nous tous qu'Il naît,
Qu'Il souffre et meurt.
Peuple debout,
Chante ta délivrance!
Noël! Noël!
Chantons le Rédempteur!
Noël! Noël!
Chantons le Rédempteur!

JÚBILO Y GRANDEZA

Jesús, alegría del hombre que espera (Bach)
Clare Henry / The National Philharmonic (Coros y orquesta). Dirige Charles Gerhardt. 3:48

Se trata de la obra más popular y escuchada de Bach. Sus notas son livianas, constantes y fáciles de asimilar.

En su época como director musical de la iglesia de Leipzig entre 1720 y 1730, el genio alemán compuso, en sus intensas jornadas de trabajo, infinidad de cantatas (composiciones religiosas para coros e instrumentos) de las cuales sólo llegaron a nuestros días alrededor de 200. Esta obra es precisamente un extracto de una de éstas (la 147) y usted la encontrará de manera casi obligada en las más completas colecciones de música navideña, aunque también es muy socorrida —al igual que el *Ave María* de Schubert— en las bodas religiosas.

¡Aleluya! de *El Mesías* (Händel) The Royal Philharmonic Orchestra. Dirige: Sir Malcolm Sargent. 4:02

"Pensé que había visto ante mí todo el cielo y al gran Dios, ¡al mismísimo Señor!" Así es como Händel se expresaba cuando dirigía uno de los coros más conocidos de todos los tiempos: *¡Aleluya!,* parte de su inmortal creación *El Mesías.*

Se dice que durante el estreno de la mencionada obra en el famoso Covent Garden en Inglaterra, el rey Jorge II se conmovió tanto con la interpretación que se levantó para escucharla de pie; por supuesto, el resto del público lo imitó. El concierto y los que anualmente le siguieron entre 1742 y 1745 recaudaron una buena cantidad de dinero que se destinó a obras de beneficencia.

Alegría para el mundo (Joy to the world) / (Watts/Lowell/Händel) Richmond Brass Ensemble. 3:02

El compositor Isaac Watts, contemporáneo también de Händel y parecido también a éste en su pasión por la música religiosa, quiso escribir entonces canciones basadas en salmos del Antiguo Testamento. Así, surge, del Salmo 98, su maravillosa creación *Alegría para el mundo.* "¡Aclama al Señor, tierra entera, con gritos de alegría!... Canten salmos al Señor tocando el arpa; aclámenlo con cantos y música." Así reza el salmo.

Muchos años después de la muerte de Isaac Watts, Lowell integraría esta obra a otra música inspirada en *El Mesías,* por lo que con el tiempo se acuñó uno de los trabajos musicales más bellos de la Navidad.

✶

Joy to the world

Joy to the world, the Lord is come!
Let earth receive her King;
Let every heart prepare Him room,
And Heaven and nature sing,
And Heaven and nature sing,
And Heaven, and Heaven, and nature sing.
Joy to the earth, the Savior reigns!
Let men their songs employ;
While fields and floods, rocks, hills and
plains
Repeat the sounding joy,
Repeat the sounding joy,
Repeat, repeat, the sounding joy.
No more let sins and sorrows grow,
Nor thorns infest the ground;
He comes to make His blessings flow
Far as the curse is found,
Far as the curse is found,
Far as, far as, the curse is found.
He rules the world with truth and grace,
And makes the nations prove
The glories of His righteousness,
And wonders of His love,
And wonders of His love,
And wonders, wonders, of His love.

Gloria in Excelsis Deo (Tradicional) The Beecham Choral Society con The Royal Philharmonic Orchestra. 4:09

La obra es de origen griego, pero fue adoptada como parte de la misa romana a principios del año 600 d.C.

La letra que hoy conocemos está inspirada en el Evangelio de Lucas (versículo 2:14) y comienza con los cantos de los propios ángeles que celebran el nacimiento de Jesús. Se trata de un himno de alabanza a cada una de las personas que conforman la Santísima Trinidad.

El primer papa que ordenó su uso litúrgico —específicamente en cada aniversario de la Natividad— fue Telésforo I, en los primeros siglos del cristianismo. Más adelante en la historia, otros pontífices pidieron que se cantara en cada misa dominical y, posteriormente, también en cada celebración importante.

✱
Gloria in excelsis Deo
Ya resuena melodiosa
la angélica legión
con la nueva venturosa
por los valles la canción
Gloria in excelsis Deo,
Gloria in excelsis Deo.
Es la alegre bienvenida
del caudillo de Israel,
que desciende a dar la vida
y la Paz al pueblo fiel.
Gloria in excelsis Deo,
Gloria in excelsis Deo.
Aunque débil hoy se muestra
en profunda humillación,
Él sostiene con su diestra
de los orbes la extensión.
Gloria in excelsis Deo,
Gloria in excelsis Deo.

Adeste Fideles (Tradicional) Coros de John McCarthy 4:29

La letra y música de este himno de adoración al Redentor fueron escritas por el inglés John Francis Wade y publicadas por vez primera en 1782. Pero no fue sino hasta 70 años después que Frederick Oakely la tradujo del latín al inglés con el título de *Oh come all ye faithful*.

Adeste Fideles es todo un compendio de alabanza que invita con júbilo a recorrer el camino hasta el Mesías para adorarlo y glorificarlo. En esta versión coral de John McCarthy se pone de manifiesto el espíritu inmortal y triunfante de la Navidad. El final resulta verdaderamente imponente.

✱
Adeste Fideles
Adeste, fideles, laeti, triumphantes,
Venite, venite in Bethlehem,

Natum videte Regem Angelorum,
Venite adoremus, venite adoremus
Venite adoremus Dominum.
En grege relicto, humiles ad cunas,
vocatis pastores approperant.
Et nos ovanti gradu festinemus.
Venite adoremus, venite adoremus
Venite adoremus Dominum.
Aeterni Parentis splendorem aeternum,
Velatum sub carne videbimus
Delum Infantem, pennis involutum.
Venite adoremus, venite adoremus
Venite adoremus Dominum.
Pro nobis egenum et foeno cubamtem,
Piis foveamus amplexibus:
Sic nos amantem quis nos redamaret?
Venite adoremus, venite adoremus
Venite adoremus Dominum.

✱
Adeste Fideles
Acudid, fieles, alegres, triunfantes.
Venid, venid a Belén.
Ved al nacido Rey de los ángeles.

Venid, adoremos,
venid adoremos al Señor.

He aquí que, dejado el rebaño, los pastores
llamados se acercan a la humilde cuna
y nosotros nos apresuramos con paso alegre.

El esplendor eterno del Padre Eterno
lo veremos oculto bajo la carne,
al Dios Niño envuelto en pañales.

Por nosotros pobre y acostado en la paja
démosle calor con nuestros cariñosos
abrazos.
A quien así nos ama, ¿quién no le amará?

Créditos y reconocimientos

Abreviaturas: *arr. - arriba; ab. - abajo; der. - derecha; izq. izquierda.*

Art Explosion
14–15 *ab. centro,* así como las viñetas de fondo de agua.

Lilia Barajas
64, 73, 80–81, 82, 84 *ab. izq.*, 85, 89, 90 *centro izq.*, 91 *ab. der.*, 93 *ab. der.*, 94 *ab. izq.*, 95 *centro der.*, 96 *ab. izq.*, 98, 99 *ab. der.*, 100, 101, 102 *ab. izq.*, 105.

Luis García - Multiphoto
32, 51, 112, 162, 197 *arr. izq.*, 207, 208, 214 *ab. izq.*, 216, 227, 228, 242, 244, 245, 257 *centro der.*, 271 *centro.*

Federico Guzmán
16 *ab. der.*, 16 *arr. izq.*, 17, 18, 22, 65, 129, 264.

Alejandro Magallanes
6–7, 8–9, 56–57, 110–111, 134–135, 178–179, 220–221, 272–273.

César Ramírez
9 *ab. izq.*; 11, 13, 23, 24, 40, 48, 78 *arr. centro*, 84 *arr. izq.*, 99 *centro der.*, 115 *centro izq.*, 117, 118, 125, 126, 128, 136, 137, 139, 143, 145, 147 *ab. der.*, 149, 151, 153, 154, 155, 156,160, 161, 165, 166, 169, 170, 172, 173, 174–175, 198 *ab. der.*, 209 *arr. der.*, 211 *ab. der.*, 224, 225, 226, 240, 248, 251, 251, 262. Las guirnaldas que aparecen en las páginas 20, 25, 29, 33, 52, 53, 54, 55, 66, 79, 93, 94, 95, 96, 102, 107, 108, 109, 116, 124, 130, 131, 132, 168, 176, 177, 186, 191, 195, 196, 201, 204, 214, 218, 219, 266, 268, 270, 271.

Reader's Digest (Reader's Digest Global Image Database, Comstock RF Royalty-Free Division, Corel Stock Photo Library, Stockbyte Royalty-Free Photos)
10, 12, 14, 19, 20 *ab. izq.*, 21, 25 *ab. der.*, 26, 27, 28, 29 *arr. der.*, 30, 31, 34, 35, 36, 37, 38, 39, 41, 42, 43, 44, 45, 46–47, 49, 50, 55 *ab. centro.*, 57 *ab. izq.*, 58, 59, 60, 61, 63, 66 *arr. izq.*, 67, 68, 69, 70, 71, 72, 74, 75, 76, 77, 78 *ab. izq.*, 79 *centro, der.*, 83, 86, 87, 90 *ab. der.*, 91 *arr. der.*, 92, 104, 107 *arr. der.*, 107 *ab. der.*, 111 *ab. izq.*, 113, 114, 115 *ab. der.*, 116, *ab.izq.* 119, 120, 121, 122, 123, 124 *ab. izq.*, 127, 133 *centro ab.*, 135 *centro izq.*, 138, 140, 141, 144, 146, 147 *ab. izq.*, 148, 150, 152, 157, 158, 159, 163, 179 *ab. izq.*, 180, 181, 182, 183, 184, 185, 186 *ab. izq.*, 187, 188, 189, 190, 191 *centro der.*, 192, 193, 194, 195 *centro der.*, 196 *ab. der.*, 197 *ab. der.*, 199, 200, 201 *centro der.*, 202, 203, 204 *ab. izq.*, 206, 209 *ab. der.*, 210, 211 *centro der.*, 212, 213, 214, 217, 221 *ab. izq.*, 222, 223, 229, 230, 231, 232, 233, 234–235, 237, 239, 241, 243, 246, 247, 249, 253, 254, 255, 256, 257 *arr. der.*, 258, 259, 261, 263, 265 *ab. der.*, 273 *ab. izq.* Así como todas las esferas de los folios y las coronas de las cornisas.